公共管理学课程
案例集

GONGGONG GUANLIXUE KECHENG ANLIJI

曾凡军　韦彬　主编

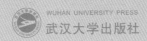

WUHAN UNIVERSITY PRESS
武汉大学出版社

图书在版编目（CIP）数据

公共管理学课程案例集／曾凡军,韦彬主编 . -- 武汉 ：武汉大学
出版社, 2025. 2. -- ISBN 978-7-307-24884-7

Ⅰ. D035

中国国家版本馆 CIP 数据核字第 2025QS9991 号

责任编辑:张　欣　　　责任校对:汪欣怡　　　版式设计:马　佳

───────────────────────────────

出版发行：**武汉大学出版社**　　（430072　武昌　珞珈山）

（电子邮箱：cbs22@whu.edu.cn　网址：www.wdp.com.cn）

印刷:武汉中科兴业印务有限公司

开本:720×1000　1/16　印张:16.25　字数:262 千字　插页:1

版次:2025 年 2 月第 1 版　　2025 年 2 月第 1 次印刷

ISBN 978-7-307-24884-7　　定价:58.00 元

───────────────────────────────

序　言

当今社会复杂多变，公共管理作为一门致力于优化社会资源配置、提升公共服务质量、维护社会公平正义的学科，其重要性愈发凸显。公共管理学不仅关乎政府部门的高效运作，更与社会组织、企业以及每位公民的生活息息相关。随着时代的发展，公共管理面临着前所未有的挑战与机遇，如何培养适应时代需求的公共管理人才，成为教育界和实务界共同关注的焦点。

案例教学作为公共管理学科教学的重要手段，能够将抽象的理论知识与实际的管理情境相结合，帮助学生更好地理解和应用公共管理理论，提升他们分析和解决实际问题的能力。教学案例库建设受到国家政策的大力支持。全国公共管理专业学位研究生教育指导委员会也自 2015 年开始举办"中国研究生公共管理案例大赛"。各高校的案例库建设工作也取得了长足进展，如清华大学的"清华经管案例库"、浙江大学的"CASEE 教育案例库"等。

2025 年是广西大学公共管理学院建院 20 周年。多年来，广西大学公共管理学院开设的《公共管理学》课程每年面向近 500 名学生开课。该课程作为专业核心课程，搭建理论学习与管理实践"桥梁"，解决教学中的理论与实践脱节、理论空洞抽象缺乏趣味性、案例久远与滞后等问题，不断提高其实务技能，满足社会对公共管理专才的需求。正是为了满足这一教学需求，我与韦彬教授于 2023 年 4 月开始筹备《公共管理学课程案例集》项目的申报与撰写，并获广西大学研究生教育教学项目资助，该案例集汇聚了多个具有代表性和启发性的案例，包括我与韦彬教授各自指导的"中国研究生公共管理案例大赛"获奖案例,旨在为公共管理学的教学与研究提供丰富的素材和有益的参考。

除教学方面的意义,本案例库还在研究方法论上有重要意义。近些年来,案例研究方法在公共管理研究的新趋向。公共管理学科的权威刊物《中国行政管理》《公共管理学报》等发表了大量案例研究论文,为公共管理学科的知识增长作出了重要贡献。这些年,研究团队在案例研究和案例大赛均取得可喜成绩。在科研中,我们团队在《中国行政管理》《电子政务》《南京农业大学学报(社会科学版)》《甘肃行政学院学报》《海南大学学报(人文社会科学版)》《云南社会科学》等期刊上发表了一系列研究成果。在竞赛中,我指导的《欲渡邕江乘舟去,忽复行路得安然——郁江老口航运枢纽坝顶交通桥的"堵"与"通"》和韦彬教授《"发财树"变"断根树","清桉"漫漫何以"心安"——广西 B 县治桉政策执行的破与立》均获得了案例大赛全国三等奖。上述代表性案例,也被吸纳到本书,希望能助力公共管理的教学和研究。

基于上述多方原因,本团队遴选了 10 个最具代表性的案例,涵盖了基层治理、数字化转型、环境治理等多个领域,力求生动有趣和深入浅出,为不同研究背景和研究领域的读者提供有益启发。总体而言,本案例集具有以下几个特点:第一,内容丰富多样。案例集涵盖了公共管理的多个领域,包括城市治理、社区发展、环境管理、数字政府建设等,涉及不同地区的实践经验,能够全面反映公共管理领域的多样性和复杂性。第二,地域特色鲜明。案例集中不少案例来自欠发达地区,充分体现了欠发达地区在公共管理实践中的探索与创新,同时也反映了地方特色和区域治理创新,为学生提供了具有区域特色的学习素材。第三,现实针对性强。案例聚焦于当前公共管理领域的热点和难点问题,如社区减负、数字形式主义、环境执法协调等,这些问题具有很强的现实针对性,能够激发学生的学习兴趣和研究热情。第四,启发性突出。每个案例不仅详细描述了问题的背景、过程和结果,还引导学生进行深入思考和分析,提出具有启发性的问题,帮助学生寻求研究的爆发点。

本案例集得以顺利出版,得益于研究团队的努力和付出。其中臧进喜和卜婷婷撰写了案例一——《"顶格"变"底格""捉襟"何以"不见肘"？——广西Q区顶格治理的韧性革新》；余航、周盈盈、粟钰清和文超撰写了案例二——《当减负变成一种负担："越减越负"的沉疴痼疾何以得治？——广西N市社区减负过程中的困境生成与消解》；胡家俊、陈永洲、钟宁和韩龚泽撰写了案例三——《"数治"变"数滞"，"数字创新"何以成"数字负担"？——广西H市"数字形式主义"启示录》；周家全、商丽萍和陈永洲撰写了案例四——《"支离破碎"如何"化零为整"？——广西A县环境执法的"困"与"路"》；梁霞、王鹏、张增辉和傅煜撰写了案例五——《智慧赋能何以沦为智慧负能？——河南省A县基层智治的现实梗阻及其理路重塑》；蒙颖、曾瀚文和曾梁宽撰写了案例六——《社区千万事，能付"笑谈"中？——以南宁市J区城市社区"逢四说事"协商治理为例》；王鹏飞、郑淑婷和邹希婕撰写了案例七——《旧貌换新颜，输血变造血："嵌入式协同"何以激活社区治理"一池春水"？——广西A市N街道萝卜团队参与社会治理的"困"与"破"》；卢美莹、陈雨虹、黄颖霞和蒙清璇撰写了案例八——《悬空老人"一梯泪"，高楼百尺亦可攀——N市老旧小区加装电梯的突围之道》；杨舜清、邹希婕、胡君颐、黄万春、陆少星和林高云撰写了案例九——《"发财树"变"断根树""清桉"漫漫何以"心安"？——广西B县治桉政策执行的破与立》；张元园、黄炜、黄程秋、江茜烨、卓可然和潭燕丽撰写了案例十——《欲渡邕江乘舟去，忽复行路得安然——郁江老口航运枢纽坝顶交通桥的"堵"与"通"》；陈永洲负责所有案例的整理、校订工作；我与韦彬教授统筹所有案例，并进行了多轮的修改。

本书得以顺利呈递给各位读者，还要感谢武汉大学出版社社长罗春明博士和各位编辑朋友的辛勤工作；感谢广西大学研究生教育教学项目的资助和为我们调研提供帮助的所有工作人员；感谢学院领导、同事、同行和朋友的大力支持。

这本《公共管理学课程案例集》的出版，希望能够为公共管理学教育注入新的活力，推动案例教学在公共管理学课程中的广泛应用。我们期待通过这些案例的学习，学生能够更加深入地理解公共管理的理论与实践，培养批判性思维、创新能力和解决实际问题的能力。同时，我们也希望教育工作者能够充分利用这些案例，创新教学方法，引导学生积极参与案例讨论和分析，鼓励学生提出自己的见解和解决方案。此外，我们鼓励教师根据实际教学需求，对案例进行进一步的拓展和延伸，结合最新的理论和实践成果，不断丰富教学内容。未来，公共管理学教育需要不断适应时代的发展变化，加强与实践的紧密结合，培养更多具有全球视野、创新精神和社会责任感的公共管理人才。我们相信，通过教育工作者和学生的共同努力，公共管理教育教学将为推动社会的进步和发展作出更大的贡献。

广西大学公共管理学院　**曾凡军**

2025 年初

南宁

目　　录

一、"顶格"变"底格"，
"捉襟"何以"不见肘"

——广西 Q 区顶格治理的整体性革新

◎案例摘要

　　顶格治理即一切按照上限进行管理的治理模式，以最全事项、最高标准、最严要求和最快速度为治理理念，保障着我国科层体制的有效运转。然而，在基层治理场域中，顶格治理带来的治理压力与基层治理能力之间呈现非均衡状态，基层工作者常常处于捉襟见肘的工作境遇之中，在"避责心理"的催化下，"四最"治理理念发生了价值偏离，加压式执行、形象式执行、敷衍式执行和作假式执行频频涌现。因此，要对我国顶格治理的模式和理念进行变革和优化。Q区是N市的核心城区，其基层治理水平和效能对N市的发展起着至关重要的作用。本案例通过描述广西Q区顶格治理的过程，呈现了基层治理所处的"挤压型"治理情境，真实刻画了基层一线工作者在顶格治理下的"社会适应性"选择。基于"理念—机制—技术"三维分析框架，顶格治理出现"选择治理""碎片化""技术悬浮"等"顶"格坠落问题，可通过"理念—机制—技术"三维"返顶"，共创基层整体性智治治理格局，为提高我国基层治理效能提供了有力参考。

◎ 关键词：顶格治理、基层治理、"理念—机制—技术"、整体性智治

引言

如今，再提起基层政府部门，再迈入社区居委会，你首先想到的是什么呢？特别是核心城区、"明星街道""标杆社区"……这光鲜亮丽的"外衣"里面，其究竟是怎样运作的？被瞩目的"它们"，是否也承受着难以想象的压力呢？是否已经不堪重负了呢？带着这一系列的疑问，我们迈入了广西 Q 区政府办公室、街道办事处、社区居委会的大门。

叮叮叮，工位上的电话一个接一个响起，"小刘，今天下午 5 点前，提交给我一份近半年来的工作总结……"小刘抬头看了看表，是 11 点 10 分，"好的领导"。这并非仅仅是一种习惯，更是无法拒绝和讨价还价的任务，"最全事项、最高标准、最严要求、最快速度"是公务员工作场景"久久为功"的"潜规则"，"白加黑""五加二"等对小刘这种年轻的基层干部而言，早已是家常便饭。然而，工作积极性、员工获得感、工作成效，社区居民的满意度和幸福指数等真正提高了吗？"……我们还真是把家庭当成了旅馆，天天熬夜加班，熬垮了身体、熬掉了斗志，根本无暇考虑怎么干好、怎么创新、怎么走近群众、怎么充电提高，现在就是上面怎么说我怎么做，只求早点完成上级的材料……""街道办事处的人又踢皮球，想都不用想，跑一次肯定不行，为了一个证明一直跑……"

下一层望不到上一层的风景，上一层也难以理解下一层的"苦衷"。毋庸置疑，顶格治理保障着行政指令的上传下达和科层体制的运转有序。然而，在这看似"平静的湖面"下，形式主义、官僚主义等暗流涌动，顶格治理难以达成为人民服务的初心和使命。为什么理论上追求"最优化"的治理手段却无法真正令基层工作人员信服，难以真正令社区居民生活得舒心？

1. "顶"力相助——上限管理谋行稳致远

Q 区位于 N 市东南部，是 N 市的核心城区，其基层治理水平和效能对 N 市甚至是 G 省都起着至关重要的作用。截至 2020 年，Q 区辖 4 个镇、5 个街道和 1 个省级经济开发区，共有城市社区 64 个、乡镇社区 7 个、村委会 46 个，总面积 872 平方千米，常住人口约 120 万人。Q 区的顶格治理主要以顶格考核、顶格问责、顶格支持和顶格回应为运行机制，共同维护社会的长治久安，保障人民的安居乐业。

1.1 "四管"齐下，共保科层运转有效

1.1.1 顶格考核：最全方位、最高标准

顶格考核，指上级政府部门对基层政府部门进行最全方位和最高标准的考核，其中"最全方位"主要指考核内容的全面性，"最高标准"主要体现在考核频次和考核形式上。上级政府部门主要采取"赋分制"对基层政府进行考核和评价，为激发基层治理活力，保障治理效能，上级政府往往以"施压""层层加码"的方式对下级进行考核。伴随顶格考核的持续推进，其中必然蕴含着"完成任务、应对考核与避责以及竞争与晋升"的三重逻辑①。

Q 区 J 街道公共管理办公室黄主任在疫情防控培训会上紧皱眉头、毫不忌讳地讲道："疫情防控常态化阶段，查访、抽检不断，我们街道会定期下来查访，市里面也会有查访组不定期抽查，国家也会有督察组，明天国家督察组就到我们 N 市了，大家的培训材料记录以及日常的疫情防控台账都要在今晚全部准备好。"台下一片哗然，"今晚""全部""都要"……领导口中的这些词汇，已成为基层社区工作者"不能承受之重"。

1.1.2 顶格问责：严格处罚、高压政策

顶格问责，指上级政府对尚未完成的任务或政策逾矩行为采用严格的处罚和各种高压政策进行问责，其中"严格处罚"主要体现为较高水平的处罚力度和强度，Q 区市场监督管理局副局长无奈地谈及"绩效扣分"这一"严格处

---

① 孙宗锋，姜楠. 政府部门回应策略及其逻辑研究——以 J 市政务热线满意度考核为例 [J]. 中国行政管理，2021（05）：40-46.

罚":"如果市里面扣1分，区里就要扣我们局10分，与之相应我们局工资就少了几十万元，都是兄弟姐妹，心里也是不舒服，所以我们就是先完成我们基础性工作，再谈高质量发展。""市里的1分=局里的10分=几十万元部门工资"这一系列的关联，使得绩效得分高度影响部门工资，引起基层官员的"问责焦虑"①。

而"高压政策"则是上级政府采取公开检讨、曝光等强硬的政策问责手段警示和震慑基层政府主要负责人或者通报某一地方政府。在"公开检讨过失""全国范围内的曝光"等高压政策的影响下，基层工作者如履薄冰。

1.1.3 顶格支持：信息支持、人员支持

顶格支持，指上级政府要求基层政府部门对其指示、命令等给予最全、最大和最快的支持，其主要体现为信息支持和人员支持两个方面。

一项政令的顺利落实需要基层的顶格支持，在上级各项指令性文件和考核问责指标的约束下，基层一方面会给予"顶格"的信息支持，即对于上级要求的各类数据、材料等信息要求给予回应，Q区J社区社工回答是："上级要什么材料，截止时间是什么，我们就回复收到，先按照要求去做。"他们"不打折扣""不讨价还价"的支持，使得"文件政治"应运而生②。另一方面，基层政府部门需给予"顶格"的人员支持，即面对上级要求或建议的人员调配指示、方案、计划等采取完全服从的态度，"我们的创城工作与防疫工作会经常到社区去与社区工作人员一起开展"，Q区直属机关工作委员会工作人员对于这种情况表示习以为常。

1.1.4 顶格回应：即刻完成、即刻汇报

顶格回应，指上级政府要求下级按照"四最"的标准予以回复和行动，达到

---

① 郑方辉，欧阳雄姣. 应急治理绩效：社会动员与基层考评问责 [J]. 学习论坛，2022（06）：52-59.

② 王鸿铭. 治理形式与形式主义的生成逻辑——基于"文件政治"的实证考察 [J]. 社会科学，2022（05）：108-117.

一种"即刻完成、即刻报告"的状态。

在任务接收层面，任务下达时间的不确定性使得基层工作人员需保持"随时待命"的状态。"经常会有临近下班的时候发通知，第二天上午10点前交。"Q区J街道基层党建办公室主任对此感到非常头疼且表示每日过得心惊胆战。

在任务完成层面，受治理层级权责结构的限制，基层社区目前所需完成的任务更倾向于机械烦琐且死板的"硬式任务"，但追求"指数美观"①，且对材料的政治高度和文字功底有较高的要求。Q区发展和改革局工作人员谈及会议总结工作："有时4点开会，6点交两篇总结，领导对总结的要求依旧很高。""时间短""质量高"等要求在会后材料整理工作中体现得淋漓尽致。

1.2 "四化"初显，基层治理迈入新篇

1.2.1 规范化：管理制度健全，运行机制完善

健全的管理制度和完善的运行机制能为基层治理提供良好的治理环境和治理保障。Q区N社区工作人员谈及Q区总体的制度和机制情况："我们这里的信息公示做得还是很好的，各街道、村镇以及社区等工作或公共空间的墙面上都附有管理制度、运行机制以及人员架构等信息。"管理制度和运行机制的"规范化"落地有利于保障各治理主体恪守权力边界，凝聚治理合力，共创具有稳定性、价值温度、目标精度的新型人民城市。

以Q区N社区综治中心为例，Q区N社区综治中心工作人员对该单位进行了基本介绍："我们社区综治的管理制度主要为七大板块，包含首问责任制度、协作配合制度、工作例会制度、情况报告制度、分流督办制度、检查考核制度和台账管理制度；然后还有'六联'工作机制，主要包括矛盾纠纷联合调解机制、社会治安联防联控机制、重点工作联勤联动机制、突出问题联合治理机制、基层平安联合创建机制和特殊人群联合管理服务机制"，制度和机制"规范化"相辅

---

① 陈那波，张程，黄琪岚. 条块结构中的技术治理模式、行为策略与治理效果——基于A区"平安治理指数"项目的分析 [J]. 南京大学学报（哲学·人文科学·社会科学），2022，59（05）：72-84，165-166.

相成，为维护社区长治久安保驾护航（见图1-1）。

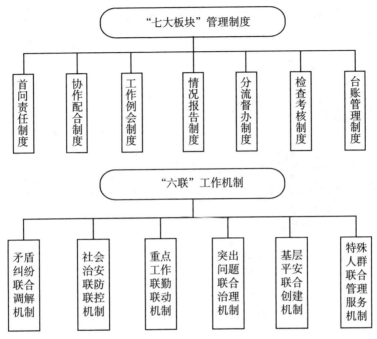

图1-1 Q区N社区综治中心"七大板块"管理制度和"六联"工作机制

1.2.2 智慧化：数字社区赋能，时间银行落地

数字社区既作为数字城市基层治理的"最后一公里"，也作为数字政府建设的重要组件，它关系到数字时代居民的政治参与感与生活幸福感。Q区X社区是广西重点"数字社区"建设示范点，其依托N市政法云平台信息系统，率先开启"数字社区"建设。

Q区X社区的"数字社区"主要分为六大板块，即基础数据管理、特殊人员管服、专项综合治理、智能化应用、基层社会治理和培训考核，其中基层社会治理板块下设四小板块，即社区概况、党建引领、疫情防控、社会稳定和城市安全（见图1-2）。Q区X社区工作人员对于"数字社区"社区治理应用给予肯定态度："基层社会治理下设的城市安全板块，我们已安装了 200 多个感应器，如果发生天然气或下水管道泄漏等问题，系统会自动报警，方便我们对社区进行安全管理。"数字技术赋能社区治理，为社区居民带来了更多"智能感"和"安全感"。

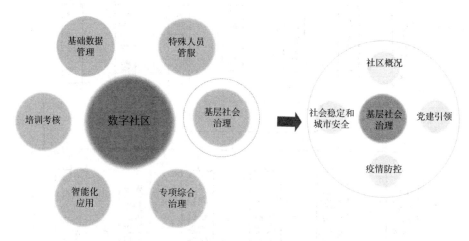

图 1-2 Q 区 X 社区的"数字社区"工作模块

此外，X 社区以银行存储制度为原型，提出"低龄存时间，高龄换服务"的行动内容，打造"时间银行"志愿服务平台。通过"积分制"的形式鼓励志愿者，尤其是低龄老人，帮助社区有困难的高龄老人，为其提供志愿服务，从而营造有温度的互助养老社区。

1.2.3 精细化：权责清单明晰，负面清单始成

集权与分权的平衡一直是老生常谈的话题，为避免基层治理场域出现权责的错位、越位和缺位等问题，Q 区积极鼓励各街道、镇村和社区因地制宜，明晰权责清单及负面清单，实现权力"收""放"自如，达到精细化的目标。Q 区最具有代表性的案例为 M 社区微权力清单、J 社区居务监督委员会以及监督清单和 L 社区干部履职负面清单（详见表 1-1）。

表 1-1 　　　　　　　　　　**Q 区精细化治理清单示例**

社区	类　型	内　容
M 社区微权力清单	民主决策	1. 社区重大事项"四议两公开"决策
		2. 社区资产、资金、资源使用管理
	日常管理	3. 党员管理
		4. 专职社工等工作人员日常管理
		5. 社区办公财务管理
		6. 社区党务、居务、财务公开
		7. 社区党委、居委会等印章管理
	公共事务	8. 计划生育服务
		9. 社会保障服务
		10. 疫情防控常态化管理
		11. 安全生产管理
		12. 防汛减灾应急处置
J 社区居务监督委员会监督清单	社区居务决策	1. 主要监督居务决策是否按照规定程序进行
		2. 重点监督重大居务决策是否落实"四议两公开"机制
	社区居务、财务公开情况	3. 主要监督公开内容是否全面、真实，公开时间是否及时，公开形式及程序是否规范等
	社区居委会资产管理使用情况和其他经济事项	4. 主要监督社区固定资产、办公经费、惠民资金的使用管理
	惠民政策落实情况	5. 主要监督低保对象、残疾人、高龄老人等特殊人群救助保障资金的申请和发放
	社区精神文明建设情况	6. 主要监督开展新时代文明实践活动，执行社区居民公约的情况
	社区居委会成员履职情况	7. 主要监督社区居委会成员履行工作职责，遵守法律法规，执行廉洁纪律的情况

续表

社区	类　型	内　容
L社区 干部履职 负面清单	1. 对待办事群众态度恶劣 2. 工作拖拉，推诿扯皮、慵懒懈怠不作为 3. 阳奉阴违，拒不执行上级党委政府的决定，不积极配合工作 4. 对工作不负责，不按章办事，滥用职权，存在失职渎职行为 5. 在救灾、救助款物发放和党员发展等事项中弄虚作假、挪用侵占、优亲厚友 6. 发现安全隐患、不稳定因素和容易引起群体性事件苗头，欺上瞒下、隐瞒不报 7. 组织、实施、参与非法宗教活动 8. 参与黄赌毒等违反相关法律法规的活动 9. 大操大办红白喜事 10. 在职期间同时与其他用人单位建立劳动关系，或者不履行劳动合同约定的义务 11. 违反社区其他管理规章制度的

1.2.4　平稳化：社区基本稳定，人民安居乐业

在"四最"标准的影响下，社区的"平稳化"主要体现在"维稳"和"安居"两个层面。在"维稳"方面，实现科技与治理双管齐下。Q区X社区工作人员谈道："疫情防控时期，我们会用些平台进行常态化管理，例如'智慧QX'，并通过'一网三员'网格化管理，实现动态清零总方针；在基层矛盾化解方面，推行了'平安QX''三亮工程'，为居民提供安全的生活环境。"在"安居"方面，实现各社区个性化发展。Q区X社区工作人员自豪地介绍着："我们社区利用自身党员和少数民族的特点，组成了'小社区+大党委'机制，还建立了时间银行志愿服务队、腰鼓志愿服务队等12支志愿服务队，此外还打造了'民族之家'等社区品牌，定期举办系列活动。"稳定且有活力的社区环境是实现人民安全感和幸福感的关键。

2. "顶底"之差——究竟是"顶格"还是"底格"？

Q区基层治理面临人员紧缺、资金不足、权力有限的治理困境，而在顶格考核、顶格问责、顶格支持和顶格回应的治理压力下，Q区不堪重负，顶格治理的"四最"理念在Q区出现了一定的价值偏离，出现"顶底"之差。

2.1 "最全事项"演化成"加压式"执行

"最全事项"通常是上级领导的首要行为追求，其"全面性""严谨性""长远性"固然有利于政策的制定和设计，但过度追求则会落入"完美"的牢笼，演变为"加压式"执行。"加压式"执行指在自上而下任务分解过程中，领导干部为达成省市级目标，不顾现实客观条件向基层"加码"的行为。

2.1.1 多重任务齐压，只求"兜底"

"最全事项"使得基层治理从"单项任务"变为"多重任务"，而这种"多重任务"是顶格管理治理体系中"加压式"执行的一种体现。在基层治理当中，"多重任务"并非按部就班、井然有序地一一下达，其往往是蜂拥而至，令人应接不暇。Q区J社区工作人员无奈道："基层的任务就是多而杂，任务往往一起下来，看到眼花缭乱，每次都要理好久，有时候真的搞不了。"所谓"上面千条线，底下一根针"，面对"千条线"，基层工作者往往将目光聚焦于眼前事务，只求"兜底"。

2.1.2 上级层层加码，难以"兜底"

在"多重任务"阶段，识别政府行动的关键是注意力分配①。就"最全事项"而言，做任何事情都需要重点，我们无法将所有事情一起揽下，而基层顶格治理对于"最全事项"的追求就是秉持着"横向到底，纵向到边"的治理逻辑，这使得基层政府的注意力分配在主动和被动情况下陷入"层层加码"的"枷锁"中。

2.1.3 社区服务挤压，无力"兜底"

在任务选择方面，基层政府往往会优先选择执行清晰的任务②。而对于基层工作，"数据表格报送""会议材料撰写"等行政任务往往是清晰任务的具体表现，就针对该类任务，基层工作者苦不堪言："就企业退休人员的管理工作就需要填写 20 多张纸质表格"，任务的选择性完成，使得"社区养老""志愿服务"建设等相对模糊的服务任务则被搁置。在任务选择上，基层更愿意选择能出"绩效"的工作，而将难以出"绩效"的工作搁置或忽略。Q 区 J 社区居委会主任道："任务下发越清晰，指标越明确，我们去解决也越能体现工作量，被考核评价时也有依据。"面对"最全事项"要求产生的"多重任务"，基层无力"兜底"，只能挤压社区服务。

2.2 "最高标准"实则为"形象式"执行

"顶格治理"是追求"最优化"的理想目标，要实现顶格治理的"最高标准"需满足"两最"基本前提，首先是最优的治理条件，其次是最高的成本和

---

① 陈那波. 专题引论［J］. 公共管理与政策评论，2022，11（04）：68.
② 赵继娣，何彦伟，汤哲群. 街头官僚优先处置何种任务？——一项基于离散选择实验的任务选择逻辑研究［J］. 公共管理与政策评论，2022，11（04）：69-84.

代价。理想化的目标需要配置理想化的条件,然而,在现实基层治理过程中治理资源十分有限,且不同资源呈现分配不均的情况,同时满足最优的"人、财、物、权"等全方位资源配备的情况是近乎不存在,在这一背景前提下,追求顶格治理的"最高标准"是"脱实向虚"的,而为了应对这些"无望达成"的任务,基层工作者只能加以"变通",采取"形象式"执行的手段。

2.2.1 样板工程搁置,"顶格"悬空

样板工程,是指为了实现大规模的工程建设,在部分地区先行试点,以推广至其他地区的策略。从原意来讲,"样板工程"并非负面意义的词语,但随着大量"样板工程"的搁置,"样板工程"也成为人们调侃、嘲讽的词汇,列入形象式执行的队伍当中。Q区S村村民回忆道:"领导说镇里没钱,去年说建民宿可以带来收入,可我们家改造后,没有游客也没有收入,现在反而我们自己住着也别扭。"原本寄予收入期望的"民宿"闲置,使得"顶格标准"悬空。

2.2.2 政绩工程错位,"顶格"缥缈

政绩工程,指基层的政策执行者为谋取政绩,将大量底层资源和注意力用于建造华而不实的"形象工程"等一系列行为,这对于资源匮乏的基层,是一种极大浪费的形式主义[①],其实质是一种形象式执行。Q区S村村民提道:"我们镇上有图书室,但只有上面来检查时才会开,平时也没有人管理,小孩也不会去。"为迎检而开的"图书室"失去其本身的意义,沦为"形象工程"。

2.3 "最严要求"裂变成"敷衍式"执行

"最严要求"指通过制度规则约束不良行为以及出"轨"行为,保障组织内

---

① 郭春甫,薛倩雯.扶贫政策执行中的形式主义:类型特征、影响因素及治理策略[J].理论与改革,2019(05):140-152.

部的凝聚力、向心力和协同力，强调制度刚性，缺少人本柔性。在基层治理当中，"严"要求有利于工作的有效推进，但需依据现实情况，把控"严"的力度和范围，否则会导致情感疏远、人心涣散，最终丧失治理基础，使得"最严要求"裂变为"敷衍式"执行。

2.3.1 死板僵化，深陷考核漩涡

顶格治理的"最严要求"使得基层深陷"考核漩涡"，而现有的考核形式以"文本式"为主，例如会议召开、材料撰写等。在实际基层治理场域中，随着政府层级的下沉，"造假压力"不断增大，"文牍"工作不断消磨基层工作人员的耐心，摧毁其主动性和积极性。Q区J街道公共服务办公室主任道："说一句真心话，我们更喜欢走到百姓家门口去，但每天都是各种上级检查考核、督查调研，真心是没有时间去。"此外，基于数字政府建设的需要，数字工作和考核又给基层带来"沉痛一击"，面对新的数字考核任务，Q区X社区副主任道："又来一个App，又要建一个群，又要考核，不仅要搞台账还要搞数据"，数字政府建设与传统政府治理的割裂和不相容，使得基层考核"加倍"。

2.3.2 循规蹈矩，只求无过乃大

面对顶格治理"最严要求"所带来的"考核漩涡"，基层工作者深陷应对上级考核的压力中，"不求有功，只求无过"的"循规蹈矩"工作理念成为基层治理中的"行业潜规则"。Q区直属机关工作委员会工作人员说道："其实各级机关干部每天事多忙不过来，现在都把家庭当成了旅馆，天天熬夜加班，熬垮了身体和斗志，简直自身难保，根本没有时间考虑怎么干好、怎么创新、怎么走近群众，现在就是上面怎么说我怎么做，只求早点完成上级的材料。"基层工作者的"有心无力"是基层治理中的真实写照，"无过乃大"成为基层治理的自保之策。

2.4　"最快速度"分化成"作假式"执行

最快速度指在较短时间内实现最大产出，也就是所谓的高效。为了实现"最快速度"，部分领导者采用创新方法，因此我们会看到为了达到预期目标，各地会采取一系列的创新手段。但是，任何事务都有其客观的发展规律，一蹴而就是不可取的，一味地强调"高速""快速""脱离实际"，所得到的只是表面的"作假"，难有事务的成效。最终"最快速度"也将分化为"作假式"执行。

2.4.1　欲速不达，"时间—程序"悖论

与科层制相配套的督查程序相悖，顶格治理"最快速度"要求基层政府在限定时间内高质量完成任务或工作指标，具体表现为"一小时内""下午上班前"等。然而，"最快速度"戴着促基层积极履职、遏制"躺平主义"的假面，实际上却呈现出"欲速则不达"的状态，具体表现为"时间—程序"悖论，即上级要求的完成时限和现实条件的完成程序相违背。Q区财政局工作人员道："上级要求该项资金马上拨付，但是程序又复杂，涉及部门多，还要给各个政策部门审核，分管领导同意才可报送，每个部门审批都需要时间，不可能在规定时间里完成。"面对达不成的任务，基层工作者只能对任务进行"包装"，以"作假"应付上级的任务安排。

2.4.2　弄虚作假，拼凑形式主义泛滥

"最快速度"给基层带来的无法化解的压力，倒逼基层搞形式主义。为了应付"最快速度"考核和问责，基层通常"简化"或"忽略"必要程序，进行"作假式"执行。Q区X社区居委会副主任道："国家反诈App的安装，上级要求一个工作人员要拉400个人安装注册，现在我们想到一个办法，不换手机换手

机卡下载安装反诈 App，先让任务完成。"指标式任务的达成让基层工作者忽略了"国家反诈 App"安装的本质思想，偏离"为人民服务"的工作重心，严重违背了作为公职人员的初心和使命，甚至破坏了政府公信力。

3. "顶"格坠落——基层顶格治理究竟路在何方？

在治理能力和治理压力处于"非均衡状态"时，"顶"格向"底"格坠落，Q 区基层顶格治理尚未达到预期的治理目标，在理念、机制和技术层面均出现诸多新的治理问题。

3.1 理念"顶"格坠落

3.1.1 选择治理：相机避责，贻误时机

顶格治理的"四最"理念本意是保障基层的有效治理，但在实际场域中，基层顶格治理更多呈现的是"强压力""弱能力"的样态。一方面，在面对"顶格"压力和"实际"阻力的"挤压型情境"[①] 中，基层政府会进行选择治理，优先完成会议培训、填报数据等指标明晰和明确性的常规工作，而选择将模糊和复杂性的非常规工作"后置"或"相机避责"，以降低履职风险；另一方面，复杂性的非常规工作往往具有长期性、跨界性和非结构性等特征[②]，基层领导者难以抉择或担责，因此往往不假思索地上报领导，将其置于顶格治理的复杂程序当中，从而贻误复杂性非常规工作开展的有效时机。Q 区 J 社区居委会主任谈及：

---

① 李棉管，覃玉可可．"做工作"：基层挤压型情境下的社会情理治理——D 镇的案例研究 [J]．公共行政评论，2022，15（03）：98-118，198．

② Weber E P, Khademian A M. Wicked problems, knowledge challenges and collaborative capacity builders in network settings [J]. Public administration review, 2008, 68 (2): 334-349.

"我们肯定先应付上级各种报表、接待、开会等工作,对于突发性的难题就先汇报,原本就没时间处理,况且处理不好还要被问责。"应急就"汇报",无非基层"踢皮球"的行为,基层政府的工作原则应以"人民需求"为中心,而非"简单安全"。

3.1.2 比照执行:机械汇报,脱离群众

在理念层面,在顶格治理的"高标准""严要求""强问责"的治理情境中,除了会出现"选择治理"的现象,还会产生"比照执行"的治理问题。"比照执行"是指基层干部打着"政治正确"的工作口号选择性地做好简单、便于执行的工作,以数量较大的浅层次工作的认真落实来掩盖关键深层次不作为的实质。具体标准为"机械汇报"和"脱离群众"。Q区普通群众谈及:"每次听这类讲座,他们都在反复说那些优点,这些优点要么是别的地区也有,要么大部分是形象性的工作,没有提出真正的问题,他们都在'打太极'。"在工作汇报中,就常规性工作情况反复宣读,对于重点难点问题往往机械式回复,不求"解决难题",只求"政治正确";与居民的交流中,基层干部采用"打太极"的方式对群众关心的问题避重就轻,虽然身体形式上走近了群众,而心实际上在不断远离群众。

3.2 机制"顶"格坠落

3.2.1 协调整合机制碎片化

基于中国政府"纵向多层级"和"横向多部门"的科层体制特征,公共服务被划分为多个区块,易造成"治理不均"或"治理缺失"等问题,从而使基层治理深陷碎片化治理的困境,影响国家整体性治理目标的实现①。以"数字政府"建设为例,Q区"数字中台"建设并非技术问题,而是部门"信息壁垒"

---

① 燕继荣. 条块分割及其治理 [J]. 西华师范大学学报(哲学社会科学版),2022 (01):1-6.

的问题。一方面是顶格治理顶层设计问题。Q 区大数据发展局副局长谈及 Q 区数字建设时说："我们跨部门和层级之间的数据互通和共享还不够，我们是想把各个部门的数据做一个打通，现在是技术方面的问题不大，但关键是它涉及很多部门，这不是我们市本级这个层面做好沟通就可以，更可能是涉及自治区层面或者涉及国家层面。"数字政府建设不仅需要同一层级的配合，还需要多层级的协同，这庞大的工作量绝非某一单位或某一个人实现的。此外，"对于涉及各部门自建系统的云数据库，这时候有部分的单位就会找各种借口不配合"。在"数字政府建设"工作中，"部门本位"的观念"横行"，其实质是"信息避责"心理的产生，在这种治理氛围下，协调整合机制碎片化，"机制形式主义"产生。

3.2.2 考评机制"水土不服"

"顶格考核"和"顶格问责"是顶格治理中保障科层体制有效运行的关键节点。然而，在实际基层治理当中，顶格考核和顶格问责却呈现"水土不服"的态势，从而倒逼出机制形式主义的发生。一是表现为"数字—文本"考评模糊治理的价值意蕴。Q 区 S 村村支书无奈道："现在需要做的台账太多了，疫情防控台账、消防安全台账、社会保障台账……数不胜数，每周要应对的考核调研也多。""数不胜数"的数据统计、材料上报等"数字—文本"考评，让基层工作人员深陷考核漩涡，其主要表现为重材料和数据的堆积、考评过频，且"指标多""难度大"。为了应付这些考评，基层工作者只能将工作重心转向"工作留痕"，"留痕"即为"工作"，以规避责任。另一方面表现为"一刀切"考评压缩治理的创新空间。Q 区 S 村村支书道："主动解决、主动作为有时会被一票否决，也是枪打出头鸟，甚至会拿我们基层干部开刀来平息舆论"，"创新"的风险让基层工作人员谨言慎行，进一步催生懒政行为①。

---

① 向俊杰."一刀切"式环保政策执行过程中的三重博弈——以太原市"禁煤"为例[J]. 行政论坛，2021，28（05）：65-76.

3.3 技术"顶"格坠落

3.3.1 平台僵尸化，技术悬浮

近年来，我们在感叹"数字政府"建设给我们提供的智能化、数字化服务的同时，现实数字政府建设正面临"数字平台僵尸化"的现象，技术悬浮于实际基层治理，"数字福音"仅停留于数字想象中。Q区行政审批局副局长表示非常无奈："上级要求我们不仅要及时公开信息，还要有创新、便民化，但其实我们平时光收集上报数据就很难实现，现在又要求及时在官网、微信公众号、微博客户端等同步公开信息，谁都不愿做，况且这些技能我们也要从头开始学。"在原有政府组织架构和工作职能的基础上进行"数字赋能"，对于基层工作人员而言简直是"数字增负"，基层面临人手不足和精力不足的困境，难以维持一系列"数字平台"的运行，导致数字平台僵化。

3.3.2 数据孤岛化，技术碎片

随着数字化政府建设的进一步推动，Q区政府还面临"数据孤岛"的难题。政府各部门"紧握数据"使得政府内部数据不互通，进一步导致数据隔离的现象①。OA系统的应用一定程度上实现了工作便利，提高了行政效率，但其辐射范围较小，乡村、社区等基层仍采用微信工作群等通信设备进行信息收集和工作上报，数据互通依旧是无法实现的难题。Q区J社区网格员谈及数据上报工作，无奈道："我每天要统计的数据、上报的表格不计其数，不可能面面俱到，所以我们也只能做好当下最重要的或者最容易被问责的，比如现在就是防疫工作，像与之同步的其他工作就只能拍拍照报上去或者把之前的东西报上去。"面对上级各种专项工作群的"顶格"数据上报要求，基层认为这是一份"不可能完成"

---

① 沈费伟，诸靖文. 数据赋能：数字政府治理的运作机理与创新路径 [J]. 政治学研究，2021 (01)：104-115，158.

的工作，从而催生"敷衍执行""数据造假"等形式主义行为，以规避顶格考核和顶格问责。

4. 重返"顶"格——共创基层整体性智治

党的十九大以来，党中央把整治形式主义，切实为基层减负作为党的作风建设的重要内容来抓。2023 年 6 月 15 日，中央层面整治形式主义为基层减负专项工作机制会议在京举行，"精文减会""规范督查考察""靶向整治"等成为新时代基层治理的关键一环。在这样的背景下，Q 区政府重新理解和定位"顶格治理"的新时代意蕴，因地制宜从"理念—机制—技术"三个维度探索基层整体性智治的重返"顶"格之路。

4.1 理念返"顶"：坚持以人民为中心

理念返"顶"，需要坚守"以人民为中心"的初心和使命，Q 区政府第一步就是要求区内各级政府以"人民城市"为标杆，带动"人民乡村"发展，不断创新和探索人才培养机制，纠正以选择治理和比照执行为代表的理念顶格坠落，为基层整体性智治注入新动能。

4.1.1 构建人民城乡，纠正治理理念

首先，Q 区将"共同富裕"作为指引目标，完善社会治理的"共建共治共享"机制。Q 区厘清各类工作的轻重缓急，不断满足社会多元群体平等享有公共服务的公平诉求，尤其是社区内老弱病残等特殊群体的利益诉求，在社区设立"残疾人工作室"，对该类群体在就业、生活保障等方面给予充分的重视和社会关照。

其次，社区作为城乡精细化治理的主场景，Q 区紧紧围绕"为人民服务"治

理的初心和使命，不断探索高质量发展、高效能治理与高品质生活有机融合的重返"顶格"之路。为实现社区网格化的精细治理，Q区政府认真分析地方优势与劣势，因地制宜把控"精细之尺度"，严格筛选和整改令基层再次陷入"超负荷"倒逼形式主义的怪圈的源头。

最后，"群众参与""群众评判""群众监督"等均是民众需求得以有效表达的重要手段，也是践行"以人民为中心"治理理念的根基，进而达成"供需适配"，创建有为政府。Q区以民情为镜，深入群众，以民众需求为指引，以"供需适配"为目标，以民意处理中心、矛盾调处中心为载体，将"网上领导"变成"布鞋干部"，并开展"逢四说事""民众夜话""老友议事"等群众参与社区治理的活动，以增进基层公务员为民服务的思想观念和民众的主人翁意识，内驱型发展遏制形式主义。

4.1.2 创新培养机制，激发人才动能

纠正基层治理理念的关键在于有效把准和激发"人"的主观能动性。在基层人才培育方面可以根据事前、事中、事后进行创新培养，激发基层人才动能。Q区紧紧围绕"前—中—后"的底层逻辑，在"事前培训"层面，为解决基层储备人才的"三难"问题，即存储难、培养难、选用难，不断学习并探索创新"四定四帮"基层人才储备模式（见图1-3），培养公共政策分析、公文写作、基层公共管理与群众工作、公共决策科学化与调研四个方面能力，并增强基层人才队伍的稳定性。

在"事中控制"和"事后评价"层面，Q区积极争取，在重大且专业性较强的领域实施"聘任制"，以体制革新驱动公务员队伍的"鲶鱼效应"，增强危机意识和主观能动性。"聘用制"以"人岗匹配、人尽其才"为原则，拓宽公务员聘任渠道，放活公务员任务机制，有效激发公务员的危机感、主动性和获得感，是从"人员内驱"和"体制革新"双管齐下破解形式主义的有效之道。

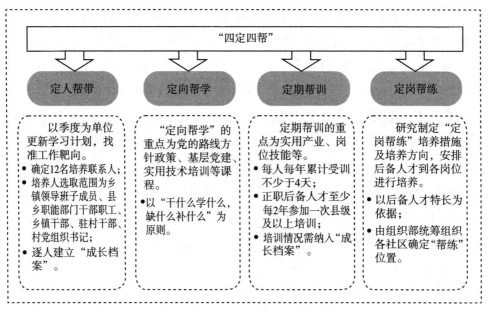

图 1-3　"四定四帮"基层人才储备模式

4.2　机制返"顶"：规范整体性治理机制

　　机制是串联治理要素的逻辑链条，实现机制返"顶"就是将治理主体、治理客体、治理技术、治理场域等要素有机串联，共同保障基层社会治理的有效运行。Q区政府针对多元主体间的协调机制以及各层级各部门各治理主体间的考评机制进行了整体性的探索、规范与革新。

4.2.1　建立敏捷协调机制，提高政府整体性效能

　　敏捷治理源于计算机领域，为及时精准满足用户需求，运用现代互联网技术快速获取、筛选和应用信息。该理论通过学者的挖掘，引入政府治理过程，并提出了敏捷治理框架十大要素（见图 1-4）。

　　在面临顶格治理带来的条块分割"部门主义""各自为政"等困境，Q区政

图1-4　敏捷治理框架的十大要素

府通过建立敏捷协调机制来解决燃眉之急，具体可以分为三个层面。第一，在跨部门合作达成层面，以上级权威性精巧规制顶层设计用于打破部门壁垒，并充分收集各部门的需求和建议，通过高位统筹以及合理布局来完善顶层设计，对于要求共享的信息和下放的任务指标需谨慎，以切实的制度法规保障部门权益，以"激励"指挥棒合理消解顶格治理下"强问责"的履职风险，自下而上凝聚治理合力。而Q区政府领导也充分意识到精巧规制顶层设计的重要性，利用大数据等政府自动化办公系统、政务服务平台、智慧城市预警系统等，充分预测治理情境的变化，不断优化部门资源配置，及时调整信息共享和任务下达的界限和标准，保持治理体系的灵活性和可持续性，真正从战略上实现"好快双赢"，破除部门壁垒。

　　第二，在信息开放和协调共享层面，Q区推进"运动式"治理，增设专班领导小组推进信息共享。面对因顶格治理下权力配置高效协调的重大难题，依靠上级领导权威力量是解决此难题的重要抓手①。对于国务院强调实施的重大改革举

<hr />

　　①　陶振. 大都市管理综合执法的体制变迁与治理逻辑——以上海为例［J］. 上海行政学院学报，2017，18（01）：34-43.

措，Q区各级政府部门均表示难以"一夫当关"，必须从省级层面成立专班领导小组推进项目改革的落地，以上级权威遏制横向部门间的"责任推诿"。

第三，在自组织层面，自发形成小型组织增加治理的灵活性，进以形成治理合力。Q区首先以专题会的形式不断培育社会企业、社会组织、民众等多元治理主体的"自组织意识"，"自组织力"作为敏捷治理的重要元素，要求在面对复杂多变的治理环境中，基层党组织和政府部门需要具有"总揽全局，协调四方"的魄力，既能够保持自身的党性和纯洁性，树立权责一致的意识、主动作为，又能够根据基层实际需求和客观情况带动多元治理主体自发增设如防疫党员先锋队、疫情防控工作小组等小型组织或"软性"灵活组织，以便适应当下治理需求。Q区政府通过敏捷治理，进而达成"好快双赢、高效协调"的整体性治理格局①。

4.2.2 改革考核评价机制，切实为基层松绑减负

社区是顶格治理的"神经末梢"，N社区是Q区的标杆社区，承载着"智慧社区""时间银行"等试点任务，N社区区委会主任在多重考核、督查、迎检任务下实在没有办法尽善尽美地完成每一个，便硬着头皮找领导沟通，直言不讳地表示：如果顶格考核和顶格问责的压力继续强压，"乱作为""不作为"等形式主义的问题是没办法避免的。Q区政府领导也意识到因地制宜优化顶格治理下的考评机制迫在眉睫。

经过探索，主要从重塑考核观念和改革考核方式两个方面展开。一方面，重塑考核观念，达成"工具—价值"理性双统一。各级政府部门需明确"以人民为中心"宗旨，因此所有的考评机制都应以服务人民为落脚点，对于不利于或者微利于人民的考评方式需进行改革，例如"文山会海""迎来送检"等，将考核重点放在人民需求上。另一方面，在考核方式上，对于完成不了的工作要进行追根溯源，分清究竟是"主观不愿"还是"客观不能"，避免"一刀切"的考核方式，使考评机制具有"服务群众、体恤干部"的价值温度，进而呼应治理体系

① 于文轩. 奔跑的大象：超特大城市的敏捷治理 [J]. 学海，2022（01）：139-149.

"工具—价值"理性双统一,达成良性循环运作,提高基层治理效能。此外,Q区领导也以"专题会议""致信"等形式号召全区领导干部和工作人员应树立综合绩效观,阐释和完善考评机制的科学化和整体性,多层级多部门调研,搜集责任承担主体的绩效考核承担限度,坚持"上下全局"的整体性。

4.3 技术返"顶":提高数字整体性效能

伴随互联网技术的兴起,基层治理逐渐走向自动化、智慧化和系统化的新阶段。可Q区工作人员却谈"技"色变,一个街道甚至一个社区需要运营一个公众号、各类办公打卡等更是令他们叫苦不迭,而自动化办公系统的触角也尚未到基层社区,基层"人工跑"的速度又如何能跟得上上级政府部门"数据跑"的速度呢?为此,Q区开展一系列专项行动,注重清理僵尸化的信息平台,打通层级间部门间区域间的信息数据壁垒,提高数字整体性效能。

4.3.1 开展专项行动,清理僵尸化平台

为避免"僵尸平台"的泛滥和扩散,Q区紧紧跟随N市委办牵头开展的"指尖减负"专项行动,借助上级政府权威明确区级专项行动的合法性和重要性。首先,Q区政府办建立专项行动领导小组,完善目录清单动态监管机制,"指尖减负"专项行动依据目录清单进行全过程监管,及时清理关停内容保障不到位、功能建设不规范、信息发布审核执行不到位和管理不规范的政府网站和政务新媒体,主要从更新周期、内容质量、浏览次数等方面进行评定。

在Q区政府的持续推进和严格监管下,至今共清除"僵尸化"微信公众号20余个、清除无效平台链接50余个、通报低质量网页内容100余篇,整合优化政务平台30余个。"指尖减负"专项行动,一方面,可以减轻基层工作人员的信息维护及更新负担;另一方面,对政府网站和政务新媒体的筛选、整合和优化有利于保障民众获取信息的有效性和便利性,提高政府公信力,增进民众的满意度和获得感。

4.3.2 打通数据孤岛，实现整体性智治

政府治理体系对数字技术的包容程度决定着数字技术的应用水平和现实效能①。整体性智治，是第四次工业革命的产物，以智能化为主要特征，是推进"数字政府"建设从"技术赋能"阶段走向"系统重塑"阶段的重要治理路径。如何将数字技术与政府治理相结合是 Q 区数字政府建设的关键。

为缓解数字化治理模式与传统体制机制之间的矛盾，防止基层因治理负担过重而催生形式主义，Q 区政府遵循"技术—制度"有机契合的治理逻辑，"以人民为中心"超前规划，强调技术与制度的协同演变，依据数字技术的应用前景，整体性设计规划体制改革，最大限度适应复杂多变的基层治理情境。Q 区政府动员当地互联网企业，一方面，进一步升级自动化办公系统的使用场域和场景，将文件系统的使用权限下达至基层社区，减轻基层工作人员的层层上报负担；另一方面，建立数据中台，打通多层级多部门之间的非保密型信息数据，破除基层数据孤岛。

结束语

顶格治理是具有中国特色的治理方式，对于其功能的评判，各方观点不一，有人认为顶格治理的"四最"理念是诱发形式主义发生的"祸源"，有人则认为它是保证基层有效治理的"良药"。如何让"顶格"治理名副其实，重新"顶"峰，需要不断探索。在具体探讨中，我们需正视顶格治理所带来的"四管""四化"成效，以及警惕顶格治理的"底格化"，以防"顶格"坠落。在重返顶格之路上，需要不断提高顶格治理的"韧性""整体性""智慧性"，共建令人民幸福

---

① 郁建兴，陈韶晖. 从技术赋能到系统重塑：数字时代的应急管理体制机制创新 [J]. 浙江社会科学，2022（05）：66-75，157.

满意和基层工作人员"捉襟不见肘"的基层治理新格局。

◎ 案例思考

1. "顶格"治理的运行机制及运行成效有哪些?

2. "顶格"治理沦为"底格"执行,基层顶格治理"式微"的原因是什么?

3. 结合整体性治理理论,谈谈如何维持"顶格"治理并实现"顶"格治理效能的提升?

(臧进喜、卜婷婷)

二、当减负变成一种负担："越减越负"的沉疴痼疾何以得治?

——广西 N 市社区减负过程中的困境生成与消解

◎案例摘要

近年来,社区负担过重受到社会广泛关注。受我国经济单向度高速发展影响,经济与社会失衡性发展模式形成的巨大张力最终落到社会治理的最末端——社区。在主体结构破碎、治理力量薄弱、治理环境复杂、治理情景失衡、形式治理压力、工作认知偏差、信任丢失、协同不足、数字负担过重以及治理状态疲惫的共同作用下,社区工作人员不堪重负,举步维艰。尽管政府就社区减负展开了一系列治理行动,但减负效果差强人意。当减负治理陷入制度陷阱,逐渐呈现出"越减越负"的治理状态,对社区减负治理,建设现代化服务型政府形成较大冲击。因此,要对我国基层社区减负治理工作进行变革与优化。本案例通过描述广西N市社区治理负担的来源、减负治理过程面临的困境及对策,呈现了现代化治理建设需要驾驭的复杂性治理场域。同时,本案例基于整体性治理理论,对 N 市减负治理进行"理念—功能—结构—机制—技术"的五维整合性分析,真实刻画了基层社区干部的工作状态与行动选择,映射出多个维度下整体性联动治理的重要性,为切实保障社区减负治理,建设现代化治理体系提供了有力参考。

◎ 关键词:社区减负、整体性治理、"理念—功能—结构—机制—技术"的五维模型、基层治理

引言

几年前，N市M社区居委会以“最牛社区挂27块牌子”为标题的新闻引起了社会舆论的广泛关注，网友惊呼该社区太伟大了，“堪比白宫”。“这些牌子都是‘责任牌’，不是‘权力牌’。”小张说，这些林林总总的牌子，恰好反映出社区工作的繁重。“现在社区工作包罗万象，从‘婆婆妈妈’到国计民生，可谓无所不包。”上面千根线，下面一根针，随着牌子越来越多，小张的工作量也与日俱增，常常自嘲说道：“这份工作跟别人比就是‘九多一少’，即摊派多、台账多、检查多、会议多、盖章多、花钱多、矛盾多、加班多、要求多，唯独报酬少。”

随着中央开展一系列的基层减负工作，当前N市的社区工作是否仍这么繁复？为什么这么多的工作会摊派给社区来完成，社区繁“负”的症结究竟出现在什么地方？今后社区减负之路该怎么走？让我们带着这些疑问，去了解社区减负的前因后果。

1. “负”为何物——治理负担从何而来？

1.1 结构破碎，治理力量薄弱

1.1.1 权威官僚化，“双重身份”负重不堪

社区居委会作为基层组织，既是执行国家意志和行政任务的代理主体，同时担负着基层群众自治组织的职责，具有“行政性”与“自治性”双重身份属性。

在双重身份的重压之下，社区分别受到来自行政力量和社会力量的对抗冲击，难以承担双重身份下的重任。在实践过程中，街道办事处将社区居委会作为其行政权力延伸，导致社区居委会承接了较多繁杂的行政任务，渐趋类行政化组织形态。社区工作人员的本职工作是负责社区公共事务，为社区居民提供公共产品与服务。但居委会迫于街道办在权力、资源、话语方面的权威支配性地位，不得已去完成街道办事处下达的各项任务，应对着各种检查与台账，进而减少社区公共事务的管理时间，无暇顾及社区居民的需求。

面对众多要处理的事情，X 社区工作人员无奈地说道："社区事务很繁多的，居民大事小事都先找社区。随着居民对社区服务的要求日益提高，我们要处理的事务类型越来越多。"可以看出，居委会作为社区的代理人，需要代为处理关乎居民切身利益的各项事务，其在有着大量存量工作事务的基础之上还有不断的增量工作，有增无减的工作任务压得社区工作人员"喘不过气"。"在实际工作中，社区除了完成日常的社区事务之外，还要花费很多时间和精力完成街道办布置的工作和应付各种检查，很多时候本职工作都没有做完。毕竟社区是自治的，是居民选举的，没必要给我们太大的行政性检查压力和约束。"从 X 社区居委会书记这一段话中可以看出，社区仍然承担着上面下达的大量行政性检查以及工作，这严重压缩了社区自治空间。

1.1.2 社区行政化，缺乏实质性治理互动

社区"行政化"主要描述基层党委政府依照权力自上而下的运行模式对社区进行管理，社区疲于承接来自上级下派的工作任务而缺乏实质性多元主体治理互动，导致社区内部出现工作方式行政化、监督考核行政化、治理主体参与缺乏化等行为倾向。根据调查，发现 N 市社区自治的行政化倾向较为突出，治理主体之间缺乏实质性治理互动，不利于基层民主建设。推动社区减负治理急需进行"去行政化"改革，给予社区更大的自治空间。以下是 X 社区居委会书记评价目前社区"行政化"的情况：

"我们工作主要是通过接收上级街道办那边的会议、政策文件等形式来进行开展，再通过贴告示、会议、文件来下达任务至物业、企业、社会组织、居民等，去落实完成工作，更多的是这么一个带有行政命令的上传下达工作。在平时，我们很多工作的开展是需要去获得上级的批准，接受上级的检查，确实缺少一些工作自主性，无形中也增加了工作负担。"

"上级对我们的各项任务均进行考核评比，考核名目多种多样，我们还要花大量精力去整理相关申报材料，耗费许多人力物力资源，评比之后用处并没有多大。"

可以看出，由于居委会行政化色彩较为浓厚，自治性缺乏，在社区治理中往往呈现出绝对的中心地位，其他多元治理主体更多的是依附于社区居委会，难以成为独立的社区治理主体。同时，各社区治理主体之间的运作机制存在一定的差异，组织目标与角色定位也不尽相同，导致各治理主体之间缺乏实质性的治理互动，往往呈现出以居委会为代表的"一元治理"模式。即使通过服务外包等方式引入了社会组织等"帮手"机构，但共建、共治的局面还未完全形成，基层政府唱"独角戏"的时段偏多。在这种模式下，基层治理效能不佳，一元单向治理下基层负重难行。通过走访 N 市社区，了解到各治理主体不同的心声，Y 社区居民 M 无奈讲道："平时工作繁忙，家庭事务都难处理好，没办法顾及社区活动。节假日只想放松自我，或者在家里休养生息，平时很少参与到社区建设之中。而且参加社区活动耗时耗力，也没啥收获。"对于提供的服务，Y 社区 S 社区组织负责人谈道："接到街道办的要求，我们单位平时会去社区开展相应的义诊服务，参与社区治理。但其实我们为社区提供的服务活动是十分有限的，难以提供精确专业化服务，往往只是为了完成上级部门'下沉社区'的要求。"社区积极动员志愿者参与相关活动，成效甚微。Y 社区某志愿者结合工作实际，谈道："志愿组织都是凭借成员意愿自发形成的，时间一长，大家都有自己的事情要忙，开展活动的次数就慢慢减少了，而且各个志愿组织的志愿活动较为单一，难以长期开展。"

1.2 环境复杂，治理情境失衡

1.2.1 公共性失衡，社区职责边界拓展

社区治理的根本属性在于公共性，它强调了社区必须以公共利益的切实维护和实现作为治理行为的首要目标。然而，由于各种主客观原因，社区表现出社区主体利益化、居民的"原子化"、社区边界职责拓展化等问题，这导致社区治理呈现公共性失衡。社区治理的公共性失衡在利益化主要表现为居委会在管理和服务社区的过程中，其行为偏离公共利益，以获得局部利益的一种扭曲现象，如社区管理和服务"造血式"营利化取向、权力的"寻租"腐败现象①。社区的职责在于以自治职能实现对社区事务的管理，在公共性失衡这一前提下，社区若以追求自我利益为本位不断拓展自身职责边界，在一定程度上会加重基层治理负担，进而影响公共权力的权威，不利于基层社区治理服务的建设。

城市化伴随的传统社会规范解体使社区居民从规范的社会关系网中剥离出来，逐渐走向原子化②。居民的"原子化"影响集体行动的实现，许多社区公共性问题由于缺少居民的参与，最终被推向基层政权，导致其陷入"事务主义的漩涡"③。社区居民在"有事找政府"④ 的固定思维下向社区寻求帮助，基层社区的职责边界随着居民需求加剧而不断扩张，导致基层社区负重前行。据 S 社区某工作人员反映："社区居民往往忙于工作和个人事务，缺乏社区共同体意识与社区主人公理念，整个社区的凝聚力与认同感普遍不高，居民对于社区公共事务常常出现'事不关己，高高挂起'的心态，很少参与社区治理中来。"可见，居民的"原子化"行为在一定程度上不利于公共性事务的处理，基层社区的治理在缺

① 高雨薇，聂腾飞，杜少甫. 扶贫领域中权力寻租行为的政府监督策略与晋升机制研究［J］. 中国管理科学，2023，31（07）：153-161.
② 赵鼎新. 社会与政治运动讲义［M］. 第二版. 北京：社会科学文献出版社，2012.
③ 吴新叶，赵挺. 建设性空间：党员干部联系点的运转及其不确定性的克服——以基层治理为视角［J］. 政治学研究，2018（02）：66-76.
④ 于建嵘. 诱发群体性事件的最大陷阱［J］. 人民论坛，2012（19）：56-57.

乏公民参与的情况下举步维艰。

1.2.2 权益性失衡,非常态治理显乏力

社区权益性失衡表现为参与社区治理的多元主体缺乏对社区的建设性能力,对个体与组织之间的权益认识有偏颇,进而导致权益失衡。具体表现如下,个体化的居民参与社区治理的方式表现为象征性参与和抗争性参与,未能形成由居民主导建设下的社区自治管理模式①。在象征性参与模式中,出于对荣誉与物质奖励的向往,居民中的"积极分子"热衷于象征性地配合基层社区完成一些具有仪式感的表面工作,然而在社区的非常态治理中"不见踪迹",未能真正参与社区治理。X 社区居民热衷于参与有奖竞答、发放纪念品的各种公益性活动,"当然愿意参加这种公益性活动啊,又不难,来这坐坐就有礼品拿,社区他们也是要拍照完成任务的。"然而,在业委会换届等重要决策事项中,社区居民的参与度偏低。X 社区工作人员 J 表示:"大家对于业委会换届活动不算得重视,贴公示、发群聊告知大家来投票,大家参与性很低,没有几个人愿意参与。"在非常态治理中,由于其他治理主体的参与缺失,"一元治理"模式下社区内生参与动力不足,治理尤显乏力。在抗争性参与中,居民倾向于将"局部利益"包装成"公共利益",以"闹事"行为获得社会舆论的关注,舆论的升级会对基层社区施加压力。"闹大—回应"的政民互动关系强化了基层政权的被问责力度,加大了基层的治理负担。"我们这个社区架空层的事情闹得沸沸扬扬,居民为了停车方便,说架空层是公共区域,想把车停在一楼架空层区域,可是那块地存在安全隐患啊。现在这个问题关注度很高,很难办,还在和他们调解呢。"可见,居民的抗争性参与所导致的舆论压力在一定程度上会加重社区负担。

---

① 托马斯·海贝勒,君特·舒耕德. 从群众到公民——中国的政治参与 [M]. 北京:中央编译出版社,2009.

1.3 形式压力，治理认知偏差

1.3.1 形式主义压迫，痕迹管理策略应对

随着数字技术广泛应用于政府社区管理领域，痕迹管理不仅是对传统纸质痕迹的数字化，更是对技术手段的全面升级化。现行的痕迹管理模式反映了社区工作人员的工作实效、工作过程，被纳为政绩考核的重要指标。然而，在信息技术的广泛覆盖下，受到形式主义压迫，考核监督的频繁，痕迹管理异化的危害也逐渐凸显出来，加大社区工作人员的工作负荷。异化的痕迹管理从某种形态上来说是一种变相的形式主义，具体表现在"以痕迹论政绩""一切为了痕迹"等。根据调研发现，痕迹管理过度，纯粹为了"痕迹"而"痕迹"，必然导致工作量的增加，占用了大量的时间、人力成本，加重社区工作人员的行政负担。

针对这种情况，X 社区居委会书记 S 对此回应："做好痕迹管理确实可以保留工作中的相关资料，方便后期的考核监督。但有时候不必要的痕迹管理中的记录生成占用了大量的时间精力、耗费了人力物力资源，增加了工作成本。如果不进行痕迹化管理，我们就怕追责啊。就比如我们网格员下去调解居民纠纷，那我们调解完就完事了，效果就出来了。但为了痕迹管理，可能还需要一个人去拍照记录，做好档案。这就是一种额外的负担。"在调研中，许多工作人员反映了目前工作中存在的"怪病"——形式上的台账，Y 区民政局科员 W 谈道："现在几乎都得搞台账，太注重台账就变成了形式主义。大家都忙着弄台账，实际上这种现象反映的是我们的工作评价体系存在问题。我们的工作评价往往是靠考核来决定的，但我觉得，评判工作做得好坏应该看服务的人满不满意，而不是单纯看台账做得怎样。"

1.3.2 追求治理政绩，主动加码创造障碍

中国行政体系存在着自上而下的压力传导和自下而上政策变通两条逻辑，在社区的运作过程中表现为上级街道办与下级社区组织之间的策略博弈。基层社区

主动加码嵌于上下级政府博弈中，以期实现自身政绩追求与推动责任上移①。基层政策执行中的"主动加码"现象是地方积极性的表现，但是脱离实际的"层层加码"则是增加行政负担的体现②。"层层加码"现象与地方官员追求治理政绩、竞争晋升路径有着密切关系③，社区工作人员会倾向于"主动加码"完成更高标准的任务，以展现个人能力，获得竞争优势。当谈到社区主动加码问题，X社区居委会书记S介绍道："社区之间也是有排名的，有些社区抓工作不落实实际情况的，对上面要求完成的任务层层叠加，最后也没见他们完成，搞得我们压力也很大。还有个别社区抓督导落实，工作处处留痕，浪费了大量的人力物力在一些不重要的事情上面。"所以，可以发现，基层主动加码在促进政策目标完成的同时也引发了一定的基层负担障碍。脱离实际的加码扰乱基层工作者正常的工作节奏与秩序，使得基层落实工作不堪重负、难上加难，严重挫伤了基层的治理积极性。

1.4 信任丢失，治理协同不足

1.4.1 社会主体服务能力失信增加减负治理成本

多元化的利益诉求对传统"强政府-弱社会"的社会治理模式提出了新的挑战，以法治为基础的多元主体共同治理是我国社会治理实践探索的制度创新，也是实践中形成的经验总结④。然而，社会主体与政府间的信任及授权缺失导致的协同参与机制受阻以及社会主体自身管理服务机制的缺失所引发的承接政府转移职能的失效，均增加了基层减负治理的成本。在社区治理中，政府对社会参与主体缺乏基本的信任感，相互信任的政社合作关系未能得以建立，导致社会与国家之间缺乏良性、有序互动。同时由于委托代理模式下的弊端，多元社会治理主体

---

① 陈晔. 基层政府主动加码与上下级政府博弈探析 [J]. 领导科学, 2021（18）：25-27.

② 罗哲. 基层自我加压的动机与逻辑 [J]. 人民论坛, 2021（09）：24-27.

③ 周黎安, 刘冲, 厉行, 等. "层层加码"与官员激励 [J]. 世界经济文汇, 2015（01）：1-15.

④ 王名, 蔡志鸿, 王春婷. 社会共治：多元主体共同治理的实践探索与制度创新 [J]. 中国行政管理, 2014（12）：16-19.

之间的信息不对称以及目标利益的异质性造成协同治理机制受阻，不利于推进多元社会主体下的政社合作关系的有效治理，增加基层治理压力与成本。受制于发展起步、资助资源、政策保障等条件，我国社会治理组织普遍存在自身管理机制缺失的问题，主要体现在筹资渠道单一、组织资源不足、专业能力缺乏等方面，社会主体的公信力普遍不高，导致其难以有效承接政府的转移职能。X社区居委会书记S谈道："现在的非法社会组织太多了，有些是打着慈善的名义，靠包装、名头骗取经费。我们又不了解这些社会组织，很难去相信他们，不放心把服务承包给他们，出了事实在担不了责，还不如我们自己做呢。"可见，由于信息的不对称以及社会组织的公信力问题，社区宁愿自己承包一定的服务，也不愿意引入社会组织。

1.4.2　社区治理能力失信造成居民的"信任回落"

社区治理能力是政府、企业、非营利组织、公众等在社区治理的互动过程中，通过改变治理结构、提升资源利用率以解决社区问题，进而实现公共利益的总能力，包括行动者的管理参与能力、行动者网络关系互动能力、资源利用能力等[1]。治理能力较强的社区能够自发解决社区问题，稳妥处理各方关系，促进社区健康稳定发展。然而，社区治理能力的失信将影响社区问题的解决和公共利益的实现，造成各方关系的"信任回落"，不利于多元协作共治关系的形成，对社区开展各项工作也存在一定的阻碍。N市民政局科长L强调了组织自身治理能力的重要性，谈道："很重要的一个是能力问题，有些社区工作人员是没有得到根本的或者系统培养的，他们缺乏专业知识引导，很多工作都是凭借经验去做，我们社会工作专业方面需要有策划的能力、动员的能力还有链接资源的能力。只有把自己本职工作给做好了，民众才会服你，配合你。"结合工作实际，N市民政局科长L也提出了社区组织人员在思想素质、工作能力、工作现状上存在的一定问题："很多社区的工作情况是，别人叫他们完成任务，他们应付下也就做完了，更多的是机械式完成任务。"

---

① 冷向明，顾爽. "公益创投"何以提升社区治理能力？——基于动态能力理论视角的案例研究［J］. 行政论坛，2022，29（05）：76-85.

1.5 数字负担，治理状态疲乏

1.5.1 数字技术异化下的"技术增负"

数字政府的发展旨在通过技术转型提升国家和社区治理的现代化，减少行政工作的负担。然而，这种转变同时也带来了一些新问题，被称为"技术增负"。例如，一些社区在数字政府项目上的盲目投资导致资源浪费和项目未完成的情况增多。此外，像老年人和残障人士这样的"数字难民"因难以使用互联网而感到被排斥，信息技术的门槛反而增加了他们的负担。还有的情况是，虽然有了数字政府，但由于缺乏有效的信息共享，行政负担仍然存在。更复杂的是，一些原本由社会组织、企事业单位承担的任务，现在转移到了社区基层，导致基层工作人员压力倍增。对于目前工作遇到的信息技术难题，Y 区民政局科员 W 语重心长地说道："现在的情况还是缺乏信息共享，就算是民政口内部的信息目前也不是共享的，比如说，有的情况需要我们到别的部门把这个信息调过来，如果人家不愿意给，我们还得重新去采集，这就会浪费很多的人力物力和财力，做一些重复的事情。如果我们可以获取每个居民的所有信息，那么会免去很多事情。如果能够共享，这个人是不是贫困户，我们一查就能显示出来，是不是残疾，残联那边的情况我们也可以查看。"由此可见，数字建设中的信息壁垒导致信息的重复收集，加重社区治理负担。

同样，R 区民政局工作人员 E 也反映了同样的技术增负问题："像我们民政也管重度残疾人的生活补贴、护理补贴，但是这一块的工作就跟残联的系统撞在一起了，这些信息需要残联的系统查询，你残联的系统不给我用，那你这个重度残疾人的生活补贴又要在我民政这边发放。因为残联不属于政府的组成部门，民政是属于组成部门，所以说残联在发资金这块就没有权限了，只能说是办理一些什么事务，全称残疾人联合会，就像我们的团委和妇联啊，残联就是在医院给他鉴定完了之后给他办个证，你就看他符合几级就办个几级的证，他要是符合重度的那就去民政领补贴。"所以，数字系统中的信息使用权限单一导致信息的低效使用，无形中加重社区治理负担。

1.5.2 压力型体制下的"数字加码"

压力型体制运作逻辑及其治理后果下沉社区，是科层体系延伸和政府职能转嫁的重要机制①，而压力型体制下的"数字加码"即通过数字系统对任务层层分解、压力层层下压甚至层层加码至社区，同时伴随着精细化考核指标与高压问责的行政体制，政策的执行最终转为完成数字指标、确保流程无误、迎评送检和留痕过关。如在 N 市表现为大量原属于上级的工作范围被冠以"属地管理"的名义甩给 X 社区干部，很多工作脱离实际与超出职责范围，但是为了完成系统上的数字指标，顶着高压问责的压力态势，社区工作人员只能通过加班加点甚至造假完成。数字化手段如数字管理和拍照留痕增强了上级对社区的监督，有时这种严格监控导致社区采取不实的手段来完成看似不可能完成的任务。尽管数字治理提高了政策执行的效率，它也放大了传统治理中的问题，如"一刀切"政策和现实脱节等，从而增加了各级工作的负担。

2. "增""减"结合——社区减负治理进行时

2.1 增效赋能：社区治理主体能力有所提升

2.1.1 培育社会组织，丰富治理主体

为了培育发展社会组织，打造多元主体共建共治共享新格局，推动基层社区减负，N 市于 2017 年成立社会组织孵化中心，积极培育社会组织，为新成立的社会组织搭建完备的服务与培训体系。通过举办社会组织品牌讲坛，开展党建、项目实施、财务管理等专题培训，引导各类社会组织提升内部治理、项目策划、

---

① 孙旭友. 压力型体制"进社区"：居委会的实践运作与组织形塑——基于南京城市社区的分析 [J]. 社会工作与管理，2019，19（01）：55-61.

资源筹集、人才队伍建设等方面能力，为全市社会组织搭建起"党建引领、资源整合、协同联动"的服务平台。截至 2023 年 5 月，N 市社会组织总数达 4893 家，其中市本级社会组织 1281 家，社会组织数量居全区首位。社会组织培育丰富了社区治理主体，同时在提供社区服务、扩大居民参与、培育社区文化、促进社区和谐等方面发挥积极作用。社会组织逐渐成为社区治理的重要力量，能够为基层社区减负赋能。

2.1.2 探索协商机制，推动主体协同

（1）普及社区议事协商规则

N 市民政局投入专项资金，对社区工作者和议事代表进行议事协商规则培训，如"逢四说事"应知应会知识培训、议事协商主持人专题培训、"罗伯特议事规则十三条"培训等，提升了各社区人员对议事协商流程、规则的熟悉度，切实提升社区协商议事能力和水平。其次，引进专家团队，科学指导居民协商，探索引进议事规则技术。N 市政府积极与广西大学、华南理工大学、北京萝卜社区发展促进中心等高校和社区治理领域的专家团队合作，为 N 市社区治理创建了集国内先进水平的"智慧团队"，搭建了学习交流的桥梁。

（2）搭建社区议事协商平台

广西 N 市不断整合社区资源，搭建社区议事协商平台，推动居民参与社区自治。通过创新推广城乡社区治理"逢四说事"协商工作机制，发展"老友议事会"协商模式，积极搭建"妇女议事会""儿童议事会""一组一会一社"等议事平台，推动社区党支部、社区居委会、业主委员会、物业公司和居民代表、居民自治组织等协商讨论解决社区、小区公共事务和实际问题。"老友议事会自打成立以来，大家通过一起协商处理事情，在很多事情上得以统一意见，使得问题得到快速解决，也减少了彼此之间的分歧。"在某次沟通协商会上，一位大姐的话体现了居民们能够以主人翁的姿态积极参与小区自治工作，体现居民自治意识不断增强。社区议事协商平台有利于社区多元主体以合作协商、共建共治共享的方式参与解决复杂的社区问题，有效减轻了基层社区的工作负担。

2.1.3 信息技术赋能，创新治理模式

N市政府利用新技术赋能社区治理智能化，全面推进社区治理现代化试点建设工作，在推进数字社区建设方面取得了积极成效，表现在基础设施建设的信息技术化、数字社会惠民应用亮点纷呈、数字信息技术的大力普及等方面，为社区基层减负提供了强有力支撑。N市在社区治理方面的数字应用主要有独立开发系统的"智慧南湖"模式、依托已有系统的"时间银行"互助养老模式、"社区微脑"小程序建设等智能化系统。这些数字政府平台的广泛应用，实现了数据对基层减负的赋能增效，有效提升了行政工作的质量和为民办事的效率，在一定程度上减轻了基层社区的工作负担。X社区工作人员曾讲道："现在都是运用大数据平台了，信息技术确实能够更好地帮助我们获得有需要的数据信息，现在都是实现数据共享了，基层治理在质量、效率、精度上都有了较大进步。"可以看出信息技术在很大程度上对基层治理起到了减负赋能的作用。

2.2 减负限权：限制政府行政事务随意下沉

2.2.1 建立工作准入制度，限制行政事务下放

2014年11月，N市发布《N市社区公共服务事项准入管理办法（试行）》和《N市社区公共事务目录》，旨在通过规范社区准入制度，厘清政府与社区职能，减轻社区工作负担。具体而言，制定了明确的社区工作事项清单，分为四类：法定职能、协助事项、支持或购买服务，以及其他特定事项。其他事项需要经过准入审批，并限制行政任务的下放。此外，N市还规定了事项准入的管理权限、审批时限、准入和退出程序，确保准入事项的经费支持。这些举措严格管理了事务下放，缓解了"一箩筐"事务全压在社区的怪象，显著减轻了基层工作压力。

2.2.2 推进减负势能传导，减少基层社区负担

自党中央将 2019 年确定为基层减负年以来，N 市积极响应党中央号召，推进减负势能传导，为基层减负赋能。N 市在减文控会、对考核指标体系"瘦身塑体"、改进督查检查考核方式、防范过度留痕等方面都做出明确规定，并通过完善科学考核评价机制为基层干部减负松绑，部分单位部门还推行每周一"无会日"制度，进一步精简规范会议和材料。在减文控会上，明确不予发文情形，严格控制文件篇幅，同时控制参会人员范围，规定参会人员与会议主题密切相关，提高会议实效，减轻基层社区的工作负担。在考核指标的设置上，不断完善工作绩效考核指标设置，对考核指标体系进行"瘦身""健体"，在总量上控制绩效指标数量。在改进督查检查方式上，严格督查检查考核控制总量，强化考核结果导向，以解决群众实际问题为导向，不以不必要的留痕判断工作成效。

3. 越减越"负"——减负究竟路在何方？

社区作为居民和街道办之间的纽带，是基层工作的"最后一公里"。然而，在专业人才稀缺、普遍薪酬偏低、政社关系紊乱的社会治理大环境下，居民、政府和企业的需求层出不穷，使社区工作人员产生了很强的"负担感"。近几年，我国虽然对"基层减负"进行了总体规划，但在全国范围内推行"大而全"的政策，在实施上存在一定的难度。N 市在推进社区减负方面虽然有所行动，但社区化职责越来越多，社区负担不减反增，使得社区减负治理的推进显得困难重重。

3.1 "雨点小"的行政执行逻辑，形式致"负"

3.1.1 文山会海，海浪席卷

"文山高耸，会海汹涌"作为形式主义、官僚主义的突出表现形式之一，近年来，中央出台相应政策支持并持续在精文减会方面不断发力，文山会海的现状得到了较大的改善。开会发文是商议决策和安排工作的一种重要形式，其本身并无问题，而之所以在执行中走样变味，原因在于思想观念尚未转变。"有些领导认为开会发文并不是简单的形式，而是展现自己对具体工作的重视程度、落实力度的指标。开会范围越大、涉及领域越广，似乎越显重视；发文报送单位越多、内容篇幅越长，似乎越有力度。"这种认知情境下，便滋生出不少"会海"领导，而更多干部则被裹挟其中。

2019年以来，广西N市政府多次响应党中央关于基层减负号召，开展减文控会、对考核指标体系"瘦身"等一系列工作，通过完善考核评价机制为基层干部减负松绑，基层干部工作负担感明显减弱。通过对基层政府开展"减负"行动将减负治理的政治势能传递至社区治理层级，间接缓解了"会议培训""考核评比""行政问责""项目上报"等行政负担。"自从基层减负工作开展以来，社区督查评比工作负担感觉明显少多了，街道办派发给社区文件同期接收减少了近20%。"然而，由于社区工作人员和行政机关的人数不匹配，"倒漏斗"的状况并没有从根本上改变，社区工作人员的工作负荷将会随时间逐渐累积。

3.1.2 指尖落触，触处留痕

近年来，随着政府信息化建设的不断深入，政府工作效率不断提升。然而，目前我国政务信息化进程中也存在着"指尖上的形式主义"，如平台开发过多、数据重复上报、过度"留痕"等，给基层工作带来很大压力。"从早上到晚上，手机就一直在响，一直在看群消息，生怕错过了什么通知，手机上有十多个工作应用软件，各种打卡、考核、汇报……"谈及"指尖上的形式主义"，不少社区工作人员感触颇深："一些部门在发布任务的时候，经常没有考虑到我们基层的工作压力，一个部门的数据需求看上去并不大，但是很多部门的需求同时传递到我们的基层，我们人手少，每个人分别负责好几个部门的对接工作，负担太重了。"

社区工作人员之所以放不下手机，究其原因是很多工作需要线上来完成。上级单位虽然减少了纸质文件的下发，但电子平台、App 推送、群发微信等成为发文新渠道，让人眼花缭乱、疲于应付。调研发现，社区工作人员手机上普遍装有多个工作软件，每天需要耗费大量的时间完成 App 上的留痕任务。上级部门为了方便考核，将各种类型的政府应用程序进行了注册、登录、打卡、反馈等方面的严格规定，并将其纳入工作人员的认定考核之中，工作任务"压力山大"。不合理的考评制度是造成"指尖形式主义"现象产生的重要因素。有些考评仅仅侧重于考勤留痕，致使基层工作运行于"指尖"。比如，部分工作内容需要拍照打卡、发朋友圈并截图留存，以此来证明工作实效。一些基层干部只注重"痕"而忽视"绩"，只为完成任务而走过场，敷衍了事。"一些职能部门开发了应用软件，将软件使用情况纳入考核范围。少部分软件虽然不考核，但会根据指标进行排名，搞得我们休息的时候都要盯着手机。"定任务、考核打分、排名次，原本是为了更好地调动基层工作人员的积极性，但由于考评标准的不科学和不合理，基层工作繁复，偏离了软件应用设计的初衷。

3.2 "雷声大"的行政管理体制，官僚应"负"

3.2.1 层层加码，"码"到成功

"层层加码"是出现在压力型体制下的执行偏差问题，根据行政层级不同可以划分为两类。一是自下而上视角的主动"加码"，即下级通过缩短完成工作时间和超额完成任务，增加在同侪间晋升优势的一种竞争博弈。二是自上而下视角的"加压"，上级在部署和下达工作任务时，为保证落实进度和质量，适当提高工作标准和提前完成时间，但是在任务分配过程中，若是不考虑客观上时间、条

件、资源等限制，随意"加任务、提指标、缩时限"，就很有可能违背客观实际和事物发展规律，留给基层落实工作的时间和空间非常有限，有的甚至根本无法落实。因此，层层加码看似是各级责任心强、积极主动作为，实则暴露出落实工作简单粗暴，不考虑基层实际情况和承受能力，一味层层加压、层层加责，可能致使基层工作人员出现消极怠工现象。

> "有的召开会议、搞个活动，通知时间级级往前赶，9点召开的会议，层层通知后要求我们8点就要入场；有的周五下午发通知，周一就要上报情况，有的甚至上午发通知，下午就要上报情况。"
>
> 任务经过层层传达就像滚雪球一样压到基层，工作标准、完成时限层层提前，导致很多工作到了最基层，别说'5+2''白加黑'都成了家常便饭，基层不堪重负、苦不堪言，无奈之下只能"打折扣""搞变通"。

3.2.2 级级掺水，水到渠成

"级级掺水"和"层层加码"在基层实践中往往同时存在，当上级下达超出基层工作能力界限的任务时，必然会出现效用递减的情况：而上级部门为确保政策的实施效果，普遍采取增加任务难度，如缩短时间、提高任务量等方式达到预期执行效果；但基层部门面对高压任务也会"力不从心"，进而以选择性执行、象征性执行等方式，使得政策执行效用递减，进入"加码-掺水-再加码"的恶性循环。

政府治理重心的下移、政治任务的增加以及"层层加码"等，都给基层带来了沉重的负担，而官僚体制下工作压力通过层层传导，出现基层人员对自己所承担的任务采取"尽力而为"的执行策略。例如，当基层承担上级下派的政治任务超出自身能力范围时，由于政治任务自身的特殊性，"掺水"的发挥空间被限制，迫使基层工作人员不得不尽其所能完成任务，进而压缩自身本职工作的时间。除了承担政治任务，基层也要处理好自己的日常工作和上级下达社区基本职责之外的任务，对此，社区工作人员只能通过"拼凑应对"来完成基本要求，增加了社区工作者的压力。面对日益繁重的政治和职责之外的治理事务，社区工作人员普遍采取"全力执行+整合应对"的应对策略，这对自身资源有限的社区而言，既能缓解社区工作的繁重和执行的矛盾，又能提高其灵活性和反应速度，但在一定程度上可能造成政策执行效果不佳的问题。

3.3 "纷至沓来"的社区化职责，社区繁"负"

3.3.1 技术变革，智慧社区建立成发展态势

随着信息技术的不断更新迭代，互联网、大数据、区块链、人工智能等信息技术在基层治理实践中被广泛运用，社区智慧化发展水平已成为衡量社区治理效能的重要指标之一。从建设目标角度来看，智慧社区建设确实在一定程度上提高了社区工作效率，但也出现了一些新的问题亟待解决。

智慧化社区建设给社区工作人员提出了更高的要求。一体化平台与社区公共服务深度融合促进智慧化社区建设深度发展，数字平台运营则需要社区工作人员自身具备较高的数字水平；在智慧社区实践过程中，"智慧失灵"现象时有发生。例如，N市X社区部分高龄老人不会用手机，当需要帮扶时不懂得如何在"时间银行"上操作，社区工作人员只好登门解决问题，线下再记录服务信息。久而久之导致了线上"时间银行"使用度不高，居民有问题直接到社区找工作人员的现象，也间接加重了社区工作人员的排斥心理。另外，智慧社区建设涉及组织、政法、法治、民政等多个部门，涉及和覆盖的领域相当广泛，且跨部门协同共治、跨领域统筹协调需求日渐加大，社区迫于人手有限，每个人负责沟通不同部门。而截至目前，由于部门间在之前各自建设的信息系统、App等相互没有规范统一的建设标准，也没有统一的数据接口标准。在智慧社区生态建设中，涉及许多不同的主体，在软硬件应用和服务提供上，都存在着标准不一、各自独立运营的问题，这就造成了智慧社区的建设生态分散，无法有效整合数据资源，变相加重了社区工作人员的负担。

3.3.2 需求异质，居民多样化需求难以满足

居民需求是社区服务的"指挥棒"，部分社区对居民日益多样化、差异化的社区服务需求解决不及时或难以解决，一定程度上疏远了社民关系。"有些居民需要多规划一些停车位，有些居民工作忙就提出幼托服务需求，对于我们老旧小区来说，较多的居民想要加装电梯方便出行……这些诉求居民都跟我们反映过，但是我们日常工作都要加班加点完成，况且社区自身资源又不足，更没有精力和时间完成上级任务之外的事情。"部分社区对这些需求掌握得不够、统筹考虑不足，社区服务尚不能满足居民现实需求。从公共服务提供角度来看，社区满足居民多样化需求不仅需要资金扶持，更多地还需要获得上级领导的重视。一方面，在社区提供的服务内容上，以自上而下的"一刀切"式管理为主，社区居委会作为执行主体，难以自下而上地适应居民需要。在工作内容方面，由于大量的行政类"硬任务"挤压工作时间，而提升公共服务质量等"软任务"常常因工作繁忙而被搁置。目前，N市的社区服务需求机制尚不健全，致使一些社区不能及时满足需求不同社区居民群体的个性化诉求。另一方面，社区工作人员的服务能力参差不齐，工作者来自不同的群体，他们在工作热情、服务意识和专业能力上存在着很大的差异。

4. 转"负"为"富"——回归人民，实现全民共治

形式主义的"新衣"再华丽，对基层来说都是巨大的负担。基层干部是政策落实的第一线、群众服务的最前沿，日常工作本就繁杂，一旦文山会海"压身"，更加"分身乏术"，长此以往很容易被磨灭了工作热情和前进动力，只会更加"手足无措"不知该如何开展工作。

4.1 树立整体性治理思维

习近平总书记在二十届中央纪委二次全会上强调："要把纠治形式主义、官僚主义摆在更加突出的位置，作为作风建设的重点任务，研究针对性举措，科学精准靶向整治，动真碰硬、务求实效。"① 为什么形式主义长期破而不除？根本问题还是在人的心里、头脑里、观念里。要彻底破除层层加码魔咒，不仅仅是靠纪律规矩的约束和惩处，还要破除干部思维上的禁锢。一方面，政府要从管理观念的转变入手，转变原来"单中心"的治理观念，以整体性治理的理念作为出发点，注重将政府各职能部门、社会和市场的有机融合，以公众需求为目标导向，开展部门之间的沟通与协作，减少对社区居民的基本信息的收集，由相关责任部门牵头开展的先进社区评选等，在政府主导下，市场和社会为辅，将政府、市场和社会的力量有机地结合起来，为社区居民提供更好的公共服务，推动社区治理提质提效。另一方面，需要各级职能部门树立正确的权力观、政绩观，坚决克服形式主义、官僚主义，大力发扬真抓实干、担当作为的时代新风，实事求是、因地制宜地部署工作，变层层加码为层层负责、层层落实，调动激发社区工作人员活力，切实帮助社区减轻负担、轻装上阵，让他们把更多的时间和精力投入真抓实干、干事创业。

4.2 打造治理主体模式创新

构建"政+企"融合治理模式。以"减负"为切入点，维护各参与主体之间的公平博弈，相关企业在提供社区服务的过程中既能获取自身发展所需要的利益，又能积极地担负起社区治理的社会责任。一方面，在预算之内，企业尽职尽责高质量地完成有关项目建设；另一方面，以爱心服务、募集资金等方式，在提供相关的公共服务项目中，为充实社区公共服务作出企业自身应有贡献。此外，

---

① 黑龙江省纪委监委课题组．持之以恒纠治形式主义官僚主义 [J]．奋斗，2023（20）：14-17.

企业还应该主动担当起自身社会主体角色，提高自身技术研发与应用能力，挖掘各种技术在社区中的运用，利用科技手段来提高社区居民的管理水平，在减轻社区工作负担的前提下，保证居民的公共服务需要。

构建"政+社"融合治理模式。社会组织作为社会力量的重要发力点，一方面需要转变原有对社会组织作为附属机构的观念，明晰社会组织的存在价值，将其嵌入社区治理场域，敢于把社区相关公共服务项目委托给社会组织进行，尊重其平等参与到社区管理的参与权和协商共同提高社区服务水平的话语权；另一方面，社会组织应秉持自身公益属性，以主人翁的身份积极参与并融入社区服务各项事务当中，树立互惠共生并根植社区长远发展的主体意识。

构建"政+民"融合治理模式。社区居民是社区工作的主要服务对象，也是社区减负增效和公共服务的最终受益者。在此基础上构建"政+民"融合治理模式，能够充分调动居民对社区治理工作参与积极性，并为政策的优化提供案例与数据支撑，进而优化和完善社区公共服务。第一，建立良性循环的"政+民"治理模式要增强社区居民自身主体意识，积极引导其参与社区治理过程。在社区管理工作中，只有居民对自身所处社区事务积极建言献策，社区工作才能够开展顺利并获得准确的需求信息；只有居民亲身参与进来，社区工作开展才能够获得充分的信任。为此，政府需要通过举办区域内活动，以此来促进社区组织与居民之间的密切关系，增强其主体意识和参与意愿；相关职能部门和社会组织还可以通过微博、微信、社区公告栏等途径，加强对社区治理事项的过程、结果以及居民的反馈，增强社区对居民的尊重感与回应感。第二，良性的"政+民"治理模式还需要畅通居民参与社区治理渠道来保障社区各项事务的开展。在现有信息渠道的基础上，运用信息技术对居委会、业主委员会等进行优化升级，让居民更好地参与社区治理事务，提升居民参与度，从而为整合社区资源发挥积极作用。在开拓新的信息渠道方面，需提高社区组织的韧性。在我国大力推动城市化进程的影响下，社区辖区范围和人口数量急剧增加，使得社区全体居民都参与社区治理并不切实际，为此，需要进一步细化网格管理模式，以行动深度推进社区各项管理事务的顺利开展，维护不同居民主体自身利益。

4.3 探索政府治理结构整合

整体性治理理论强调提高政府协作效率应重点探索不同治理层级结构关系的整合。政府层级结构关系主要是指处于不同行政级别的政府部门间的关系，当前我国执行的是五级行政体制。改革开放以来，"单位制"和"街居制"改革不完善，社区居民对社区自治需求逐渐增加，而我国的主要矛盾已经转化为人民日益增长的美好生活需要和不平衡不充分的发展之间的矛盾，社区人口和管理事务逐渐增多，出现五级管理层级向六级发展的趋势。现实层面来看，由于街道办管理职能持续下沉至社区，而社区财政资源集中在街道办，社区自治能力很难得到充分发挥，目前社区发展仍面临着"准政府"的困境。为此，当务之急是应以整体性治理理念为指导，以整合政府层级结构为重点，为下一步政府行政体制改革做铺垫。一方面，提高社区自治能力，扩大社区职权。把街道—社区管理体制转变为市管社区或县区统管，有效避免城区和街道对社区资源的统筹和管理层级差距导致的信息失真，从而提高社区治理效能。另一方面，对政府财务层次进行整合，试行"社财社管""社财市管"模式，由市财政直接支付社区工作者的薪酬，将公益事业按项目制的方式承包，既可以简化经费申报程序，提高经费使用效益，又可以增强社区对资源的支配能力，保证"费随事转"。

4.4 完善整体性治理减负机制

完善社区减负责任机制。在社区治理过程中，"责任"是指治理主体所担负的职责，换言之是治理主体所掌握的资源与所承担后果的有机结合。只要有社会，就必然会有责任存在。在社区减负治理场域，政府、社会组织、社区居民委员会和社会工作服务站等各主体都要对自己的行为负责。整体治理理论认为，通过构建健全的责任机制来提升各组织间的互信程度，以便提高基层工作效率。然而，责任的划分和认定却是困扰社区治理的难点与痛点。社区减负问题的解决必然涉及众多主体。因此，在实现社区减负的整体性治理过程必须要明晰各主体责任界限及权力范围，共同协商并制定权责清单，按照清单内容确定奖惩措施，完善社区减负责任机制。对社区减负中责任归属进行准确的定义，就需要站在利益相关者的角度，找到大多数人的利益诉求，只有这样才能使社区减负工作得到好的推进，形成多主体社区共治格局。此外，还需要不断完善社区减负治理监管机制。当前 N 市社区减负工作存在重结果轻过程、重形式而轻内容的问题。为此，相关监管部门要加强对有关主体的监管；同时，企业、社会团体和社区居民委员会等也要充分发挥自身资源优势，为社区减负的整体性监管机制提供帮助。

4.5　优化信息管理服务平台

　　整体性治理提倡以信息技术为主要方式搭建一体化服务平台，提升各治理主体之间的工作效能。当前，N 市虽然在社区治理信息化方面已取得一些成果，但是由于资金保障不足、系统开发碎片化等原因，导致信息技术尚未真正融入社区治理的场域；甚至有些部门开发的数字平台非但没有起到减负增效的作用，反而加重了社区工作人员的负担，无法满足其对数字治理平台的需求。因此，N 市社区信息化建设迫切需要一套以基层数据中心为依托，覆盖社区管理和社区服务的一体化信息平台。具体而言，社区综合信息管理和服务平台建设内容包括社区基础数据中心、社区管理应用平台、社区服务应用平台等。依托一体化平台建设，遵循整体性治理理念不断健全基层减负机制体制，秉持"人民至上"原则，才能真正实现基层减负。

（余航、周盈盈、粟钰清、文超）

三、"数治"变"数滞"，
数字化改革何以成负担

——广西H市数字形式主义启示录

◎案例摘要

在数字政府建设的战略目标下，基层政府开启了浩浩荡荡的数字化改革。然而，数字化转型并未能立即实现想象中的美好，反而带来了许多基层负担。本案例以广西H市的数字化改革过程为样本，阐述了"数治"缘何变成"数滞"，以及基层负担如何生成。在数字化建设初期，数字技术被视为基层治理提效减负的"智慧数"。但在实际建设中，数字技术产生负能，增加了基层工作者的负担，"数治"怎料成"数滞"。通过分析案例发现，认知之"数"、体制之"数"和技术之"数"是"数滞"产生的主要诱因。对此，完善数治顶层设计、深化数字治理改革和增进多元主体格局是破解"数滞"的有效方案。本案例描述了基层数字化转型中的行政负担如何产生，并剖析了其主要致因，随后指出了有效的化解进路，为减少数字技术所致的基层负担提供了有力参考。

◎ 关键词：数字化改革、数字形式主义、行政负担

1. "数"立新风——基层治理提效减负的"智慧数"

1.1 "数"苗初长成，一"数"随风起

1.1.1 挖"数"坑：成立大数据发展局

《全国一体化政务大数据体系建设指南》提出"2023 年底全国一体化政务大数据体系初步形成；2025 年全国一体化政务大数据体系更加完备，政务数据资源全部纳入目录管理"的建设目标。随着经济发达的大中型城市如北上广深等率先迈入智慧城市的实施阶段，国内越来越多的城市开始规划向智慧城市转型，而智慧城市的核心规划和建设目标就是智慧政府。目前，为发展智慧政府各地纷纷打造可以存储、应用、共享大量数据的大数据中心作为智慧发展的先导，伴随而来越来越多数字化、智能化的应用开始浮现。在这一背景下，作为广西东融先行示范区的主战场 H 市政府于 2019 年成立大数据发展局。H 市作为广西壮族自治区东北部的重要城市，是面向粤港澳大湾区的核心枢纽，更是连接中南、东南地区的大数据集散地，因此，H 市大数据发展局的成立具有国家智慧城市试点工程——公共信息服务平台重要建设内容、H 市"十四五"发展规划及适应数字广西发展要求的基础性平台工程的重要意义。

1.1.2 播"数"种：建成数据交换平台

H 市大数据发展局的主要特点在于与行政审批局并行设立，职能方面互不干扰，互联网+监管、政务办理即涉及大数据的工作由 H 市行政审批局负责。其投入 5000 万元建设成 H 市大数据一体化服务中心项目，项目按照"1+3+N"模式打造一个平台，即 H 市数据共享交换平台，三个中心，即"云计算大数据中心、

数字创新中心以及数字运营管理中心"。各个中心在其中扮演不同的职能，其中云计算大数据中心以"基础共建、数据共享"为建设宗旨，按需给全市单位提供计算资源和设备载体；数字创新中心以"形象宣传、展示推广、城市建设、产业招商、体验共享"为理念打造"五位一体"的综合性创新体验中心；数字运营管理中心在总体设计上借鉴了海南海口的数据中心建设经验，汇总共享全市各类信息，做到应用无缝接入，在城市发生突发事件时实现多部门协同作战，对城市关键运行指标及专题数据进行监控，为政府决策提供支撑。N 为 N 个应用，即全市接入 H 市大数据一体化服务中心（数据共享交换平台）的各类业务应用系统。数据共享交换平台将全市各个节点部门的业务数据汇总到信息管理平台，通过交换与市本级各政务部门在自治区内的数据共享交换平台上实现互联互通，构建支撑跨地区、跨部门信息交换与业务协同的基础设施，构成了 H 市的整个数据运行体系。

1.2 "数"根已落成，百"数"齐竞发

1.2.1 填"数"土：基础设施集约建，5G 政务已可现

通过大数据发展局的成立，H 市信息基础设施开始从原有各部门分散建设状态转向全市统建统管、共享共用的集约化模式，实现统筹推进"壮美广西 H 市政务云"信息基础建设。其中，H 市"政务云"目前云储存的容量接近 1000T，全市累计 269 个系统迁移上云、64 个非涉密业务专网打通、478 个部门数据归集，充分融入政务云体系，有效利用统一运维平台，对各类硬件、软件资源进行统一监控、故障预警处置、优化应用系统性能以及智能化运维管理。同时，H 市加大了对光纤和 5G 网络的投资力度，提高了市域网络覆盖的深度和广度。截至2022 年上半年，H 市累计投资 20 亿元，深入实施"信息网"三年会战工程，组织实施智桥科技、智农平台等多个"信息网"项目，实现 5G 网络在主要城市区域全面连续覆盖，在县城及乡镇等区域按需重点覆盖，全部行政村、93.3%的自然村实现光纤网络通达，全市初步建成高水平全光网络，为智慧政府提供了集约高效、安全稳定的基础运行环境。

1.2.2 育"数"种：市县三跨五统一，网络监管区第一

在基础设施完善的背景下，H市进一步探索智慧化设施的应用的同时积极进行监管约束。2021年，H市围绕推进国家治理体系和治理能力现代化的战略部署，积极探索和完善"互联网+"与部门监管业务的深度融合，建立覆盖市、县两级的监管事项体系，推进各领域"智能化监管"建设，努力利用智慧设施创新和完善监管方式。按照统一的工程规划、标准规范、备案管理、审计监督、评价体系"五个统一"原则，全面提升跨区域、跨部门、跨层级联合监管工作水平，促进政府监管标准化、规范化、精准化和智能化，实现有效监管、科学监管。同时根据自治区的工作部署和要求，推动各级各部门监管数据的归集共享和充分利用。在2021年广西"互联网+监管"能力第三方评估迎评工作中，取得全区排名第一的成绩。

1.2.3 修"数"枝：数字政务评价高，差评整改零存留

在完善内部监管的同时，H市借助数字平台鼓励更多群众参与监管，以外部评价的方式加强对政府内部监管，不断改进发展中存在的问题，利用好差评体系的红黑榜指引基层绩效考评的衡量标准。H市围绕全面提升在线服务成效度，积极推进政务服务"好差评"系统建设，依照国家评价数据标准与自治区政务服务评价系统完成数据对接。同时，加快"好差评"数据汇聚，将"好差评"系统应用到不同领域，将各方好差评数据进行汇总，完成市工程建设项目审批管理系统、市房产综合管理信息系统、市住房公积金信息系统与自治区、市政务服务"好差评"系统的对接。在接收到更多"好差评"等直观数据反馈的同时，围绕提高"差评"整改率，进一步创新研发线上差评整改系统，实现"差评"整改网上全流程办理，确保全市各级所有"差评"及时实现接收、整改及回复，保证全市不同领域差评信息的"全整改"和"零存留"。截至2021年末，H市好差评体系取得显著效果，全市主动评价量48万余条，政务服务群众满意度99.99%，针对差评提出的问题，按期整改率100%。

1.2.4 成"数"林：四级一体信息化，城乡覆盖"指尖办"

H 市深入推行"互联网+政府服务"，以广西数字政务平台为依托，持续推进"市、县、乡、村"四级一体的政务服务信息化体系建设。广西数字政务一体化平台自然人注册量达 1121805 人，占常住人口的 55.88%。各级政府部门网站上都设置了"网上办事"栏目，并将其与广西数字政务一体化平台直接链接，搭建了"智能答疑系统"，同时将政务服务向移动终端、自助终端、新媒体等多个渠道进行拓展和延伸。多样便捷的信息获取和办事渠道，更好地满足了企业和群众"网上能办""掌上能办""一次办好"的要求，"不见面审批"广受好评。以广西数字政务一体化平台为主线，各部门业务办理系统为辅的跨层级、跨部门、跨区域的便民应用信息化网络，促成了"一网通办"的实现。2021 年，全市依申请和公共服务事项网上可办率达到 100%。"网上办"已成为 H 市政务服务的新常态。同时，H 市以提升群众满意度和获得感为目标，纵深推进"互联网+政务服务"工作创新，积极探索"无人自助终端办理"新模式，通过"多渠道融合、多层级布局、多部门配合、多形式合作"，破除时间和空间的限制，真正实现政务服务 24 小时不打烊。据统计，全市各级各部门共投放自助服务终端 15 台，可办理依申请和公共服务事项 2751 项。综上，H 市的市、县（区）、乡镇（街道）、村（社区）四级政务服务信息化体系初步建成。

1.3 "数"枝长新芽，智"数"展新篇

1.3.1 "一网通管"：推动监管智能化，创新监管新方式

H 市利用一网通管进一步创新监管方式，全力推进广西"互联网+监管"系统部署应用，构建重点领域"一网通管"政府监管体系，推行监管风险闭环处置和智能移动监管，创新开展非接触式监管智能化应用建设。进一步深化"审管分离"，健全事中事后监管机制，完善监管事项动态管理，实现监管事项认领率、检查实施清单完成率和完善率 100%。同时广泛使用广西"互联网+监管"通用

子系统，重点推广移动执法监管 App，充分利用大数据等新技术，创新开展智慧监管应用建设。2022 年，率先使用自治区"互联网+监管"执法检查 App 进行现场监管行为录入，移动监管行为覆盖率为 6.27%。另外，畅通并拓宽监管投诉渠道，在政务服务大厅和各级政府门户网站设置广西营商环境"智管云"平台企业投诉二维码，营造公平、有序的市场环境和一流、优质的营商环境。各级监管部门一方面依托"互联网+"技术，创新监管方式，不断推进非现场监管、风险预警、效能评估等智慧监管手段的应用。一方面加大监管数据归集与共享，实现对监管的"监管"。如 H 市水利局以河长制综合监管需求为契机，依托现有的山洪灾害监测预警平台，新建视频监控、物联传感等智能监控和感知设备，建立了互联共享的覆盖全市水利各业务部门的智慧化监管平台——H 市智慧水利综合监管信息系统平台。"智慧水利"平台实现与市山洪灾害监测预警平台融合互联，"智慧水利"平台防汛值班综合预警模块上线投入使用，进一步提高了应对水旱灾害的防御能力。

1.3.2 "一网通办"：数字政务一体化，高效互动民满意

H 市围绕当地政务数据资源管理与应用改革和优化营商环境的需要，基于市、县、乡镇、村四级政务服务信息化体系形成了以广西数字政务一体化平台为主线，各部门业务办理系统为辅的跨层级、跨部门、跨区域的便民应用信息化网络，实现了"一网通办"。一方面，实现了政务一体化平台的全覆盖。H 市不断夯实广西数字政务一体化平台在乡镇（街道）、村（社区）政务服务中心的部署应用，将 8256 项村级便民事项全部纳入平台管理，推动政务服务由"网上办"向"掌上办"转变，打通联系和服务群众的"最后一公里"，实现了村民"家门口办成事"的愿望。另一方面，深化政务数据的"聚通用"。H 市各级政务部门围绕群众和企业到政府办事以"跑一次是底线，不用跑是常态，再要跑是例外"的目标，加快推进政务服务实现"免征办"。按照"凡能共享获取的不要求提交"原则，当地成为广西率先实现广西政务 App 全覆盖的行政村。此外，在市区公安、人社、住房城乡建设等重点领域，也持续推进高频、便民的政务服务移动端办理。

2. 空心之"数"——"数治"怎料成"数滞"

2.1 执行者理念偏差,"新风"成"邪风"

2.1.1 部门主义的数字化呈现：数据保护之风

H市通过完善信息化基础设施,配合相关的政策打造了大数据政务服务一体化平台,带来了智慧治理效能的显著提升。智慧政府的转型,使得监督管理智慧化、政务平台一体化、公共服务精准化、治理方式数据化,有利于降低政府治理成本、化解政府治理负荷。

然而,前端的案例光鲜、群众满意,却不能掩盖后台数据与业务的协同艰难。访谈过程中,H市行政审批局的工作人员张W坦言道:"让部门间共享数据信息,很多时候就给一些不痛不痒的数据,如果核心数据比较敏感,那就只能往上级去共享。另外,他就认为我只做我自己的工作,我做完自己的工作,我不帮你另外再做你的工作,他觉得提供信息在帮其他部门完成工作。"在数据治理的实践当中,由于"纵强横弱""条块分割"的矛盾存在,部门本位主义在基层政府的一些职能部门盛行,存在"谁掌握信息谁就掌握话语权"的错误观念,数据保护之风盛行,导致将数据治理观念、协同合作理念与价值导向融入政府数据治理体系以塑造数字政府仍然困难重重。

2.1.2 注水作秀的数字化呈现：信息脱离群众

"有很多单位的网站里面都把领导的动态、有什么作为来呈现,这种就有点自娱自乐!老百姓关注什么,今天又有什么好政策,又有什么补贴呢?更多的应是把老百姓想要的、关注的展示出来,他就自然而然会关注你的网站了。"电子政务科李科长表示。政府网站及政务新媒体作为政府公开信息的窗口,往往是政社之间良性互动的桥梁，展示的却是领导动态、会议记录等日常信息，而真正与人民群众利益相关的政务新闻板块则沦为"僵尸"板块。不仅如此，在政府网页上所发表的内容大多是由上级政府所传达的通知和公告，政府网站只能传递信息，不能做进一步的改动，对于一些人民群众难以理解的政策内容，解读性文本也不够完善甚至是欠缺的。电子政务科胡科员说道："这种政务新媒体，它毕竟还是要'端着架子来的'，它不能太随意了，要有权威性。单位报道的信息一般就像我讲的就是正正经经的，不可能像其他新闻的一样报道一些很抓眼的，是没办法的。"

2.1.3 晋升邀功的数字化呈现：数字工程至上

近些年，智慧政府项目是较受欢迎的一种新的政绩工程。一方面，智慧政府项目在当前大力发展数字经济、数字政府的政策背景下自带"明星"光环，此类项目容易成为官员政绩的抓手。另一方面，上级很难对下级每个项目执行的过程和结果进行细致的评估与考察，平台建设、系统建设等硬件项目可以很容易地转化以数字为基准的量化指标，容易受到上级的注意，这就导致下级政府的绩效竞争追求的是数字呈现上的美观，而非工作结果的好坏。而在此基础上，为了在晋升体制中体现考核的区分度，做出"亮点工作"又成为基层官员最经济的升迁手段。大数据发展局 C 主任说道："我们的数据中台（大数据共享平台）已经建设完成了，我们的成绩在自治区可以排到第三，目前资金不到位很多功能不完善，但也是一个工作亮点了。"在此基础上，政府改革过程中"数字至上"的观念使数字化平台成为"数字工程"的政绩展示平台，对于治理效能没有太多正向的提升，数据汇聚、数据录入、数据清洗等工作反而带来"数字负担"。

2.2 新技术运用偏差，"提效"成"增负"

2.2.1 文山会海似消失，线上转移干部知

"现在自治区就是要求我们去拓展这个互联网平台的第三方账号，原因是自

治区领导发现我们的内容在百度上搜不到，只能在微信上看到，所以就在微信群里面说建议我们尽量去做覆盖到全网……这个要求没有正式文件，但提出的人是自治区领导，那你说做还是不做呢？"H 市在政务新媒体矩阵建设中所面临的情况，过去所诟病的以"会议、文件"本身来落实会议、文件，如今转变成了"以微信落实工作"，工作明减暗增，下级无所适从。在工作中，原来只要线下会议就可以了，但是现在为了完成对新技术、新媒体运用的要求，线下会议转变成线上会议或者语音通话的形式，这样的形式以及频率只增不减，甚至个别基层的部门要求线上"7×24"小时即时响应。工作中需要通知的公告，现在不分时间和地点，直接在工作群里向下级传达，这往往忽略了对公告的理解以及体会，常常是上午发布文件，下午就需要提交总结，这样的现象频繁发生。而越来越多的线上工作群，也成了一种新型"文山会海"信息传输通道。

2.2.2 手机应用如井喷，指尖之苦无处申

随着移动互联网的发展，特别是智能手机的广泛普及，为人们提供了一个快捷、方便的信息传递平台。在使用数字工具为人们的工作带来方便的同时，也极大地提升了人们的工作效率。但这一"利器"的使用若不得当，也会加重基层的负担。包括但不限于电子文档资料、图片视频记录、微信工作群实时留痕、GPS定位打卡等，数字工具的滥用使基层干部不堪重负：

"之前扶贫的时候，干部每次去看这个贫困户家里的时候，要在一个手机 App 上面啊签到，还要跟户主合个影……帮扶手册每次写好之后还得要上面列的所有干部全部签字才行。你看这一趟下来是不是花了不少时间？走完回来还要在一个国家扶贫的 App 还有一个自治区的上面去填写这个记录。这还是一个人，一个村里好多个人，你看可以想象这个工作量……"

"如果有的时候加班或有什么事去不了，为了能打到卡，我们只能让这个同事代我去拍照，然后我来签名……现在工作流程都是规定好的，App 上面都有记录，没记录你说做了也没人信。"

基层工作人员在 App 上完成各类"打卡式"的任务,包括了定位走访、宣传学习等任务,基于事事留痕、处处留痕的原则,工作时的照片、视频等记录以及工作事后的总结性材料纷纷都需要上传留痕。"指尖上的工作"在干部群众中广受诟病,也引起了社会各界的关注,诸如"扶贫摆拍""为迎检查,深夜刷路"等。基层的许多数字工具使用的乱象被揭露出来。数字化的工作环境下,形式主义也披上了数字技术的外衣。

2.2.3 数字参与全过程,技术加持更留痕

数字信息技术便利性、可视化等特征,使基层治理中的痕迹管理产生因技术便利带来的形式加码,甚至上升为无差别的留痕主义。在追求数字工具便利性的同时也开始追求全覆盖、全过程留痕的要求,陷入事无巨细"无差别留痕"的误区。以照片、截图、视频和电子表格等"痕迹"为日后的"回头看"提供了最有力的证据,同时也是对政绩考核的重要依据。

民政局工作人员张 S 说:"你看我们这个平时工作,都是有记录的,台账、总结、材料必须做好来。那些村干部、社区干部的 App、微信群这些里面都要这个打卡、记录不能少……像一般的调研、检查我们肯定要准备材料是不是,我们给你看的肯定要重新打印嘛……要来检查发现有材料缺了,肯定是马上补嘛……以前各种登记表、调查表、明细表眼花缭乱,时间大量地消耗在纸面上,现在也不过是换成了消耗在电脑、手机上……你说数字化能减负,我倒是不觉得。"随着"留痕"的范围越来越大,在巨大的责任压力下基层工作人员会将自己的工作细节尽可能详尽地记录下来并"处处留痕",以作为避免追责的依据。

2.2.4 微信 QQ 忙回复,线下场景工作误

在走访 H 市各职能部门以及乡镇、社区的一些政府工作人员时,注意到工作人员的工作群数目一般都比较大,每一个群里都会有及时的工作通知,他们每天都要花很多的时间和精力去关注自己的手机工作群,连自己的生活环境都会受到影响。市场监管局工作人员小陈谈道:"作为公务人员,你人下班了,但是你

的微信、你的联系方式是不能下班的，有很多突发的事情。就像领导突然收到通知，明天有人来考察或者抽检干什么的，马上在微信上叫我们连夜准备材料，只能迁就这个时间。"

手机上的微信群、QQ 群、钉钉群等充斥了日常工作，各处发的线上通知无暇顾及但又不能不看，归类整理各种信息梳理自己的工作任务都已成为基层工作人员的"隐形工作"，还要及时回复和处理相关消息，不仅增加了基层工作人员的工作量，甚至还有可能耽误其线下的场景工作。

2.3　大数据赋能偏差，"整体"成"碎片"

2.3.1　数据共享质量低，难以利用唯堆积

在政府行政管理信息化系统中，大部分采用的是"部门为主体、项目为核心"的投资建设方式，巨量的数据分别存储于各个部门当中。在此模式下，基层政府的数据共享机制存在着"纵强横弱"的问题。尽管各部门通过数字技术的应用收集到了海量的数据，但宏观上看政务服务的整体布局被各部门垂直向上的系统和数据体系割裂开来。各个部门机械解读上级业务部门的规定，强调数据的纵向传递而非横向共享。H 市数据信息中心的钟主任说道："很多时候它不单单是涉及技术方面的，有些数据的提供它是有相关要求的，还有一些部门，像我们想要税务局的某一个数据，不是说我们市本级这个层面做好沟通就可以了，它可能会涉及自治区的税务局，或者涉及国家税务部门。所以数据库建设受制于这个'数据烟囱'的问题。"数据被各个部门所占据，很大程度上也造成了数据共享的障壁，形成"数据烟囱"。

2.3.2　技术体制难磨合，协同配合难求得

数据信息中心钟主任说："有的部门它是依托于这个区垂跟国垂系统的，就是它的数据是直接汇聚到了上面，当我们索要的时候，对方就喜欢以对上负责的理由拒绝。那现在没有明文规定要共享哪些，我们没有权力要求对方共享，那就

没有办法掌握这部分数据。"从某种意义上说，大数据管理局可以被看成一个"协同组织"，主要负责牵头、协调各部门之间的数据共享，并对这些数据进行整合利用。然而大数据管理局本身只是一个政府职能部门，它统筹协调的权力是借由顶层设计赋予的职能来实现的，所以其权威性和等级并不比其他部门高。这会削弱大数据管理机构统筹其他部门参与数据共享的实施效力，是体制机制上的问题。

除了体制上的难磨合，在技术层面也制约着数据共享，使得各参与主体难以协同配合。目前，H市数据治理系统建设尚未完全满足数据共享的要求，存在操作步骤烦琐，数据接口成本过高等问题。共享系统仍不完善，在技术条件上客观限制了数据存储和传输，导致共享主体为保障数据安全和减轻工作负担，选择降低共享的主动性甚至不参与共享，数据流通进一步受制。这一点在H市大数据发展局与市内各独立系统的连接情况得以体现：

"像一些自治区级他们共享出来的接口，需要我们各地市用的情况下，并不是说很简单下一个Excel表就可以用。对于这种结构化数据，我们必须各地市还要有自建系统去承接它这个接口，能够调用它的接口，才能够算是真正地使用。接口这方面最主要的问题是涉及要经费……"

2.3.3 数字弱势群体在，技术逻辑设障碍

为推动智慧化办公，各机关致力研发自身的办公软件及政务服务平台。但是，因为数字化技术和政务服务的融合并不完善，这就造成了干部和民众的使用感受不佳，边缘化的特殊人群也不能顺畅地使用，也就是说，现代化的科技不仅没有让行政效能得到提升，反而在正常的运用上遇到了更多的阻碍。在H市大数据发展局的调研中，负责人也表示，数字平台的"电子门槛"有其设计需要："政务服务平台或者App其实也体现了政府办事的严谨性，所以身份验证、信息确认环节这些是需要谨慎的。既然没有人给你办事，给你核对信息，那就不可避免会涉及大量的输入操作。"

由于政务服务的"技术治理"的特征，边缘的特殊群体在体验政务服务时，导致其智慧化、数字化的工作在两者之间将产生"数字鸿沟"。没有智能手机和不擅长使用数字工具的弱势群体，容易成为当下社会治理中的"边缘化"对象。例如，在疫情期间，由于老人不太擅长使用智能手机，不知道如何展示健康码，使得老人在出入公共场所时遇到困难。技术的进步没有真正地考虑到老年群体的需求，使得老年群体被排除在外。

3. 寻觅"数"害——政府治"数"之策路在何方？

3.1 认知之"数"，过犹不及

3.1.1 政绩观错位与"数字迷信"泛化

政绩观是指政府官员履行职责时对政绩的综合认知。政绩观通常受到过往经历、教育培养和官场文化的影响，会直接对公务人员的施政偏好产生持久影响。"数字形式主义"也是官员政绩观错位造成的结果。由于近年来中央和各地方政府均高度重视数字化发展，创造出一个数字化发展的"政绩窗口"。部分官员秉持因功晋升逻辑，瞄准政府数字化转型的"蓝海"，意图于其中率先抢夺政绩。再加上部分官员的"数字迷信"思维扎根，过度宣扬技术决定论，认为数字化转型能够解决当前政府所有的棘手问题，将数字技术视为"万能药"。结果是出现许多"重建设，轻运营"、以数量代替质量的"数字政绩工程"。例如，H 市大数据发展局负责人的访谈中即有如下记录：

> "你说搞这个政府数字化、智慧化，它是一个系统的工程，除了这个硬件设施，你还要有人用才行啊，技术人员我们是需要的，大家的这一个观念也要提升，你要想一想具不具备这样的条件。现在这个数据中台自治区里基本没有做，为争这个先后，先搭了个架子，结果很多功能还不能用，就只能

摆在那里。"

3.1.2　"唯上主义"与横向竞争盛行

信息共享在纵向间容易而横向间困难是条块分割所致的数字化转型症候。这种现实本质上是部门主义下的"对上负责"所致。纵向部门秉承"谁掌握信息谁就掌握话语权"的原则，信息仅限于在纵向部门传递，对于横向部门索取的信息基本不予支持。这种"唯上主义"和巩固部门权力的倾向也导致数字化转型协同困难。结果造成数据多头收集、平台重复建设、协调进展缓慢等"数滞"问题。例如，H市大数据发展局负责人的访谈中即有如下记录：

"各部门它的改革的意识不强烈，他们单打独斗的思想还是很严重的，让他来承担这一个综合的牵头，他们还是不愿意，再加上要去跟多个部门，可能两个三个部门以上的协同联办，因为各种方面的制约不是很好协同推进的。"

3.2　体制之"数"，融合冲突

3.2.1　技术强化层级控制，"数治"无据依

压力型体制的特征是权力向上级集中且压力向下级贯彻，数字技术的嵌入强化了压力型体制的纵向控制。一方面，利用数字化信息技术，上级政府可以轻松地向下传递信息，而这种传递通常忽视了下级政府的实际治理情况。由于信息不对称，上级政府很难全面审查下级政府每个项目的质量和效果，因此只能关注数字化指标，导致下级政府竞相追求数字化成果，而不是为质量而竞争。行政审批局负责电子政务的工作人员也提及了纵向的压力来源：

"政务媒体可能平时阅读量不大，像这种上面（上级）是要通报的，要扣分我们压力很大。我们的上面可能都还没有很意识到一个问题，就是我们真正的属于政务新媒体的量，这个量在整个社会的自媒体里面占比是非常小，大家都知道，像我们单位的这种政务新媒体，你想要像自媒体的关注度根本是没办法的。"

另一方面，在智慧治理的实践中，信息控制对于政府组织的运行至关重要。为了解决信息控制方面的难题，上级政府通常会采用"考核指标量化""一票否决"等正式制度，而下级政府则会通过动员以非正式运作来隐瞒相关信息。这就导致数据信息的量越来越大，数据使用的效能却没有随之提高：

"数据是有，但是汇集数据是一个非常基础的工作，未经过结构化处理的数据没有办法用，是没有价值的……数据的量是上级考核的一个标准，必须先达到，但是具体的使用是我们自己要考虑的问题。"

3.2.2 技术加剧条块矛盾，"数效"负提升

数字化建设大都在原有条块分割的体制下进行，导致政府管理中的数据收集与处理"黑箱"以及数据使用"壁垒"仍难改变。由于条块分割问题，部门往往优先考虑自身利益，进而导致智慧化局部性发展，影响了全局的统筹。协同工作的困难，并非仅是技术问题，更多牵涉部门间体制机制阻碍。例如，H市仍有多个部门采用独立的数据信息系统，在数据归属问题上无法理顺而无法在机制上实现连接，也阻碍了硬件上的连接：

"大概有像税务、海关、邮政管理局、生态环境局等8个部门，他们本部门自己开发有独立的双随机平台，不跟我们平台连接。在做联合抽查的时候，其实就是他们自己做。我们就只能是设计一个表格，让他们报数据，但是这样的话我们数据的格式又是不一样的，处理起来增加了很多工作量，所

以这样的话联合抽查实际也是分开做，其实很烦琐。"

3.3 技术之"数"，祸福相生

3.3.1 动因漂移，责任模糊

尼尔·波兹曼（Neil Postman）在他对官僚制的见解中提出了技术的"动因漂移"概念。透过"数字形式主义"现象理解技术的"动因漂移"，它是数字行政场域中，行政责任从公务人员到技术设备上的转移。政府数字化转型的一个结果是"人机交往"逐渐替代"人际交往"。由于技术复杂性，大量工作被技术所绑定，进而业务流程调整和工作协调也涉及"技术黑箱"的调整。由于技术对于绝大多数公务人员是神秘和不可知的，便如同"黑箱"般令人捉摸不透。此情形下，技术提高行政效率的同时，也为部分政府官员推卸责任提供"完美借口"。以技术问题为由推卸工作失误和"不作为"便成为"合理"的说辞。比如 H 市的数据共享平台，就存在某些部门因接口不一致而拒绝接入数据共享库的情况：

> "数据共享中我们需要结构化数据，一个是依靠做数据库表，还有一个依靠叫接口部门……数据不能打通，也有接口的问题，数据库链接进来，它技术会比较烦琐一些，而且涉及对方他（其他部门）自建系统的云数据库，涉及接口费，很多时候他就以接口问题来拒绝。"

3.3.2 技术异化，顾此失彼

大数据时代下，政府仍然遵循着传统的技术理念，以"效率"为核心，以"唯技术"的方式进行管理。人以为自己控制着技术，实则为技术所"奴役"，导致技术异化。公共服务成为技术的附庸，使得业务逻辑依从于技术逻辑，结果是服务匹配度低。例如，许多业务线下办理效率更高，但强制性线上办理，导致效率降低和增加群众业务门槛。再如，防疫工作的常态化，某些地方政府肆意采取"唯健康码"，不顾"数字弱势群体"利益。部分年纪较大的办事群众表示现在办事比以前更难：

> "好多办事的现在都用电脑、手机搞，就算过来这里（政务中心），他们又说机器可以自助办理，不一定每次都有工作人员帮忙，我一个人的话是肯定不来了。"

4. 育"数"成材——数字形式主义的化解进路

4.1 完善数治顶层设计，做好育"数"规划

数字形式主义生成的原因之一在于缺乏顶层设计，导致数字政府建设无序化和碎片化发展，为数字形式主义滋生留下空间。因此，需从制度、政策和技术方面做好规划。在制度层面，要建设统一的数字治理的制度体系，规范基层治理的数字化转型，减少盲目扩张和粗放建设。政策层面，加强政府数字化发展政策的连贯性和统一性，出台省级层面或国家层面的政策标准体系，减少政策变相执行，避免数字建设悬浮化、形式化。技术层面，加快标准技术体系出台，避免因技术原因导致的数据互通难、平台整合难等问题。

4.2 深化数字治理改革，技术应用"去形式化"

4.2.1 创新协调机制，打通数据共享壁垒

大数据、互联网等数字信息技术应用的关键是要对数据资源进行集成，实现数据的开放共享。这就需要打破部门间的信息隔离，建立互联互通的数据共

享平台，同时明确部门间的权力边界，防止部门间的功能重复和工作重叠。其次，要有效集成数据资源。以数字技术融入政府服务，对政府信息系统中的数据资源进行集成与优化，同步融入公共信息系统，实现信息、服务的一体化，满足大数据时代下的整体性治理需求。最后，领导者层面需要转变局部思维，树立整体观念。要重视社会各方的合作，将政府内各部门及社会团体的力量进行整合。追求"多中心"治理下的协同与合作，构建智慧政府的一体化治理新格局。

4.2.2 筹划数据清单，明确共享主体责任

从组织结构维度来看，实现纵横一体的有效沟通与协同是整体性治理的核心追求，这就要求纵向层级结构理顺、横向功能结构整合，形成一体化的组织架构。而智慧政府的底层逻辑依然是政府的组织运行方式，因此要实现智慧治理转变的核心在于技术与组织结构的相互作用。

要以数字技术打破"纵强横弱"，再造原有的层级关系和结构，以纵向与横向的组织优化释放数字技术强化下的科层压力。解决数字压力层层加码导致的"数字形式主义"问题，需要对主体关系进行重塑，促进体制的改革。从基层视角来看，存在"一人办事九人监管"的局面，数字技术所带来的数字监管压力远大于技术的便利性。因此，技术改造应该着眼于主体间的协调和务实合作，应用于打通组织间的协同困境，增强基层的能力地位，实现组织与技术的协同增效。从决策领导者视角来看，"大部制"改革是应对现有体制中"条块冲突"的重要举措，而智慧政府对技术的深度应用为"虚拟大部制"的政府形态提供了可能。用数字技术促进信息共享、资源互通，从而拓宽组织管理幅度，压缩组织层级，并将不同层级与部门的事项、业务联通整合，构建面向外部的统一平台，最终形成扁平化、数字化且协调高效的组织结构。

4.2.3 精简平台应用，实现基层提效减负

形式主义下繁文缛节的考核体系，使各级政府机构承担着较重的行政负担，

这成为制约政府工作效率与公信力的一个主要因素。而智慧政府往往被视为减轻行政负担的重要工具，完善数字化评估体系，是减轻行政负担，让干部摆脱繁杂的评估指标的重要举措。

在数字化技术的支持下，加强对整个流程的管理，以简化事项，简化程序，简化要件，简化环节，缩短时限为导向，以"放管服"改革为背景，运用互联网技术对政务服务进行优化，是构建数字化政府评价体系的重要一环。一方面，要完善数字方案审核、过程监督、提升整改等多个关键环节的网上监督机制，逐步完善全流程数字质量管理体系，最终达到绩效管理的最优化效果。另一方面通过"大数据"的综合分析，从完成度、创新度、满意度三个维度，对各部门的工作效率、发展效率、服务效率进行全面、客观的评价，对其进行分析，找出问题并给出相应的解决方案。在此基础上，形成"一人一策"的动态绩效考核报告，以指导各部门补齐短板、增强弱项。同时，要建立清晰的数字考核体系，明确数字"必核""免检"，并对其进行分类管理，实现精细化管理。对重大的投资和重要民生工程及社会热点问题要实行"必考必核"，但年度考核时间要尽可能地压缩，灵活运用查访核验 App 等数字手段推进考核，深入落实考核的线上化和无纸化，给基层减轻负担。

4.3　增进多元主体格局，推动数字治理齐参与

4.3.1　加强政企合作，保障技术服务供给

H 市加快建设数字产业园，围绕数字产业化推动数字应用服务、数字创新孵化、数字制造加快发展。现已与软通动力、浪潮集团、智优科技、软视科技等 42 家企业签订意向入园，重点建设大数据中心、软件产业研发中心、智能制造产业发展基地等，搭建对接粤港澳大湾区 IDC 产业转移高地，力争实现大数据服务承载能力达到 20 万架标准机柜，200 万台服务器，形成软视频生产链，新型电子元器件生产链，音响生产产业等成熟产业。其次，H 市围绕碳酸钙产业数字化，打造了集交易、供应链、金融及物流为一体的平台，为全市碳酸钙产业发展插上数字制码。碳酸钙微商企业 157 家，实现产值 190.28 亿元。

此外，围绕黄金珠宝产业打造了新易通供应链数字经济平台，有效带动黄金珠宝产业集聚发展。围绕畜牧产业数字化，启动建设生猪产业大数据平台，拓宽了数字赋能农业发展的新路子。此外，H市在不动产登记、工程项目审批、基层高频民生服务事项办理等场景，以电子证照替代实体证照，实现常态化电子证照调用，5100项以上的政务服务事项关联电子证照，极大减免了群众办理业务时所需的纸质材料。全市依申请和公共服务事项网上可办率100%，275项政务服务事项实现"免证办"。H市目前与企业的合作仍然处于建设之中，除了基础设施和服务保障合作外，未来H市将主要加强与通信企业的合作，进一步推动信息化基础设施建设，助力H市政府加快智慧化转型，建设新型智慧城市。

4.3.2 强化宣传指引，提高公民数字素养

H市在保留电话热线途径人工实时交流对接的同时大力建设小程序及App，以L村、D村、S村为试点，将8256项村级便民事项全部纳入平台管理，开展政务服务"进瑶乡"、便民服务"掌上办"宣传推广志愿活动，让基层群众懂得用、熟练用、习惯用一体化平台级广西政务App网上办事，村镇的设备和机器维护费用都由政府统一承担。同时，将便民服务深入居民生活领域，培养当地居民的习惯和意识持续深化政务数据的融合应用。依托广西数字政务一体化平台，持续推进网上办、掌上办、就近办、异地办、预约办、套餐办，实现"数据多跑路，群众少跑腿"。此外，在市区公安、人社、住房城乡建设等重点领域，也持续推进高频、便民的政务服务移动端办理。例如，在交通管理业务方面，公安交警部门开通了本地交管App、公众号等渠道，帮助实现货车在城市道路通行和"数字弱势群体"办理交管业务一网通办。同时，推行办理交管业务网上委托等服务，全市政务服务事项网上可办率已达100%，网上办理率达86.34%。实现了驾驶证信息的自动核查、自动比对，便利退役军人换领驾驶证推行机动车抵押、交强险等信息在线核查。现在当地群众异地办理交管业务已经减免了大部分的纸质凭证。

4.3.3 重视思想建设，促进干部观念转变

大数据的应用是对传统治理模式的一种改革，因此 H 市也加大重视培养干部数字素养，促进干部思想转变。一方面，在各部门智慧化建设中数据共享方面 H 市也存在原始数据和加工数据共享敏感性的问题。针对 H 市共享数据有效性低垂的问题，H 市重视思想方面的循序渐进引导，上下一致、共同推进。从 2019 年开始该地上级政府都会提出不同要求解放思想，起初思想转变较为缓慢，只收获较为短暂的进展，通过沟通循序渐进，越来越多领导干部观念发生转变，外化出来最显著的表现是各部门提升了共享数据的数量和质量。另一方面，H 市意识到要让快速的技术迭代适应人力和财力更新，进行服务能力匹配。所以，其以关键领导为主提出既要有关键的掌舵者、领头人完成基础工作与破局，进行工作转变，同时提出也要有新领导不断进行针对性学习。

（胡家俊、陈永洲、钟宁、韩巽泽）

四、"支离破碎"如何"化零为整"

——广西 A 县环境执法的"困"与"路"

◎ **案例摘要**

　　本案例以广西 A 县环境执法工作为分析对象，展现 A 县在国家体制改革的浪潮中所经历的"沉"与"浮"，在环保垂改和综合执法改革的实践中交映呈现的"破"与"立"。在实行环保垂改前 A 县环保部门的执法工作深受地方保护主义影响，在环境保护和经济发展之间被迫"来回摇摆"，陷入"站得住顶不住，顶得住站不住"的执法困境。实行环保垂改后，市级环保部门实行以省级环保部门和地级政府同时负责管理的双重管理机制，县级环保部门则直接由市直属机关管辖，组织人事和财政经费的由市级环保部门统一调配，有效摆脱了地方对环境执法工作的过度干涉。但在实际的工作中，职能部门多头执法或执法空白的问题仍然突出。其后，中央出台有关推行综合行政执法改革的政策文件，A 县在此基础上展开了环境领域的综合执法改革，整合了部分其他部门执法事权及执法力量，提升了执法效率，一定程度解决了 A 县当前存在的环境执法痼疾。但全面深化综合行政执法改革还在进行中，A 县也不免面临不少挑战。本案例基于整体性治理理论，分析 A 县环境综合行政执法改革前后呈现的碎片化问题，研究探索进一步提升基层环境执法工作之道，为政府部门提供一定参考。

◎ **关键词：**环境执法、环保垂改、地方保护、综合行政执法

1. 步履维艰：地方保护久盛行，环境执法陷两难

传统的环境保护行政体制是建立在环保法基础上，以层级制和职能制相结合形成的条块体制，形成了从中央到地方各层级政府大体上同构的政府组织和管理模式。由环境保护部对全国环境保护实施统一监督管理，各级地方政府分别对本行政区划内的环境问题负责，地方政府设立环境保护部门，具体承担此项工作，地方环境保护部门受环境保护部的业务指导。尽管环保管理体制能够满足对环境保护的管理需要，但其具有比较强的地方性和分散性，人员由地方任命，财政也来源于地方。在实践中极易引发地方保护主义，从而使得环保部门的执法政令推进困难，地方政府和相关部门的监督责任无法得到落实，更难以解决跨区域和跨流域的环境问题。

1.1 属地管理潜藏地方保护，环保执法政令推进"难"

1.1.1 环保部门人财物被捆绑，自主执法"难"作为

现实中，环境保护与监管普遍实行属地管理模式，地方环境保护管理主要按区域来进行统筹安排，地方环保部门在接受上级环保部门业务指导的同时，还要作为当地同级人民政府的职能部门而接受地方政府领导。由此地方环境保护机构处于上级主管部门和地方属地政府的"双重领导"下，上级主管部门对"事权"进行管理，负责指导地方环保部门的工作业务，同级政府对"财权"进行管理，环保机构的设置、人员和经费等都是由地方政府把控。对环保部门有着决定性的制约作用，因此环境执法人员在对环境违法企业作出行政处罚决定时往往能感受到地方政府给予的压力，环境执法的公平与公正性受到挑战。

"虽然说我们部门有环境违法行为的行政处罚权，但是是否对涉事企业

进行处罚，我们还得考虑'上面'的态度，有些企业直接影响着地方的 GDP，停产的话会直接影响经济指标。"A县某环境执法干部如是说。

在这种以块为主的管理模式中，地方环保部门的人财物权限被地方政府所控制，其对环保部门的影响力更是远大于上级直属部门，环保执法机构在推进监测监察执法工作中容易受到地方政府的各种干预，难以完全施展环保监测监察执法工作，尤其地方政府在经济发展政绩压力下，追求GDP增长选择性忽略环保时尤为明显。通过对地方环保部门人、财的控制，形成了牢固的政策执行阻滞机制，对环境保护与监管发挥着隐形的却十分有力的负影响，地方政府对地方环境保护及监察监测机构的隶属关系、财政供养、干部任免限制和把控加剧了地方政府对环境管理的干预力度，使得环保机构依政策进行的自主执法难以实现。

1.1.2　属地管理弱化执法协作，行政障碍"阻"作为

环境保护是一个系统的大工程，具有诸多环境要素，超出了单个政府及部门能够处理的范围，尤其是跨区域性的环境问题需要与其他区域政府及部门合作解决。环保垂直管理前，从县至国家层面四级环境保护部门的财政经费与组织人事关系均由其相应级别的属地政府进行逐一对应负责，上一级环保部门对下一级开展业务培训和监督指导。属地化管理使得地方政府以邻为壑，环境保护出现分割治理局面，分散的环保力量得不到有效整合，区域整体环境利益的损失难以避免。不同地方间存在环境利益冲突。尽管我国环保法对于跨区域环境问题有"建立生态破坏联合防治制度""上级政府介入解决或者涉事的相关政府协商解决"等规定，但其缺乏相应的实施细则及针对性的解决办法、程序。在此种模式下，地方政府作为相对独立的行政主体，在一定辖区内自主行使环境管理权并承担相应的责任，由此跨区域跨流域环境保护管理主体相互之间的关系十分松散，难以形成相对紧密协同的执法模式。

"我们对环境违法企业的查处也是战战兢兢，如果作出的行政行为跟地方经济发展存在太多冲突，可能地方就会考虑换个'听话'的局长了。"A

县环保局某领导感叹道。

从表面上看，对环境违法企业的处罚，地方环境保护局主要负责人有着最重要的话语权，但这仅限于一些对当地经济贡献较小的小微企业，一旦涉及金额较大或者对当地经济发展贡献值较大的，环保部门也未必敢依法查处。地方和政府的"地方保护"思想仍然根深蒂固，为环境执法工作制造不少隐形约束。同时，地方政府及部门在跨区域跨流域问题上职责不清，相关执法工作出现块状化分割，引发扯皮推诿，无法汇聚环境问题中各个跨区域行政主体的资源形成一体化的监测监察执法力量，尤其是缺乏跨区域环境监察机构，对相关环境问题解决的效度和地方履职进行监督考核。这在一定程度上为跨流域跨区域问题的解决增加了困难，导致现实中的环境纠纷得不到及时、有效地解决，影响治理环境污染问题的效果。属地管辖中地方政府经济发展的压力传导及环保部门对地方政府执法协助需要，更加使得其在环境保护监测监察执法工作难以按照上级要求进行。

1.1.3 环境保护部门权责不清，监测监察"难"落实

属地管理模式异化了地方政府和部门环境责任承担。作为一个牵扯多方关系的复杂交叉领域，地方政府与环保机构之间对于环境监察执法目前还没有清晰的责任边界划分，"条"与"块"间存在权力的交叉和重叠。一是在职权范围和工作部门责任上不明确、分工不合理，尚未形成完整的环境保护责任体系。虽然环保法规定了环境保护部门的责任，但是规定较为笼统，界定较为模糊，导致了环保部门与地方政府有关部门各自管辖范围的规定分散在各种相关法律法规之中，缺乏统一执行力。二是地方各级党委和政府的主体责任，主要领导成员对环境问题的责任落实存在考核空缺，更没有对应的部门环境责任清单作为相应责任人的考核评价内容，由此相关部门在环保责任落实监督不力的情况下，出现政出多门和责任真空的现象。三是在属地管理情况下，基层环保部门还存在权责不匹配的问题。地方环保部门不仅是地方政府的构成部门之一，更是属地的环保主管部门，作为地方政府的环保责任主体，承担着属地环境保护责任。但很多时候，大多数引发责任承担的环境污染事故并不是环保部门引起的，而是由于环保部门在

执法过程中受到地方政府意志的制约所导致。基层环保部门在属地模式下不仅因话语权不足而难以独立推进环保执法，还要被迫承担本应由地方政府及其他部门承担的环保责任，从而在客观上造成了环保部门监察监测执法落实困难。

1.2 地方主义催生监督"悬空"，环保监测监察执法"难"

1.2.1 各自为政弱化监督机制，环保深陷"执法困境"

原有的以块为主的地方环境保护管理体制使得环保部门按照区域进行划分。在对某些跨区域流域的问题上，各区域的环境保护管理部门各行其是，地方政府环境管理各自为政的局面，在对自己辖区内的流域治理存在不同的政策标准和安排，尤其在缺乏区域流域统一监测执法的背景下，治理标准出现冲突矛盾的情况越发突出。某一地区的环保部门难以单独对跨区域跨流域的问题进行有效的治理。由于过去没有赋予环保部门完整的执法主体资格、没有正式确立环境执法机构，机构名称和职能不匹配，更是缺乏整合性的市辖区环境监测和执法机构，地方环境监察机构并未承担对政府及其部门履行环保责任的"督政"工作，也因执法资格、执法身份的制约，在"查企"时权威性不足，执法上存在进门难、处罚难等问题。法律和政策都对企业规定了严格责任，但政府对企业特别是基层企业违法排污缺乏有效监管和处罚。在尚未落实对地方政府及相关部门进行监督责任的情况下，其监督机制形同虚设。

1.2.2 地方保护削弱监督效度，评价制度"形同虚设"

传统环境保护行政体制中地方政府是地方局部特殊利益的载体，经常发生以维护地方利益为目的，违背中央决策与国家法律法规，不正当行使权力的行为。在环境保护与监管的博弈中，地方政府为发展经济博取政绩最大化形成了地方保护主义，不仅阻碍中央关于环境保护相关决策和环保法律法规的贯彻执行，也极大削减了中央在环保领域的行政管控能力。地方政府为了推进经济发展和建设不断扩大经济规模，在引进投资及推进项目建设期中，为保证投资者的投资意愿，冒着违反相关环境保护法律法规的风险，私自降低环保要求，为可能污染和破坏辖域环境的企业及项目的发展提供便利。甚至对环保执法部门的工作干扰阻拦，对其施加行政压力，在环境影响评价制度实施上动手脚，导致环境影响评价机制成为"空架子"，地方尤其是基层环保机构的审批作用难以发挥。为了维护地方利益，安定外来投资商扩大投资以发展地方经济，地方政府甚至试图钻各种制度漏洞，力图通过制定各种有违中央环保政策甚至违反相关环保规定的地方制度政策，给投资商提供一个宽松优渥的发展环境，甚至以减轻企业发展负担为幌子，干预环境监测监察执法。

1.2.3 重经济发展轻环境保护，部门陷入"两难窘境"

经济发展已经成为地方政绩考核的重要指标之一，地方政府对环境及资源的保护属于社会职能的一部分，难以与政府重中之重的经济事务管理职能相提并论，由此使得地方政府在"以发展为第一要务"和"发展经济提升 GDP"的政绩目标导向下形成了对经济管理更关注和上心的倾向。地方环境管理机构要面对上级直属部门下达的关于环境管理工作，上传下达的环保执法考核和指标让环境管理机构不得不去推进执行政策内容。而地方环境管理机构在辖区内归地方政府管理，其人财物等由其负责，但地方政府不仅要负起环境保护的主体责任也要考虑地方经济发展，难免在一定程度上影响环保部门的执法，甚至对环保机构的执法工作产生一定的干扰和限制。由此地方环保部门的监测监察执法机构在纵向层级行政要求和横向政府政绩追求的干扰限制的矛盾下，陷入执法的两难境地。

"现在我们还是发展中国家，以经济建设为中心仍然要长期坚持，经济发展水平跟当地群众的幸福感息息相关，我们地方政府领导不得不先考虑群众生活问题，如果环保方面没有什么重大问题，一般也是能过即过了。" A 县环保局某领导说道。

当环境保护与经济增长发生冲突时，虽然强调以科学发展观为指导，但往往是经济优先、增长至上。地方政府"口头环保"的现象仍然存在，越是在欠发达地区，越是基层政府，这种现象越明显。地方政府更追求以 GDP 增长为主要指标的特殊利益，而环境保护会在短期内影响甚至抑制经济的发展。地方政府这种特殊利益与属地管理模式相结合，使得其对环境保护和监测更懒于管理，缺乏对其进行管理的意愿，环境保护执法在地方政府的职能工作中被弱化和忽视，并为经济发展而让路，更甚者将环境保护管理作为阻碍地方经济发展建设的"拦路虎"。在这种思想的影响下，作为地方政府所属部门之一的环境管理机构受到地方政府经济发展规划的制约，环保执法工作推进举步维艰。

2. 改革春风：环境垂管纵推进，执法权威获确立

生态环境部门在维护中国环境健康和可持续发展方面起到重大作用。自 2012 年以来，省以下环保机构监测监察执法垂直管理等改革举措加快推进，党和国家提高了对生态环境执法队伍建设的认识，生态环境治理能力明显增强。2016 年 9 月，中共中央办公厅、国务院办公厅印发的《关于省以下环保机构监测监察执法垂直管理制度改革试点工作的指导意见》标志着生态环境垂直管理改革正式拉开序幕；2015—2018 年，生态环境垂直改革的想法从被提出到逐步落地。可以说环保垂管改革有效提高了地方环境治理效能，其改革效果主要体现在以下方面：

2.1 环保体制"大手术"，条块权责"迎重塑"

2.1.1 地方保护主义的"破"与区域整体统筹的"立"

在过去较长时间，重污染企业占比高是中国产业结构的一个突出问题。因而地方环境规制会直接限制污染型企业的发展，进而限制地方经济增长。在以 GDP 论英雄的官场考核评价体系中，地方党政官员为谋求经济绩效，往往干涉环保部

门的环境规制强度，造成环保部门履职困难。这背后是地方保护主义，出于经济发展和官员绩效考量，不得已牺牲环境而换取发展。而环保垂管的体制改革，极大增强了环保部门的独立性，重塑了条块权责关系，减少了"块块"的干预。环境垂管还加强了环保系统的协调，使得环保部门可以统筹协调，以应对跨域性的环境污染问题。

2.1.2 经济增长联盟的"散"与新型发展格局的"聚"

在唯经济增长的发展模式下，地方集结成了以促进经济增长为目标的利益联盟。而其结果是环保目标、安全生产、公共卫生等问题都让位于经济发展。在唯经济增长的发展模式下，带来了严峻的环境破坏问题。新发展理念即创新、协调、绿色、开放、共享的新发展理念。其中，协调发展注重的是解决发展不平衡问题，绿色发展注重的是解决人与自然和谐问题。而环保体制的改革，是协调发展和绿色发展的践行。通过环保垂管改革，强化了环境保护的作用地位，实现了经济增长和环境保护的协调发展。环保垂管改革并非单独加强环保，而是倡导绿色发展，提高发展质量。因此，环保垂管改革有效瓦解了地方经济增长联盟，推动了新发展格局构建。

2.1.3 污染外部扩散的"解"与区域共同责任的"担"

环境是典型的公共物品。环境污染则具有负外部性，其后果往往由一定区域内的主体共同承担。在搭便车的倾向下，治理责任难以界定，导致环境治理往往难以推进。因此在行政实践中往往出现"上游污染下游治理"的困境。而环保垂管改革有利于协调各地方环保部门，以共同承担环境污染的治理责任，提高了环境治理效率。此外，垂直管理之前存在"九龙治水"、多头管理的现象，环境保护与公安部门、城市管理、公共交通部门等多部门就存在职能交叉的问题。环保垂管改革的同时也厘清了这些职能交叉问题。

2.2 经费人员"市统筹"，属地干涉"不复存"

2.2.1 条线发"粮"，无惧断粮风险

环境垂管改革的一项内容便是将区县级环保部门的人员经费由市级统筹，消解了环保部门的"断粮风险"（改革后的组织关系参见图4-1）。在改革前，环保部门的经费由属地负责，其结果是部门行动往往受制于地方经济和社会发展需要，导致环境治理行为大打折扣。而改革后，环保部门的经费由条线直接发放，大大加强了人员活动经费的保障，并消解了环保部门长期受到的双重管理。

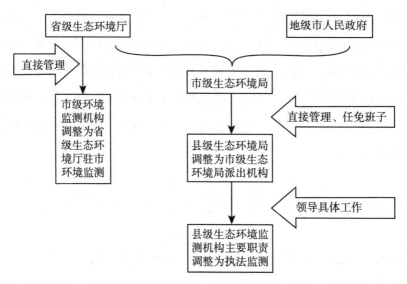

图 4-1　环保垂直管理后地方环境保护主管部门组织关系图

2.2.2 条线管"官"，不怕晋升受阻

改革前，由于地方主政官员对于环保部门人员的升迁具有较大话语权，因而

环保部门人员迫于职业发展，不得服务于地方的特殊目标，这就会时常牺牲环境和生态，降低了环境治理效率。由地方主官掌握环保部门的人事权力并不利于环境治理效率的提高。因此，环境垂改的一个重点便是将人事权力上收，环保部门人员的晋升由上级环保部门负责，不再过多受地方主官的影响。这使得环保部门干部敢作敢为，不再担惊受怕，提高了环保部门的履职效率和规制强度。垂直管理本质就是中央集权，其目的就是为了破除减弱地方政府的保护主义。特别是环境保护这个领域，地方龙头企业、纳税大户、引进企业、支柱企业等都和当地政府维持着长期良好稳定的关系，垂直管理有效解决了一线执法人员有时候面临门口不敢查、查了不敢问等问题。

2.2.3 条线供"技"，无忧装备阻滞

环境执法部门作为行政权力的行使部门，经费的支持以及配套设施的辅助十分重要，充足的经费支撑和先进的设备配置，不仅可以使得取证时更加专业、快速、准确，还能增强环境执法队伍的凝聚力和战斗力。过去，由于环保经费由地方管理，因而很多技术设备配备不齐全，监测工具滞后，影响了环境治理效率。而改革后，环保经费得到了有效保障，且大量技术工具由上级配备，保障了地方开展环境治理所需的技术设备。

2.3 执法权限"顶格设"，污染旧企"难续命"

2.3.1 权限加码，直击企业要害

改革前，许多环境执法由于权限不够，出现"看得见的管不着，管得着的看不见"。受制于地方执法权限问题，许多重污染企业没有得到及时制止和转型。改革后，许多执法权限得到下放，使得许多长期遗留的污染问题得到了有效解决。例如，许多地方审批的环保许可收归环境部门，提高了环保部门对企业的约束作用。

2.3.2 直接处罚，绕过地方环节

改革前许多环境处罚需要经由地方职能部门审批，削弱了环境治理效率。而改革后，环保部门的独立性得到强化，环境执法基本由环保部门作出决定。执法的积极性和效率都得到大幅提升。

2021 年，A 县环境执法大队共出动环境执法人员 570 余人次，监察企业单位 72 家次，下达责令整改通知书 48 份；对辖区内 41 家企业及 2 个建设项目开展双随机抽查，未发现抽检企业有环境违法行为；立案查处环境违法案件 4 起，共处罚款约 50 万元，已全部缴清至市级财政，无行政复议情况；共受理生态环境信访举报案件 110 件，涉及噪声污染 47 件、畜禽养殖污染 12 件、水污染 11 件、大气污染 40 件，已全部如期办结，全县全年度无环境突发事件。

2.3.3 主动突击，避免通风报信

环保垂直改革后，开启了"双随机、一公开"检查制度。"双随机、一公开"是指在执法前根据一定的比例随机抽取企业，随机抽取执法人员，匹配企业与执法人员进行执法的工作模式。这一模式有效实现了突击检查，避免了通风报信。

2.4 环境监测"客观报"，生态破坏"难掩盖"

2.4.1 设备大换新，监测更精准

正如上文所述，改革后经费相对得到有效保障。许多环境监测设备得到更新，使得监测更高效和精准，提高了环境治理效率。

A县环保部门工作人员表示："现在各类自动化监控系统建设水平提高了，我们可以减少到现场检查的频次，这样一来发现的问题也更多了，这几年我们这边的环境空气质量都能达标，甚至在全省都能排到前列。"

2.4.2 平台实更新，数据难篡改

在改革前，迫于考核压力，许多地方政府报告的环境监测数据存在注水。这极大影响了环保部门的决策和政策制定。改革后，许多监测平台的数据都做到实时更新，谎报虚报数据的情况得到有效改善。这也使得更多的环境问题被揭露出来，有效地提高了环境治理的精确性。

在A县，"近年来我们建立了不少环境质量自动监控系统，我们监测站也实时关注着环境的变化，一旦出现超标预警，就马上协调执法大队开展工作。近年来最值得骄傲的还是我们这里的空气质量，优良率常年稳定在98%左右"。

2.4.3 客观为第一，问题大胆揭

改革后，由于不受制于地方干扰，环保部门秉持客观公正的态度，发现问题及时揭露，及时解决。这些举措切实地改善了地方的环境水平，有效推动了地方绿色发展。

表4-1　　A县2020—2022年水环境质量达标情况一览表

	2020年	2021年	2022年
县级饮用水	达标	达标	达标
近岸海域	达标	达标	达标
地表水	达标	达标	达标

"我们这里的主要河流建立两个国家级地表水监控断面，系统实时反映河流水环境质量。近岸海域的水质监测是省级统筹的，然后将监测结果向我们反馈。饮用水每季度手工检测一次。这几年水环境质量都能保持稳定，主要还是得益于常态化开展水环境专项排查整治与执法。"

3. 新困又现：执法力量过分散，执法效能难保全

3.1 你做还是我做？权责关系难扯清

3.1.1 各有说辞，群众投诉无门

通过访谈，了解到 A 县环境问题责任清单的制定有横向的扩充，但缺乏纵向的深度，部分事项细节执法人员缺乏可参照的依据。如明确划由公安部门监管的社会生活噪声，在何为社会生活噪声的界定上存在一定争议；再如划转给文化旅游部门监管的娱乐噪声，在出现小酒吧噪声扰民现象时又没有统一标准界定此是否为娱乐噪声。长期以来，受各方面的影响，不少部门建立起了各自的执法队伍、多头执法、重复执法或是执法空白，直接影响了执法的公正性、权威性和统一性。

"我们县的环境还是很好的，但是在环境污染事件的投诉上有时候还真让人摸不着头脑。就我个人而言，我曾经打过生态环境局执法大队的电话投诉隔壁家 KTV 的噪声扰民问题，但是生态环境局说城区的娱乐场所噪声不归他们处理，让我打'12345'，后来打了'12345'的电话投诉后过两天才有部门来处理，处理的效果还可以接受，不过具体是什么部门来处理的我不太清楚了。"

从访谈了解，一方面说明了 A 县政府各部门之间权责关系厘清还不够，导致群众投诉被拒；另一方面还反映了公众参与、监督环境执法的工作做得不够实，更多环境执法工作集中于政府部门的内部消化。

3.1.2 你推我扯，污染调处滞后

A 县信访部门在接到群众投诉环境污染问题时，在任务分配上常有纠纷，因为职责的模糊，各部门会出现不受理信访的情况，这就造成信访部门任务无法派发，只能通过召开工作协调会的方式组织有关部门协商处理。

> "有时候我们参照各部门的权责清单派发工单给相应部门，但是经常出现部门不认领在系统退回的情况，被退回后我们一般再转给第二个单位，如果再被退回，只能组织几个部门碰头商量解决了。"

一个信访件被多次退回，只能通过协调会议初步解决。一来二去，群众信访问题得不到及时解决，政府部门办事效率低，群众满意度自然就很难提升。

> 我们虽然都有权责清单，但是清单规定的东西并没有特别详细，有时候跟部门的"三定"方案有冲突，在工作中也经常出现跟其他部门"讲道理"的情况。

3.1.3 是或不是，事项界定不细

环境执法的形式多样化，涉及自然资源保护、环境污染防治、企业生产监督等领域，然而环境执法并非生态环境部门内部的事，而是涉及了文化旅游、自然资源、城市管理、住建等多部门的执法权限。从国家层面，《大气污染防治法》《水污染防治法》等法律法规更多是针对宏观问题的指导，未能明确规定部分环境污染事项的监管范围以及监管部门等具体对象。

"国家层面法律法规明确的是大的方向，细节上还需要县级深入研究做好分工，但我们这里的权责关系还是有点模糊，部门大多抱着'多一事不如少一事'心理，有时候也存在推脱工作的情况。"

在 A 县，涉及环境执法的部门之间具有相同的行政级别，部门各自为政，在整合各部门执法力量上稍显不足。由于规定了生态环境部门的统一监管职责，大多时候具有争议的执法权限也只能由生态环境部门一家"兜底"。在日常的环境执法中，涉及环境保护的部门权责关系复杂、不厘清，又因跨领域跨部门的执法权责权限分散于多个专业职能部门，极易导致在执法过程中出现多头管理或者推诿扯皮现象。

"有时候针对一个群众信访问题，我们部门都不能确定是哪个部门牵头处理，但是可以明确的是，一旦开了这个口子牵头一次，后面类似的问题就是你部门负责了。"

3.2　该去还是不去？部门协调难度大

3.2.1　联合执法实现难——"宁愿看戏"

环境执法是一项整体性工作，单靠一个部门执行难以实现高效执法。然而现实工作中基层却明显存在部门之间的协调困境，进而升级为碎片化问题。开展环境执法工作涉及部门多，各部门之间的利益关系又是相互独立状态，虽然平时工作中大部分单位能配合环境执法工作，但部门开展工作往往优先考虑自身利益，又因为缺乏相关配套机制，很多部门就抱着"多一事不如少一事"的心态应对执法工作，虽然对执法权运作没产生本质影响，但可以看出部门间协调成本大大增加，以致有的部门宁愿"单干"也不愿费劲协调，严重降低执法效率。

"环境执法工作涉及地面很广，不是说环保部门自己就能搞定的。就如城市建成区的大部分环境问题需要城管牵头去处理、自然保护地和矿山破坏这种就是自然资源局的责任，大的职责方向基本明确了，但是一些没有明确规定的细节问题经常存在争议，且一旦出现这种争议我们协调起来就特别麻烦。"

根据希克斯关于整体性治理理论的观点，"信任"是提高协作效率的重要部分，应该得到政府部门的足够重视。但从对 A 县相关人员的访谈中了解到，各部门之间多是从自身利益出发，尽最大能力确保自身利益不受损，对不是本部门牵头的工作配合程度并不算高，"信任"在日常工作中体现得并不明显，各部门在工作的协调上仍然存在侥幸心理，协调难度明显增大。

"有时候部门领导之间协调也得不到很好的结果，需要向县分管领导请示报告才能妥善解决，我想其中一个重要的原因是协调机制的配套不够完善，另一个就是部门之间缺乏相互信任，各有想法。"

3.2.2 纪检保障力度低——"可以看戏"

只要上级领导或者纪检部门不来追查，不去深究，不产生重大问题，不少部门为减少执法风险而将问题闲置。而且，环境执法工作本身的专业特点也会导致纪检部门难以开展有效监督。鉴于纪检部门的参与度不高，在保障不出现重大问题的前提下，更多部门宁愿让他人承担，不愿主动作为。

"如果不出现重大环境事故或者上级督察指出重大问题，纪检部门也比较少介入环境保护工作，一般的争议，都由政府或者部门协调解决了。正因如此，部门便得以'壮胆'，将更多的心思放在如何巧妙推卸责任上。"

因环境保护履职不力处分的干部情况并不常见，逐渐催生了部门领导的侥幸心理，这也从侧面反映了环境执法工作的复杂性。

3.2.3 单打独斗陷困境——"不如看戏"

在 A 县，环境执法体制运行不够顺畅，对一些疑难杂症信访问题，执法部门接受程度不高，能推则推。出现该类问题的主要原因是职责尚未完全厘清，且单部门如打破常规作为某类信访件牵头部门，则该类信访件将会潜移默化地压在该部门身上，容易陷入部门单打独斗的窘境，将会直接影响今后一段时期部门工作推进。因此，各部门宁愿将精力花费在推移职责上也不主动牵头解决实际问题。

"某个部门一旦接下了一次这类环境信访件，以后就自然成为这类信访件的牵头部门，虽然也有配合单位，但配合单位提供的帮助也不会太多，参与热情不高，久而久之，又将陷入部门单打独斗的困境了。"

3.3 该给还是不给？信息孤岛弊端显

3.3.1 保守起见，公开程度低

政府部门掌握大部分环境信息仍处于相对闲置或者封闭状态，许多涉及公众利益的规范性文件被政府部门作为开展执法工作的内部规定而不对社会公开，还有一些不涉密文件也未能及时在正规网站公示。另外，公开的内容相对有限，内容更多为生态环境部门决定，公众缺乏主动选择权，想了解一些与自身利益相关的环境信息仍然比较困难。

"现在国家层面对保密工作要求十分严格，问责力度也大，有很多信息或者文件我们没有把握是否要公开的，为求稳妥，基本选择不公开，毕竟谁也担不起泄露政府内部信息的责任。"

A县生态环境相关数据公开的数量、质量与时效距离公众对环境问题的关心程度和要求还有不小差距。尤其在开办企业方面业主了解环境信息难，甚至需要多次在部门间奔波、恳求才能获取相对局限的信息，"最多跑一次"的美好愿景始终在路上。政府部门信息公开是公众获取生态环境信息的重要途径，然而上下级之间的信息不对称、横向部门之间信息不畅通等问题的出现进一步要求各部门提升信息公开程度。

"做环境影响评价需要将当地环境质量状况写入文本，但有时候在官方网站也没能找到我们需要的资料，导致我们编制环评报告表也存在一些困难，经常要打电话问环保部门。"

3.3.2 思维未破，纵向沟通少

由于区域、工作环境等因素限制，基层生态环境部门与市级主管部门交流学习的机会并不多，县级生态环境部门并没能实现与市级信息的高度共享。如许多涉及环境保护的文件需要传阅的，市级仅在局领导和各科室负责人之间转发传阅，忽略了县级生态环境局领导的知晓需求，导致县局信息掌握不足，面对面的联系不够，在文件或会议精神的理解上难免存在偏颇，而在最后布置工作时往往需要县局主导或参与。

"现在是信息时代，我们跟市局的联系也逐渐密切起来。但在一些信息的共享上，我们基层还是稍显不足，就如我们报给市局一些重要的系统内部文件，市局党组也仅仅通过看我们的文件来综合决定，鲜有邀请我们列席党组会议现场汇报，无法及时反馈诉求和解答问题，会后市局也是通过电话告知我们会议研究结果，没有通过纪要形式转发给我们，就怕到时候执行起来有误差。"

没有高效的信息沟通机制就没有高质量的环境执法。受限于办公场所的不同

和信息获取平台差异，基层环境执法大队往往不能第一时间获取上级要求的一手信息，对工作的具体要求解读也难以做到精准，因此在任务的执行中不免出现与上级要求存在差异情况，存在履职不当风险。生态环境市县两局上下级信息的合理对称共享是生态环境系统提升整体性和凝聚力的重要手段，然而在基层往往还存在信息接收不及时、不全面、不具体的问题，信息孤岛现象愈演愈烈。

"有时候生态环境厅要求开展专项执法工作的文件下到市里了，给的时间很紧凑，但文件有时在市局流转几天才转到我们县里，而这些执法多是需要县级大队具体开展，时间的延误造成我们工作被动，基层工作又烦琐，天天被上级催材料外出执法检查的时间都没有了。"

3.3.3 设计不足，横向共享难

随着信息技术的不断发展，环保系统信息化水平建设不断提升，大力推动了环境执法工作的向前发展。如开发了固定污染源自动监控平台、国控断面自动监测站、环境空气自动监测站等多种信息化系统，并与国家、自治区和市级联网，实现环境污染因子的在线监控，在很大程度缓解了执法的压力。然而以上的信息共享也仅限于生态环境部门，各部门之间的数据共享仍缺乏整体性。又如因各部门负有与生态环境保护密切相关的职责，但因职能归属不同且信息零散导致工作总体效率不高。饮用水水源地规划职责由生态环境部门履行，生态红线、基本农田等的划定职责由自然资源部门履行，红树林、自然保护地的主管部门则是林业部门。以上部门均需对建设项目的选址、规划等提出意见，而部门间的缺乏联系导致企业在办理环评、选址等事项时均需要一一走访各部门确认，极大影响了工作效率，同时也与国家对优化营商环境的总体要求相悖。此外，如在企业违反相关规定破坏生态红线后，即使生态环境部门执法人员亲临现场，因职权范围及信息掌握有限，也未必能及时发现环境违法行为，不利于监管。

"现在业主想开办工厂找我们咨询环评的事，我们也只能说只要满足不

涉及水源保护区、不在居民聚集区、不影响群众生产生活等条件，环保部门也没有什么意见，但还是要业主去自然资源、林业等部门再征求意见。现在生态红线是自然资源局牵头划定的，我们目前掌握的就是县级饮用水源保护区属于生态红线，其他红树林、生态林等保护区的具体范围我们是没有相关数据的，保护区范围重新划定也没有相关部门抄送给我们，有时候即使看到企业违法也未必能发现指出，各部门间有点'各自为战'的感觉。"

由于相关规章制度的不健全，A 县部门之间进行了条块的分割。部门之间的管理和设定仍然缺乏整体性思维，部门的认知偏差导致了认知孤岛现象的产生。各部门之间本应是既相互联系又保持相互独立的，而各部门之间仍然缺乏信息有机整合的运行机制。此外，不同职能的行使对不同部门的信息需求不尽相同，甚至差异很大，一概而论的信息共享机制也难以实现部门之间的有效信息共享，这也是信息孤岛现象的因素之一。

"我们工厂当时办理环境影响评价手续时花了不少工夫，去环保部门咨询了，他们说没有什么意见，但还是提醒要去自然资源部门问一下有没有涉及基本农田这些敏感区，到自然资源局核实拿到意见后，自然资源局又说要去问一下林业局这个项目有没有占用到红树林。反正走了挺多部门，有的部门甚至要走几次，不过为了能顺利办证，再复杂也要照做了。不容易啊！后面工厂投入生产了，环境执法部门每年也来检查几次，这也是工作需要，可以理解。"

在传统行政体制的以职能和权力为部门划分情况下，权力部门日益部门化、利益化的条块分割部门孤岛占据大量政府信息从而为寻租行为埋下隐患。信息的共享同时意味着失去信息垄断地位从而导致租金的流失，作为"经济人"的各职能部门会考虑部门利益最大化而一定程度抑制信息外流。此外，环境执法的流程本就存在弊端，部门之间的信息共享缺乏激励机制，导致信息垄断的部门缺乏共享动力，使信息难以实现在各部门之间的有序流动，信息孤岛现象也随之存在。

> "我们股室跟县里其他部门在业务上的交流很多，可能也是因为大家工作都忙，平时问一些部门要材料特别难，多次发函或者电话催促也没用，只能请示局领导帮忙协调。"

4. 路在何方：综合执法指新路，整合力量方为途

4.1 "补"——执法队伍获换血

4.1.1 编随事走，队伍建设得加强

执法改革后，海洋环境监管、农业面源污染等事项从海洋、农业等部门划转至环保部门，职能划转的同时相关编制也随之划转。根据 A 县上级编制主管部门于 2019 年底印发的《关于生态环境保护综合行政执法改革有关机构编制事项的通知》，A 县环境执法队伍开展了彻底的改革，整合 A 县环境监察大队及该县自然资源、农业农村、海洋、水利、林业等部门涉及生态领域执法的职责，组建 A 县生态环境保护综合行政执法大队，实行"局队合一"体制，随 A 县环境保护局一并上收到 A 市生态环境局统一管理，撤销 A 县环境监察大队事业单位建制。

关于编制配备情况，核定 A 县生态环境保护综合行政执法大队参照公务员管理事业编制 7 名，副科级职数 2 名（含非领导职务）。其中，从 A 县环境监察大队整建制划转 4 名，从 A 县相关涉及执法职责划转的部门划转事业编制 3 名。

> "执法改革的开展，虽然我们要负责的工作内容比原来有所增加，但是改革也给我们补充了队伍能力建设，单位编制从 4 名增加至 7 名，执法队伍不断壮大。"

4.1.2 人随编走，即战能力不断档

执法改革前，A 县环境监察大队原有参公事业编制 4 名，在职编人数共 4 名。改革后，从 A 县水利部门划转 1 名干部（连人带编）至生态环境保护综合行政执法大队。加上海洋部门划转的 2 名编制，至此，A 县生态环境保护综合行政执法大队合计编制 7 名，在职在编人数 5 名。A 县生态环境保护综合行政执法大队人员得到补强，增加的编制也为后续人才引进提供了空间。

"执法改革后，海洋和水利部门都划转了编制到我们这里，水利部门更是连人带编一起过来，直接加强了地方环境保护执法队伍的能力建设。"

4.2 "合"——事权归属再集中

4.2.1 "减法运算"：污染事项少争议

2018 年 12 月，中共中央办公厅、国务院办公厅就印发了《关于深化生态环境保护综合行政执法改革的指导意见》，该意见明确了原环境保护、国土、海洋、农业、水利、林业等 6 个部门工作职责的具体整合范围。并明确要求，除法律法规另有规定外，相关部门不再行使上述行政处罚权和行政强制权。A 县结合中央层面指导意见，于 2020 年顺利完成了改革。从此，环境保护工作职责得到一定程度统一，在环境污染的职责归属上，也减少了不少争议。

"生态环境保护综合行政执法改革的推进，使得部分环境污染事项执法主体得到统一，生态环境保护综合行政执法大队承担职责增加，人员配备也得到增加，各部门的争议也相对减少了。"

4.2.2 "加法运算"：调处效率有提升

随着环保垂直改革，基层生态环境部门作为市生态环境局的派出机构对县域生态环境保护工作进行监督管理，然而在完成挂牌后，关于生态环境保护执法工作责任，仍是各部门各司其职，未能完全实现生态环境执法具体内容的整合目标，在权责关系模糊等因素的作用下横向多头执法问题仍然突出。传统公共行政和新公共管理运动形成的组织分化等问题，不但使得管理活动出现碎片化，同时还导致公共责任出现模糊化等系列弊端。因此，对组织和系统功能进行协调与整合势在必行。生态环境保护综合行政执法改革的完成，整合基层生态环境、林业、水利等与环境保护工作密切相关的部门的环境执法权力，并将整合后的执法权力赋予环境执法部门统一行使。同时从人、财、物等多方面予以政策支持，进一步壮大执法队伍，提升执法水平。将生态环境执法权予以集中，以此推进生态环境执法队伍建设，实现综合执法体制改革健康发展。对环境监管资源作出科学合理的统筹与整合，促使环境执法行政体制更能体现权威性、统一性。

4.3 "顺"——机构运行更规范

4.3.1 局队合一归市管，再摆干预

2019 年，A 县环境保护局完成改革，县级环境保护局不再作为县政府的组成部门，并更名为生态环境局，直接调整为市级环保局的派出机构，由市级环保局直接管理。在这一管理体制下，地方环保机构的隶属关系、人财物管理权限和领导干部任免均较之前发生了变化。首先，改革调整了市县两级环保部门的领导隶属关系，市级统一管理区域内的环境执法力量，实现了执法重心的下移。其次，在人财物管理权限上，县级环保机构以及监测执法机构的人财物直接归市级环保部门管理。其次，在领导干部任免上，县级环保局的领导班子成员由市级环保局任免。对隶属关系、财政供养、干部任免等关系的调整有利于避免地方政府对环境管理的干预。

"改革之前，在环境执法、项目审批等方面，我们都直接受到地方政府的制约，可不可行更主要还是看地方政府的态度。环保垂直管理后，我们县级环保部门发生了翻天覆地的变化，环境保护的更多主动权掌握在部门手中，对不宜进驻的企业，我们更敢于说'不'。"

4.3.2 综合执法获挂牌，意义深远

2020 年 12 月，A 县生态环境保护综合行政执法大队举行揭牌仪式，标志着 A 县生态环境保护综合行政执法队伍正式成立，新组建的生态环境保护综合执法大队，整合了生态环境部门污染防治、生态保护等方面、自然资源部门地下水污染防治、农业部门农业面源污染防治方面、海洋部门海洋环境污染方面、水利部门流域水生态环境保护方面的行政执法工作。挂牌成立，也标志着全县生态环境保护综合执法队伍建设又迈上了一个新台阶，将对建立统一、权威、高效的生态环境监管体制起到重要作用，对促进县域生态环境质量改善和推动经济社会高质量发展有着积极深远意义。

我们综合执法大队挂牌成立后，在环境污染问题的职责归属上得到了一定统一，人员也得到补强，履职能力增强了，相信我们环境执法工作也会越来越好。

（周家全、商丽萍、陈永洲）

五、智慧赋能何以沦为智慧负能

——河南省 A 县基层智治的现实梗阻及其理路重塑

◎案例摘要

　　作为智能化时代政府治理范式转变的新趋向，基层智治依托智慧化技术，成功建构起一种虚拟技术与治理实践相互嵌合的新型政府治理形态。但是，智能化的信息技术嵌入也导致基层治理由于过度强调技术的决定性作用，反而催生反治理的能力，陷入技术"负能"悖论。究其根源，这些问题是出于基层将智治建设片面理解为"技术嵌入"单一维度，而忽视了主体、认知、制度、资源等配套要素建设，导致基层智治缺乏系统性和整体性，而嵌入性治理的分析框架正是针对性解决这一"脱嵌"困局的有效工具。本研究基于对河南省 A 县不动产登记中心的个案考察，通过借鉴嵌入性治理的相关理论，建构起"主体嵌入—认知嵌入—制度嵌入—资源嵌入—技术嵌入"五维分析框架，从基层智治的实践机理、现实梗阻、问题诱因和重塑理路等层次，探究如何实现"脱嵌—再嵌"的逻辑转变，以期为提升基层智治现代化水平献智献策。

◎ **关键词**：基层智治、脱嵌、再嵌、嵌入性治理、技术赋能、技术负能

1. 智治嵌入——智慧技术何以重塑基层治理格局?

2014 年 11 月,国家出台了《不动产登记暂行条例》①,要求整合不动产登记职责。自此,正式结束了以往房产登记房产证、土地证二证并行的局面,开始施行统一的不动产权属证书。

2015 年 12 月,A 县不动产登记局在国土资源局正式挂牌成立,实行"一套机构,两块牌子",局内增设不动产登记管理科(即不动产登记中心),将原市房产事务中心的职责整体划入,并新增土地、林地、草原等不动产登记职责。

2016 年,A 县不动产登记中心与房产事务中心一起正式合并办公,实行"一套班子,两块班子"的人员轮岗使用模式,原不动产登记中心的人员归属于房产事务中心统一管辖,但其编制和财务则仍隶属国土局负责。但在尚未完全使用不动产证代替房产证的过渡时期内,两个部门虽然人员在一起办公但是业务仍是分开办理。2018 年 12 月,两个中心正式入驻 A 县政务服务中心,正式开始了"一窗受理、集成服务"的系统改革。

2019 年 1 月,《A 县机构改革实施方案》正式出台,撤销原来的国土资源局,将其职责全部划归新的自然资源和规划局,自此,A 县不动产登记中心正式成为自然资源局下属二级机构,而房产事务中心则划归为住建局下属二级机构,分管本市不动产登记和房产管理事务。

但是在实际中,A 县目前仍是继续实行两个机构"一套班子、两块牌子"的管理模式,机构的主管领导则兼任房产事务中心暨不动产登记中心的主任,以及自然资源局与住建局的党组成员。机构内部下设办公室、房地产租赁市场科、产权服务科、公房科、法规科 6 个科室②,原测绘科则市场化改制成为国有企业③,

---

① 该条例自 2015 年 3 月 1 日起施行。

② 该科室设置出自 2021 年 2 月 A 县住建局党组文件,财务科和党建办实际设有但未在该文件中标明。

③ 为表述方便,下文仍称其为原测绘科。

但人员仍是在不动产服务大厅内共同办公。其中，房地产租赁市场科和产权服务科共同构成了不动产业务服务区，负责不动产登记的相关业务；原测绘科独自构成测绘、评估服务区，负责房产与土地测绘、房产评估等业务，为不动产登记办理提供业务辅助；公房科和物业科则共同构成了住保物业服务区，主要负责公租房及物业管理等相关房产事务。

与其他某市其他区县相比，A县的改革虽然存在机构设置和人员管理混乱的问题，但是"一套班子"却避免了由于房产交易和不动产登记所使用的两套独立业务系统所造成的新的"数据壁垒"悖论，有效地减少了办事民众的因两个部门信息不互通而来回跑的次数。此外，值得注意的是，某市目前正在考虑将现有的不动产登记中心和房产事务中心再次进行合并，统一实行"一套班子，两块牌子"的A地模式，以解决当前主管部门不同所造成的新"信息孤岛"问题，这也为后续案例分析提供了丰富且有力的样本内容。

1.1 嵌入缘起：技术创新撬动政府治理转型

根据嵌入性的界定，研究嵌入问题必须首先明确两个基本前提，即嵌入的主体和客体。本案例所指的嵌入主体即智慧治理模式，其不仅包括政策设计、制度安排、技术工具等专业性架构，还包括政府、社会组织、企业、民众等参与智慧治理实践的行动主体及其价值理念。而智慧治理模式嵌入的客体则是原有的开展基层治理活动的相关领域，本案例将其指涉为基层政府部门传统的治理理念及做法等，这两者相互作用并在某些方面产生关联[①]。智慧治理模式能够顺利嵌入基层治理实践，这主要得益于政务服务碎片化的制度积弊、基层电子政务建设优良基础以及政府数字化转型的政策推动。

1.1.1 政务服务碎片化的制度沉疴

一是行政流程的碎片化。在纵向权力结构压力下，A县不动产登记中心更多

---

① 王思斌. 中国社会工作的嵌入性发展 [J]. 社会科学战线，2011（02）：206-222.

关注的是对上负责而非对下回应，注重上下层级关系而忽视横向职能部门间的协调，其直接后果就是行政功能和流程的碎片化，导致政府内部部门壁垒以及制度性交易成本的增加。① 不动产综合受理窗口工作人员 W 这样说道："比如像原来办理二手房过户业务，需要到房产、税务、土地三个单位，这些单位也不是在同一块区域办公，而且过户之后水电气暖业务又需要到对应的单位一一办理，所以以前办证光去不同单位交材料就很费时间。"

二是信息数据的碎片化。行政流程碎片化并不是独自存在的，其往往伴随着业务信息化建设的碎片化问题，即各部门在进行信息化平台建设时，只注重与本部门业务相关的信息采集与处理，从而导致各部门间信息不互通且缺乏统一的技术标准，各系统平台间端口无法互相接入，数据难以共享和互联互通，以致出现信息孤岛、数据壁垒等碎片化困境。A 县公房科科长 L 解释道："以前办理房产证，由于各单位业务数据不共享，契税需要先去房产部门开具房产证明再到税务部门交税，然后再去土地部门调取土地档案，各单位虽然有自己的内网但是信息都不联通，只能由本人重复跑多次提交相关纸质材料。"

三是协调机制的碎片化。在层级节制、专业分工的科层体制下，各职能部门间实际上是处于相互孤立和封闭状态的。② 在执行任务时，各部门往往基于维护本部门利益的动机，只注重局部环节而缺乏整体协同，③ 甚至将部门目标凌驾于组织整体目标之上，从而呈现出一种高度分散的协调样态。正如房地产租赁市场科科长 L 所说："由于部门之间各自为政，这就导致以前群众办事一些相同的材料需要重复提供，比如身份证、户口本、结婚证、购买合同等，不同单位的人员对这些材料重复审核，各个单位都不愿意主动共享自己的信息，有时候出现问题相互之间还会扯皮踢皮球。"

① 陈涛，郜啊龙. 政府数字化转型驱动下优化营商环境研究——以东莞市为例 [J]. 电子政务，2021（03）：83-93.

② 谭海波，蔡立辉. 论"碎片化"政府管理模式及其改革路径——"整体型政府"的分析视角 [J]. 社会科学，2010（08）：12-18，187.

③ 唐兴盛. 政府"碎片化"：问题、根源与治理路径 [J]. 北京行政学院学报，2014（05）：52-56.

1.1.2　基层电子政务建设优良基础

与智慧治理相比，电子政务强调的是政务工作信息化，① 即应用电子技术提升政府内部办公效率，而非对外公共服务。② 智慧治理则以治理现代化为叙事逻辑，③ 通过技术赋能、数据驱动和业务重塑等，实现了对传统电子政务的有机融合与继承。从国家全域数字化转型的意义而言，正是得益于传统电子政务建设的经验积累，为智慧治理嵌入基层治理实践构筑了坚实的基石。

以 A 县为例，在正式推行"一窗受理、集成服务"改革之前，其不动产登记已经建立了电子化和平台化的良好基础。首先在业务平台建设基础方面，A 县房产事务中心和不动产登记中心职能和人员整合之后，即开始应用统一的不动产信息管理平台，房产测绘、交易评估、资料审核、登记发证等均可在此平台上实行信息共享和统一管理，有效地打破了以往各个科室内网系统不统一所导致的数据烟囱、平台壁垒格局，为后续跨部门、跨地区的"最多跑一次"改革创造了良好的基础。物业科科长 L 说道："2016 年开始用不动产证代替房产证和土地证后，花了差不多两年的时间把房产跟土地不同系统的数据统一导入不动产信息管理平台这个新系统里。所以开始实行'一窗受理'以后，就不用像县区一样再专门走住建的系统共享房产交易这个数据库，减少了很多新问题。"其次，是在人员智治素养技术基础方面，虽然 A 县不动产登记的相关业务人员整体年龄结构趋于老化，且学历结构偏低，但得益于其长久以来业务办理电子化的建设基础，使得核心业务人员在接受相关培训后，也能较好地适应系统更新与迭代，并与第三方公司技术人员可以精准地表达相关系统维护诉求。原测绘科科长 L 向我们解释道："我们不懂代码这些东西，光大公司也不会精确到了解每个县市的业务需求，它每次系统升级都是针对全省而言的，所以主要就靠我们把自己的操作需求跟技

---

① 汪玉凯. 中国政府信息化与电子政务 [J]. 新视野，2002（02）：54-56.
② 吴昊，孙宝文. 当前我国电子政务发展现状、问题及对策实证研究 [J]. 国家行政学院学报，2009（05）：123-127.
③ 翟云. 数字政府替代电子政务了吗？——基于政务信息化与治理现代化的分野 [J]. 中国行政管理，2022（02）：114-122.

术人员沟通，让他们在后台进行维护修改。"

1.1.3 政府数字化转型的政策推动

在迅猛发展的现代信息技术驱动下，政府治理转型也迎来革命性催化，政府部门架构、行政审批流程、政民互动方式等，均得到全方位重塑与再造。[1] 现代信息技术与传统电子政务交错融合、螺旋演化，[2] 使得政务数字化建设日渐呈现出社会性、移动性、虚拟性、个性化、极端数据等全新的特征，[3] 并由此引发各地形式多样的数字化转型浪潮。

在政策引导方面，国家先后连续发布一系列政策文件，要求以数据归集和整合共享为途径，推进技术、业务和数据三重融合，提升跨层级、跨地域、跨系统、跨部门、跨业务的整体性协同水平，实现社会治理精细化和公共服务高效化的数字化转型。在建设实践层面，各地方政府纷纷加大对深化政府数字化转型管理体系的统筹改革力度，先后成立了专门的政务服务或大数据管理机构，积极探索政府主导、多元参与、生态开放的协同治理格局，为提升政务服务效能、增强民众的获得感和满意度创造了有力引擎。在这样的大背景下，A县不动产登记中心智慧治理模式的顺利嵌入，正是得益于相关数字化转型政策的推动。

正如产权服务科科长 L 所说："如果不是政府提出要打破数据壁垒，各个单位是不会愿意主动共享自己的数据的，既要承担风险，又需要经费投入。"

1.2 嵌入过程和空间：数据归集与智慧服务

所谓嵌入过程和空间，即一个事物进入另一事物过程中所涉及的具体领域和内容。实际上，嵌入过程并非一帆风顺的，在不同的发展阶段，嵌入的进路、策

① Tomasz Janowski. Digital government evolution：From transformation to contextualization [J]. Government Information Quarterly, 2015, 32（3）：221-236.

② 李晓方，张楠，孟庆国. 关注互动、质量与广泛影响：2012 年国际电子政务研究的主题与趋势——基于 SSCI 文献的分析 [J]. 电子政务，2013（06）：94-101.

③ 张建光. 智慧政务：数字政府发展的新生态 [M]. 北京：电子工业出版社，2019.

略和空间也是不一样的①，其间通过持续地交流交锋交融，最终实现双向耦合。基于此，本案例将根据 A 县不动产登记中心基层智治建设的实际情况，将其按阶段划分为嵌入前期、嵌入中期和嵌入后期，并分别展开相应分析。

1.2.1 嵌入前期：数据共享、流程再造（2016—2018 年）

智慧治理嵌入 A 县不动产登记业务改革的前期，以 2018 年为界，早期主要是整合原国土局不动产登记管理科和房产事务中心的职能与人员，即厘清机构内部的岗位设置和职责边界，解决内部数据和职能协同困境，这在前文中已有所描述，此处不再赘述。本节主要围绕后期行动展开，包括优化服务环境、规范服务标准和数据整合共享等嵌入内容，旨在夯实"一窗受理"的组织与技术基础，从而助推不动产登记"只上一张网、只进一扇门、最多跑一次"目标的顺利实现。

1.2.1.1 建立综合受理服务区，推进政务服务规范化建设

2018 年 9 月，A 县出台《政务服务"只进一扇门"改革实施方案的通知》，要求整合政务服务资源，全面优化再造审批服务流程。在不动产方面，提出由房产事务中心牵头，国土局、税务局配合，建立不动产登记综合受理服务区，负责房屋交易、契税申报、不动产登记等业务办理工作，构建综合咨询投诉服务和并联审批机制，推进行政流程集成服务改革。

具体而言，首先是在服务环境建设方面，设立不动产登记服务大厅，并配备业务咨询台，② 在服务区内设置综合受理窗口、税务窗口、缴费领证窗口等，负责不动产登记各业务环节。同时配备有统一业务标识、服务评价设备、投诉专线标识等，方便民众业务办理及问题反馈；其次是政务服务规范化建设方面，通过在服务大厅、政务服务网、便民服务平台等渠道，统一公布材料目录、办理流程、办结时间、收费标准等政务服务内容，切实保障社会公众的知情权和监督权。

---

① 刘彦武. 从嵌入到耦合：当代中国乡村文化治理嬗变研究 [J]. 中华文化论坛，2017（10）：5-13，190.

② 大厅内部设置不动产业务咨询台，主要负责业务咨询、志愿服务、统一叫号等工作。

1.2.1.2 加快数据整合互联互通,夯实信息共享技术基础

2018 年 5 月,A 县推出《"互联网+政务运行"工作方案》,要求实体政务服务大厅实现线上线下服务"标准一致、无缝衔接、合一通办",同时加快推动各级政务数据资源整合共享建设。自此,正式揭开了 A 县政务服务智慧治理改革的步伐。

这一时期不动产登记的相关改革主要围绕三个方面展开:一是积极推进不动产登记存量数据整合、汇交和补充权籍调查工作,建立不动产登记数据库,确保不动产数据平台的正常运行,为不动产登记信息共享奠定数据基础;二是大力促进不动产数据平台和政务数据共享交换平台的对接(见图 5-1)①,将不动产信息管理平台业务内网接入河南省政务服务外网,实现相关登记事项"网上申请、窗口核验";三是全力实现不动产、税务、房产交易的跨部门信息实时共享,为"最多跑一次"提供技术保障。同时向金融机构、公积金管理中心等业务合作机构布设终端、延伸服务,方便群众就近办理相关事项,切实提升民众的获得感和满意度。

1.2.2 嵌入中期:一窗受理、集成服务(2019—2020 年)

智慧治理在嵌入 A 县不动产登记业务改革的中期,行政流程集成服务已经具备了初步的组织和技术基础,开展"一窗受理、并联办理"的条件也基本成熟。在这一时期,围绕不动产登记、税费征缴、房产交易、水电气暖业务联动办理等不动产受理集成服务改革,A 县不动产登记中心开展了内容丰富、形式多样的智慧治理实践探索。

1.2.2.1 加强行政流程的集约化建设,压缩业务办理时限

2019 年 7 月,A 县自然资源局颁布"最多跑一次"工作实施方案,以官方文件的形式正式明晰了不动产登记审批程序及办结时间要求,为后续改革奠定了良好基础。随后,不动产登记中心通过与税务部门的多次沟通协调,全力推进不

---

① 张伟,刘言东. 河南省级不动产"一窗受理平台"系统设计与实现 [J]. 地理空间信息,2022,20(02):107-109,113.

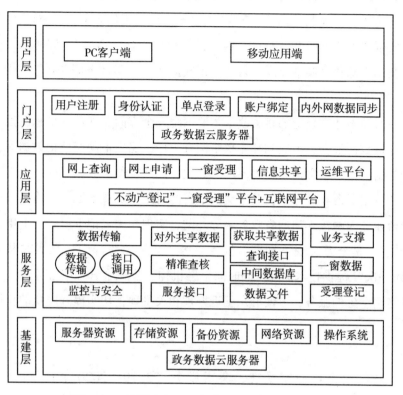

图 5-1　A 县不动产"一窗受理"平台技术架构图

动产登记、税费征管、房屋交易系统数据的联通共享，并将税务部门的服务窗口和受理人员引进不动产服务大厅，组成 2 个综合受理窗口，每个窗口由一名税务人员和不动产登记业务人员组成，实行"一窗受理、并联办理"的集成服务模式。不动产综合受理窗口在接收到民众的办理申请后，将相关涉税信息通过不动产"一窗受理"云平台推送给税务窗口人员，民众仅需要在综合受理窗口"一次申请、一套材料"，即可完成不动产登记受理、契税征缴、产权证书领取等全流程业务。

这一阶段不动产登记"一窗受理、并联办理"业务流程为（见图 5-2）：

（1）受理申请。根据标准化的材料清单，窗口受理人员在一次性收取申请人所提交的材料后，依法开展事项询问和材料查验，对符合受理条件的出具受理告

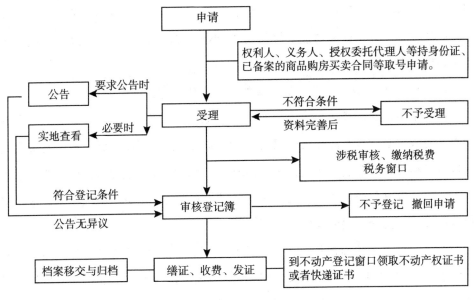

图 5-2　不动产登记业务流程图

知凭证，将业务信息拍照上传录入不动产"一窗受理"云平台。

（2）税务核算。综合受理窗口人员将受理信息推送到税务部门审核，进行核算税款、收取税款、打印税票等工作，并将结果反馈给受理人员，由受理人员推送后台审核。

（3）审核登记簿。后台审核人员根据申请登记事项，收件并对书面申请材料做进一步核验。经审核符合登记条件的，由审核人员将申请事项记载于不动产登记簿。

（4）缮证、收费与发证。由缮证人员根据不动产登记簿，填写不动产权属证书。窗口人员收取工本费、登记费等相关费用后，核发不动产权属证书。

（5）档案移交与归档。不动产登记机构将纸质申请材料及登记受理单建档，移交档案室统一归档管理。

为了进一步推动办事民众网上办件的比例，A县于2020年完成了不动产登记便民系统和效能监管系统软硬件安装调试工作，并开始试运行工作。通过优化窗口设置、精简业务流程及健全智慧平台建设等方式，不动产登记的办理时限得到了进一步压缩。此外，A县不动产服务大厅增设了不动产自助打证一体机，设立了业务查询、登记证明与证书打印的24小时办理自助服务区，以满足民众多样化办事需求。

1.2.2.2　构建水电气暖并联办理机制，深化一链集成服务

在二手房不动产登记与水电气暖过户联动办理方面，2020年A县不动产登记中心通过与第三方重庆光大公司的业务需求沟通，对不动产登记系统及接入端口进行了相关升级改造。此前，民众办理完二手房转移登记之后，还需要单独到水务公司、供电公司、燃气公司、热力公司办理相关过户更正手续，多头跑、多次跑以及重复提交材料的现象屡见不鲜。

经过此次整合精简之后，民众只需要在申请不动产转移登记时，同步填写《不动产登记与水电气暖联动办理申请表》一份申请材料，交予不动产登记中心服务窗口，即可实现"多事一流程"的并联办理。不动产登记中心在转移登记业务办理完毕后的7个工作日内，将联动办理申请表、不动产权证上证载信息及受让方身份证复印件等信息推送至政务数据共享交换平台。最后再由水电气暖等相关部门从政务数据共享交换平台提取联办信息①，于2个工作日内办理过户手续，并将办理结果以短信的方式告知申请人。

由此，通过数据归集、集成服务的"一窗受理"模式，跨部门之间构建起信息共享、并联审查、结论互认、便捷高效的智慧服务机制，有效地精简了相关业务流程和审批材料，打通了政务服务"最后一公里"，切实提升了民众的获得感和满意度。

1.2.3　嵌入后期：一网通办、提质增效（2021年至今）

通过嵌入前期不动产登记中心内部的职能整合与流程再造，嵌入中期积极构建跨部门的"一窗受理、集成服务"模式，A县不动产登记智慧治理改革取得了

---

① 自不动产登记中心推送相关信息后5个工作日内提取。

明显的成效。然而就当前的改革进度而言，仍不足以满足民众对于智慧治理的多样化需求。基于此，A县不动产登记中心积极学习借鉴其他地区先进实践经验，全力推进"一网通办""全豫通办""交房即发证"转型增效。

1.2.3.1 打通业务数据共享堵点，助推一网通办与全豫通办

2021年1月，A县出台《推进"互联网+不动产登记"优化"一网通办"实施方案》，为深化不动产登记智慧治理改革制定了更为精细的发展计划。在这一阶段，A县不动产登记"一网通办"工作目标主要围绕以下几方面进行：（1）推进"一窗办理"向纵深发展，集成统一不动产"一窗受理"云平台，促进线上线下服务融合衔接，加快不动产登记系统与税收征管系统的无缝对接，切实实现"一次申请、一窗受理、自动分发、并行办理"的集成服务模式，打破"跑多窗、进多网"的现状。（2）加强"一网通办"便民服务平台应用建设。进一步拓展服务入口，申请人可通过"豫事办"App、河南省政务服务网、河南省不动产"一窗受理"云平台或者A县不动产登记在线便民平台等渠道，开展网上缴费、网上查询、电子证照下载、办证进度查询等相关业务办理。（3）深化登记缴税金融协同。大力推进跨部门信息互联互通共享，通过跨部门间电子材料的互推调阅，减轻申请人纸质材料负担。推动税务、登记、住建各部门间的业务协同，通过"一窗受理"云平台，实现缴税信息、完税结果、审核登簿业务的及时推送与并联办理。同时完善与银行业务系统对接，全面实现登记、纳税、信贷服务的无缝衔接。

2021年5月，A县颁布《不动产登记"全豫通办"工作实施方案》，要求对接不动产登记业务的"全豫通办"系统，力争两年内分阶段实现不动产登记、交易和缴税协同联办跨域办理，即"异地最多跑一次"，打造高效便捷的不动产登记服务体系。截至2021年年底，A县已经完成"全豫通办"系统的安装调试，可以实现一般业务的网上异地受理、办理，达成登记业务全省通办的阶段性目标。此外，为方便农村居民"农房不动产登记"办理需求，2022年初A县投入专项资金大力推进不动产登记窗口向乡镇延伸，截至上半年，已经完成窗口人员配置、软硬件安装等前期准备工作，预计于下半年相关服务窗

口将正式投入使用。

1.2.3.2 强化信息共享整体协同，促进"交房即发证"改革

2022 年 4 月，A 县颁布《推行商品房开发项目"交房即发证"工作的通知》，提出继续深化跨部门信息共享，优化不动产登记业务流程。要求综合利用"互联网+不动产登记"、网上核税缴税等技术手段，通过主动靠前服务、部门协同、前置核查，为提出申请的开发企业和群众在交房的时点即颁发不动产权证书，实现"交房即发证"，① 切实增强企业和群众的获得感与满意度（见图 5-3）②。

该项改革的落地，一方面有利于促进相关职能部门的整体协同，打破部门"数据壁垒"和"信息孤岛"，推动跨部门业务的信息化改革步伐，从而助力基层智治的高质量发展；另一方面，还可以有效规避以往居住和产权不同步所造成的"办证难"风险，即因房地产开发企业未能按时办理首次登记所造成的购房人无法办理后续手续的历史遗留问题，有力地保障了民众的合法权益。

1.3 嵌入效果：政务服务现代化与理念重塑

嵌入必然改变原来两个事物独立运行的过程或状态，产生两个事物之间新的关系，这就是嵌入的效果，其旨在实现组织之间的有机融合与植入，是组织功能的整合性发挥。③ 一方面，智慧治理模式的嵌入重构了智能化时代的公共服务供给模式，促进了基层政府集成服务、数据共享及精准治理的改革步伐，形塑了整体智治的现代化政务服务体系。另一方面，智慧治理将实现"以人民为中心"作为价值取向，致力于建构多元参与、协同共治的社会治理格局，有效地满足了公众的获得感和满意度，推动了基层治理的人本价值复归。

---

① 对"交房即发证"的开发项目，各有关部门通过主动对接服务，采取"容缺受理、并联办理、证缴分离、限时补齐"的方式，按照严格履行承诺制原则，推动实现购房人在开发企业交房当日取得不动产权证书。

② A 县由于仍在试点阶段，流程并不成熟，此图参照已经普遍推广该政策的相关城市制作。

③ 刘彦武. 从嵌入到耦合：当代中国乡村文化治理嬗变研究［J］. 中华文化论坛，2017（10）：5-13，190.

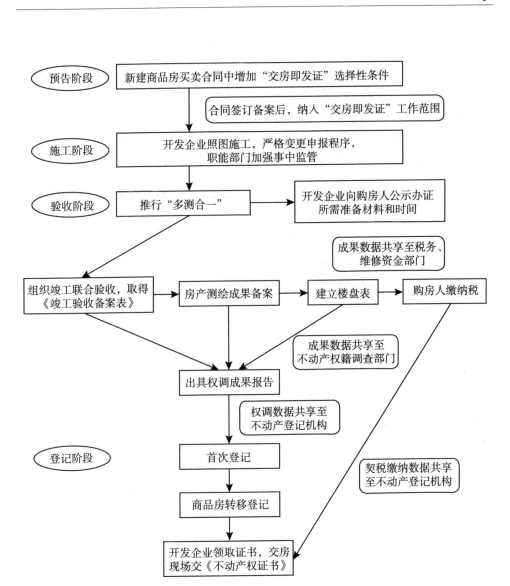

图 5-3 "交房即发证"流程图

1.3.1 形塑整体智治政务服务体系

"一窗受理、集成服务"以系统性、整体性的思维，通过创新政府内部权力运作体系，重塑跨部门协同与整合机制，进而再造行政业务流程，建构整体性智治政府。具体而言，它以民众的获得感和满意度为出发点，倒逼政府重构其内部的决策、执行、审核与监督系统，① 厘清和规范部门间权责关系，着力解决专业分工和部门利益阻隔所造成的部门权力分散和公共治理的碎片化，② 从而打破条块分割格局下的"信息孤岛"问题，实现整体性治理。

首先是在政务服务模式上，除了通过线下"一窗"与线上"一窗受理"云平台推进不动产、税务、房产交易、水电气暖等跨部门数据共享与流程再造外，在内部流程整合方面，A县不动产登记中心通过数据集成优化不动产权证书附图方式，以二维码的方式推进不动产登记数据一源多用，实现了"一证一码、扫码看图"的业务流程精简与服务模式创新。产权服务科工作人员M说道："过去不动产的宗地图、房屋分户平面图是以附图的方式贴在证书上的，从制图、粘贴、折叠再到盖章，整个出证的时间是比较长的。现在只要通过手机扫描证书上的二维码，就可以查看相关登记信息，用电子图纸取代纸质图纸，有效地缩短了出证的等待时间。"

其次是在服务效能提升上，"截至2021年底，A县不动产登记'一窗受理'已经实现查询登记、查封登记、注销登记、更正登记、补换证等业务即时办结，抵押登记和企业间不动产转移登记业务0.5个工作日办结，一般登记业务1个工作日办结，大宗批量业务及疑难件3个工作日办结。"

不动产登记业务办理效率和质量都得到了显著提升，极大增强了人民的获得感和满意度。在2021年度河南省营商环境评估中，A县在全省108个县（市）中位居第8名，也再次证明了基层智治改革的卓越成效。

1.3.2　推动人民中心导向价值复归

对于各级政府而言，"以人民为中心"就是要以人民为本、以人民为先、以

---

① 赵光勇，辛斯童，罗梁波."放管服"改革：政府承诺与技术倒逼——浙江"最多跑一次"改革的考察［J］.甘肃行政学院学报，2018（03）：35-46，127.

② 郁建兴，高翔.浙江省"最多跑一次"改革的基本经验与未来［J］.浙江社会科学，2018（04）：76-85，158.

人民为主①，在政务服务过程中端正理念、厘清职能、优化流程、提升效能。基层智治依托网络化、智能化、平台化的信息技术手段，将具有价值导向的技术嵌入到公共服务过程中，② 从而实现工具理性和价值理性的双向耦合，以创建人民满意的现代化政府。

具体而言，A县不动产登记中心通过搭建网上便民服务平台、升级技术以及在线协同等方式，以数据跑路代替群众跑路，实现线下办事"最多跑一次"。同时通过主动上门、延时服务等惠民便民举措，从转变官僚作风和改善服务质量入手，撬动公共服务方式和政府权力理念的全方位变革，切实提升人民的获得感和满意度。正如办公室科长L汇报道："在易地扶贫搬迁户不动产登记办证工作方面，不动产登记中心通过采取主动上门、节假日不休、中午加班加点等受理方式，让搬迁群众足不出户即可办理不动产登记，在节假日以及每天中午等闲暇时间段都可以随时办理不动产登记。"

服务对象某铸管公司工作人员S也说道："像今年3月，我们公司因为银行贷款需要，赶着要办理70多笔不动产变更登记。跟不动产登记中心沟通后，专门给我们安排了企业服务专窗和周末延时服务，当天下午就办好了所有产权证书，服务态度非常好。"

1.3.3 再造多元主体协同共治机制

嵌入机制研究的是"一个事物如何进入另一事物的"③，即事物之间的演化机理，在本研究中主要指的是多元主体协同共治机制。党的十九大报告提出要"坚持以人民为中心"，这就要求要打破以往政府中心主义的治理逻辑，构建人民导向、多元协同的社会治理共同体，推动治理方式由行政性单一化管理向多元主体协同共治转变，实现由传统的粗放式管理向现代化精细治理转变。正如法规科

---

① 何艳玲. 中国行政体制改革的价值显现 [J]. 中国社会科学，2020（02）：25-45，204-205.

② 王绪，王敏. 技术嵌入与组织吸纳：党的全面领导与数字政府建设的双向塑造——基于A县级市"最多跑一次"改革的分析 [J]. 理论月刊，2022（06）：38-49.

③ 王思斌. 中国社会工作的嵌入性发展 [J]. 社会科学战线，2011（02）：206-222.

科长 L 说道："除了网上和线下的信访件外，目前主要有三类意见反馈渠道，第一类是河南省政务服务网的咨询投诉窗口，第二类是安阳市的 12345 便民服务热线和市长信箱，第三类是我们本地的市长信箱、投诉专线和督察局督办件。除了这些，有时候还会收到人民网领导留言板的咨询投诉。后台相关部门接到投诉之后会通过内部系统转接到我们这里，我们再根据反馈的具体问题进行回复和调查解决。"

此外，A 县不动产登记中心所在的行政服务中心也设有专门的"办不成事"反映窗口，对民众反馈问题加以分类、转办、办结和反馈，对失职失责的则由纪委监委追责问责，确保办事群众和企业的获得感和满意度。

A 县行政服务中心"办不成事"反映窗口工作人员 W 反映："窗口实行分类转办机制，一是比较容易处理的'蓝牌'问题，能当场解决的必须及时办结，不能当场办理的在 3 个工作日内解决回复；二是涉及多个部门协调的'黄牌'问题，如果行政服务中心解决不了，转交纪委监委和督察局负责，总计不超过 5 个工作日；三是涉及政策争议的'红牌'问题，提交政府主要领导研究讨论，10 个工作日内给予回复。实际中遇到的基本是第一类问题，到对应的业务窗口一般当场就解决了。"

2. 智治脱嵌——智治"赋能"何以沦为智治"负能"？

在智慧治理模式嵌入基层治理实践的过程中，不可避免地会与原有的治理体制及基层各利益主体发生碰撞，不同的治理力量及权力分配都会影响智慧治理的嵌入及其效果。智慧治理在发挥其"赋能"优势的同时，也面临着各种内外部环境的挑战，并进而滋生智能官僚主义、系统平台陷阱、公共信息泄露等"负能"悖论，诱发智能技术悬浮于治理需求之上的"脱嵌"风险。

基于此，本部分从"脱嵌"层面对基层智治建设面临的现实梗阻加以阐述，结合 A 县不动产登记中心智慧治理改革的具体案例，将基层智治"脱嵌"进一步解构为主体脱嵌、认知脱嵌、制度脱嵌、资源脱嵌和技术脱嵌五个维度，并对每一维度所呈现的"脱嵌"现实表征展开深入具体的阐释，以求从更精细化的范围内考察基层智治建设存在的阻滞症结，从而为解构"脱嵌"这一样态的生成机理建立良好的论证基础。

2.1 主体脱嵌：形式主义、数字鸿沟与信息不对称

2.1.1 评价渠道形式主义，民众参与意愿低下

2020 年 10 月，A 县出台《政务服务"好差评"管理方法》，要求从承诺履行、服务态度、申请材料、办事效率、跑趟次数等方面对工作人员提供政府服务的过程进行满意度评价①，同时每月开展不低于 100 人的政务服务"好差评"问卷调查。但在 A 县不动产登记中心的具体实践中，却陷入了评价渠道形式主义、民众参与意愿低下等异化样态。

具体而言，A 县要求各部门自主设置"好差评"评价设备和开通便民服务终端的"好差评"功能，但在实际应用中，政务服务中心在给不动产服务窗口配备平板设备时，却并没有一并开通"好差评"功能，导致设备最终实质被闲置无法使用。虽然每个服务窗口又另外配备了"好差评"评价静态二维码指示台签，但是该二维码实际上经过任何扫描途径都无法识别，最终沦为形式主义。物业科工作人员 M 这样解释道："平板当时是系统根本登不上，'好差评'没法用。二维码我们也不知道为什么扫不出来，每次办事的人问我们都只能解释是网络问题，可能还是跟系统不稳定有关。"

其次是在便民服务终端的"好差评"功能上，服务大厅的自助服务终端实则只开通了"业务查询、办事须知、业务范围、信息公告"等事务性功能，并没有配备相应的满意度评价板块，A 县不动产便民服务平台网站上，也未开通"好差评"功能，民众评价实际上只能登录河南省政务服务网这一单一渠道进行评价。

① 采取综合评价和分项评价相结合的方式进行，评价结果包括非常满意、满意、基本满意、不满意、非常不满意五个等级，若办件生成 7 日内未获评价的，评价结果默认为基本满意。

评价渠道的形式主义和单一化，最终也导致民众参与意愿的低下，严重挫伤其参与热情。正如办公室工作人员 M 说道："在政务网上评价需要先去申请办理事项，结件之后再在网上评价，因为操作起来不方便，所以一般也很少有群众主动去好评，有问题的就直接打投诉热线。"

最后是在评价结果反馈方面，由于上级政府每月有定期的"好差评"考核指标，为了实现好评率和反馈率，在实践中不可避免地出现工作人员代为评价、联系熟人"走过场"等形式化现象。恰如办公室工作人员 M 汇报道："每月必须完成政务网'好差评'这些指标，所以我们就是每次到月底找几个人，走测试件专门刷好评。像电话邀评这种，一般就是提前跟企业打好招呼做好评。"

2.1.2　群体数字鸿沟严重，智治参与主体受限

所谓数字鸿沟，是指各信息主体由于年龄、收入、学历、阶层等因素的差异，导致其在获取信息资源与应用现代信息技术开展各类活动等方面存在的不平等与社会差距，[1] 具体而言可分为接入沟、使用沟和知识沟三种类型。[2] 首先是接入沟，即在技术层面对于信息的可及性及性能上的差距，主要取决于信息基础设施状况及经济实力等。其次是使用沟，即不同用户在网络利用程度上的差异，主要取决于用户的数字素养和操作界面的简便性。最后是知识沟，即用户本身从信息中获取知识能力的差异。数字接入鸿沟变相地将一部分群体排除在政治参与之外，而数字使用鸿沟则会加剧政治参与的非平等化，[3] 这三层数字鸿沟相互联系且层层递进，最终引致"数据索权""数据贫困"等社会隔阂现象。

在基层智治领域，这一问题突出地表现为低学历中老年群体的数字鸿沟现象。以 A 县为例，其"一窗受理"改革目前正在推行网上缴纳契税，需由购房人本人注册"河南税务"App，绑定支付宝实名后再进行契税申报。但 A 县目前

---

① 何铨，张湘笛. 老年人数字鸿沟的影响因素及社会融合策略 [J]. 浙江工业大学学报（社会科学版），2017, 16（04）：437-441.

② 黄晨熹. 老年数字鸿沟的现状、挑战及对策 [J]. 人民论坛，2020（29）：126-128.

③ 郑兴刚. 从"数字鸿沟"看网络政治参与的非平等性 [J]. 理论导刊，2013（10）：40-42.

大部分仍是以婚房购房为主，在购房人中低学历的中老年农村父母实际上仍占据较大比例，其对智能技术的了解和掌握大部分仍十分有限，严重限制了其对于政务 App、便民服务平台等的应用能力。在笔者的调研中，就曾发生过年轻人代替长辈办理业务，但由于支付宝账号无法绑定而不能网上缴税的问题。此外，由于平台系统不稳定，在注册中人脸识别失败而无法登录的问题也经常发生，更加剧了中老年群体的智能技术使用困境。

正如不动产服务大厅办事群众 S 说道："工作人员说必须得老人自己的手机注册才行，年轻人不能用自己手机代办，最后还是去窗口排队交的税。"

2.1.3 信息公示渠道单一，政社良性互动较弱

基层智治的实际建设成效，不仅取决于政府在供应端的投入力度，也取决于位于需求端的多元主体的参与。① 这就要求政府要利用智能技术畅通信息互联互通平台，推动信息发布由原先的单向度输出向多向度交互转变，② 即多元主体与政府交互共享相关治理信息，共同参与公共事务及其问题的治理过程中，以达成方案共识和实现结果互益，从而建构起政府主导、部门联动、企业支持、社会参与的多元协同共治新格局。③

以 A 县不动产登记中心为例，其在政社互动方面的制度缺失主要呈现为以下几个维度：其一，信息公开渠道单一化，加剧了政府和民众之间的信息不对称格局，公众的知情权得不到保障，使得话语权也受到威胁。正如办公室工作人员 M 说道："原来是有政务微博和我们自己的官方网站的，但是网信办觉得有安全漏洞，就统一注销了，微信平台也只保留了一个用来手机办理不动产业务。现在基本只在人民政府网这一个平台公布我们的业务信息，发布渠道实际上更单一了。"

① 鲍静，范梓腾，贾开. 数字政府治理形态研究：概念辨析与层次框架 [J]. 电子政务，2020（11）：2-13.

② Fan Z, Meng Q, Wei N. Fiscal slack or environmental pressures：which matters more for technological innovation assimilation? A configurational approach [J]. International Public Management Journal, 2020, 23（3）：380-404.

③ 胡税根，王汇宇. 智慧政府治理的概念、性质与功能分析 [J]. 厦门大学学报（哲学社会科学版），2017（03）：99-106.

其二，政府回应民众的来信、投诉时存在推诿扯皮的现象，公众多为被动式地反映实际问题，缺乏与政府面对面沟通、主动发表意见建议的双向交互渠道，未能形成"参与—回应—参与"的逻辑闭环。例如法规科投诉群众 S 说道："每次回复都差不多，说小区没完成手续，交房几年了办不了证。"

其三，民众对于不动产登记虽有了解，但缺乏深入的认识，尤其是房地产企业首次登记的系统性流程，这种专业信息壁垒加剧了民众的信任危机，并进而引发恶性循环。法规科工作人员 M 这样解释道："必须先由开发商办理首次登记后，住户才能继续办理转移登记。但在实际中由于企业没有完成消防验收和竣工备案等手续，导致小区虽然交房了但是无法办理首次登记，这个时间差也是住户经常上访的主要原因。"

2.2 认知脱嵌：惰性思维、官僚主义与目标置换

2.2.1 政府本位思想惯性，主动服务意识淡薄

传统的"政府本位"思想难以实现社会利益的最大化，也无法满足公众的个性化需求，这就要求基层治理要转变思想，坚持人民本位，通过构建政府与民众之间的多元化双向交互平台，最大限度地提升民众的获得感。从技术创新维度而言，智能技术的发展不仅能够驱动公共服务的数字化和智慧化转型，更关键的是能够淬炼行政价值理性的自我更迭，从而切实转变根植于传统公共行政体制的"政府本位"思想和服务意识淡薄等痼疾，培育"以人民为中心"的治理理念，这也是实现智慧治理的根本所在。①

但在基层智治实践中，"政府本位"的思想却依然根深蒂固。A 县由于正在推行限期房产契税地方性优惠政策，导致办理契税缴纳的民众人数急剧增加。但是由于不动产服务大厅内只有两个税务窗口，实行现场发号，办事民众为了抢号不得不每天提早一两个小时就到政务服务中心正门排队。而且由于现场指示屏无

---

① 杨冬梅，单希政，陈红．数字政府建设的三重向度［J］．行政论坛，2021，28（06）：87-93.

法智能叫号，民众为了不错过号只能在窗口排队等号，服务大厅内大排长龙的现象更是屡见不鲜。譬如不动产服务大厅办事群众 S 向我们说道："昨天 7 点半来迟了没抢到号，今天 7 点就过来排队还是没抢到号，有的为了抢号中午都不回家就在门口排队。""从拿到号开始已经等了两个多小时了，还是没排到自己缴税。"

这一现象直到一周后民众不断投诉才得以改善，由税务局分局领导进驻不动产服务大厅，额外增加了 4 个契税服务窗口，这也再次印证了基层治理中工作人员依然习惯于"政府本位"，一旦出现问题则交由民众自行调整解决，主动服务意识淡薄。

正如房地产租赁市场科工作人员 M 解释："税务局有自己单独的服务中心，房地产契税只是他们业务的很小一部分，所以他们也不愿意派很多人来我们这边单独设服务窗口。"

2.2.2 动因漂移责任转嫁，智能官僚主义滋生

政务服务有时门易进、话耐听但是推托绕、事难办，归根结底就是人民至上理念落实不够、用户导向意识不强。[①] 智能技术的应用有时并不意味着效能提升，过度化的工具理性只会导致动因漂移，滋生智能官僚主义风险。管理机构将所有问题都归因为数据逻辑问题，出现问题的时候则可以将责任转嫁给技术设备，[②] 而不主动从自身寻找原因和解决途径，致使智能化平台反而沦为工作人员"不作为"的合理借口。

具体而言，一是技术平台责任推卸。A 县中就有两起工作人员解释因平台故障导致申请人"一次办不成"的问题，且工作人员并未主动联系第三方公司进行远程维护，而是转告申请人无法办理需另外再跑一次。此外，个别窗口还出现了

---

① 沈丽琴. 地方政府实施政务服务"好差评"制度的成效及其优化 [J]. 中国行政管理，2020（12）：144-146.

② 刘永谋. 技术治理、反治理与再治理：以智能治理为例 [J]. 云南社会科学，2019（02）：29-34，2.

拒收现金的问题①，最后由申请人找其他亲友转账协助才缴费成功。不动产服务大厅办事群众 S 说道："窗口说是系统只能网上支付，收不了现金。"

二是政务信息选择性公开。具体来说，即将领导公务活动和部门绩效成果作为宣传重点，或是只简单转发上级部门的通知公告，而对政策文本中难以理解的表述不作任何通俗易懂的解读，以致政务信息公开实质沦为部门工作的自吹自擂。正如不动产服务大厅办事群众 S 这样说道："看不懂公示板上写的内容，基本是开发商说准备什么材料就照着准备，说去哪个窗口办就跟着去。"

三是智慧平台实用性较差。由于当前电子签名的安全风险问题，办事民众在网上申请办理后仍需到现场提交材料和签名确认，网上办理不但未能实现"一次都不跑"反而增加了额外流程，沦为"过度数字化"的面子工程。不动产综合受理窗口工作人员 W 这样解释道："为了防止虚假代理、虚假签字，我们受理时是需要现场拍照留档的，所以本人是必须到现场交材料的。"

2.2.3 目标置换数字内卷，系统平台陷阱泛滥

所谓"数字内卷"，意指政府虽然在数字化转型方面投入了大量行政资源，但对改善公共治理效能而言，其实质性成效却十分有限。② 在目标责任制的考核压力下，基层政府不可避免地将注意力聚焦于对量化指标的完成本身，对智慧技术开发的关切代替了对民众获得感的关注，反而将保障公共利益置之脑后，致使"目标置换"风险，陷入"为了数字化而数字化"的认知泥沼。在这种行为逻辑的驱使下，智慧平台的开发并不是出于民众导向的便民需求，而仅仅是为了应付上级考核的功利需要，而作为终端用户的民众却被排除在技术系统之外。政府片面地注重资本投入而忽视公众体验，强调硬件设施投资而忽视用户客户端构建，

---

① 在笔者的观察中，有些窗口收到现金时会由工作人员网上代付的，拒收现金并不是普遍现象。

② 王翔. 我国电子政务的内卷化：内涵、成因及其超越 [J]. 电子政务，2020（06）：63-72.

重视初始阶段建设而忽视后期交互系统维护,① 最终导致固有权力体系的进一步强化。

　　以 A 县为例,仅当前就有河南省政务服务网、河南省不动产"一窗受理"云平台、A 县不动产登记便民服务平台、A 县不动产信息管理平台以及"豫事办"App 等 5 个相关业务平台,但是平台之间建设水平参差不齐且融合度不足,导致作为终端用户的民众体验度低下。具体而言,登录政务服务网申请事项需要"豫事办"App 实时人脸认证,但是"豫事办"App 目前却只支持安卓系统并未开发 ios 版本。政务服务网虽然有"一窗受理"云平台的链接窗口,但用户点击之后有时却只能跳转到个人中心,无法转接到"一窗受理"云平台网站,平台链接并不稳定。A 县不动产登记便民服务平台由于是 A 县自主研发,所以只能连接到 A 县不动产信息管理平台这个业务内网,而无法与政务服务网等外网平台实现数据互联互通,诱发"系统平台陷阱"。② 恰如产权服务科工作人员 M 汇报道:"同一批数据现在需要对接好几个平台,因为每个平台数据统计口径不一样,难免会出现数据不一致的情况,有时候平台就对接不上。"

2.3　制度脱嵌:目标异化、协同困境与标准冲突

2.3.1　监督泛化过度留痕,考核民众参与不足

　　A 县的基层部门面临着频繁的监督、检查、考核和督查,因此,为了应对这些压力,工作人员不得不机械地记录信息,重复地填写各种报表。这样的工作压力导致基层部门陷入了烦琐的工作,而这个问题的根本原因在于上级政府频繁下乡进行监督③。以 A 县不动产登记中心为例,其台账就包括"不动产登记系统月

　　① 钟伟军.公民即用户:政府数字化转型的逻辑、路径与反思 [J].中国行政管理,2019 (10):51-55.

　　② 曾凡军,梁霞,黎雅婷.整体性智治的现实困境与实现路径 [J].中国行政管理,2021 (12):89-95.

　　③ 颜昌武,杨郑媛.加压式减负:基层减负难的一个解释性框架 [J].理论与改革,2022 (01):76-86.

报表、抵押统计月报表、遗留问题导致不动产'登记难'月报表、营商环境周报表、易地扶贫搬迁安置住房不动产登记日报表等 20 余类报表的统计汇总上报工作。"。

此外，面对巨大的迎检和问责压力，基层部门采取了过度留痕的方式来应对上级的要求，这不仅浪费了大量的资源，还让基层部门没有时间和精力去做实际的工作，降低了他们的工作积极性，正如产权服务科科长 L 所说："上级营商环境检查要考核网上申请件情况，但是群众在网上申请光操作电脑就得半个小时一小时，但这段时间可能现场办件已经办完了。所以群众很少网上申请，为了达标经常是我们替他们在政务网上申请一遍，生成'一窗受理'申报号再推送到业务内网继续办理，重复录入增加了很多额外工作。"

绩效考核方面也存在问题，因为民众的参与度不高，导致绩效结果对智慧治理效果的影响不大。虽然有相关的考核方法，但实际上，民众的评价并没有被充分纳入个人绩效考核标准中。工作人员在接到投诉后，通常只需要向上级政府提交一份情况说明，而没有其他更严格的惩罚措施，这阻碍了工作人员提升服务质量的积极性。最后，工资的分配也存在问题，通常是按照考勤和职称级别来发放，只有在个别群众提出严重意见的情况下才会有严重的通报和扣发绩效奖金。正如办公室工作人员所说："窗口跟后台一样，都是按照考勤和职称级别来发工资，只有个别群众意见很大被严重通报的，才会扣发个人绩效。"

2.3.2　行政权力位阶差距，部门协同权威欠缺

因为行政级别和部门职权的不同，如何让各层次的组织协同工作成为实现"一窗受理"的关键。当各部门之间的权力差距较小时，合作关系更平等，更有利于沟通和达成共识①。但是，权力差距限制了跨部门协商的效力，这导致不动产登记中心这一相对弱势的部门在改革中充当核心主体时，因地位不平等而难以获得其他部门的积极支持。具体表现在：

---

① Agranoff R. Managing Within Networks：Adding Value to Public Organizations ［M］. Washington, DC：Georgetown University Press, 2007.

首先，不同行政级别之间的协商受到阻碍。不动产登记中心作为自然资源局的下属单位，在与税务部门的协商中，由于行政级别差距显著，处于劣势地位，因此在非正式交流中，即使税务部门对不动产登记中心的请求持消极态度，后者通常只能被动接受。正如产权服务科科长 L 所说："税务局是垂直部门，不动产只是自然资源局下属二级机构，不是同一个行政级别，人家不会主动配合我们的。市长在里面协调了 2 个月，税务局才在服务大厅设了现在的 2 个窗口。"

其次，作为主导部门的权威性不足。A 县在 2018 年提出了由房产事务中心主导，国土局和税务局协作，建立不动产登记综合受理服务区的计划。然而，房产事务中心虽然是主导单位，但由于其行政级别较低，权威性不足。虽然它可以传达合作需求给其他部门，但实际上，它在调解协商方面受到了很大的限制。正如房地产租赁市场科工作人员 M 所说："像最近税收优惠因为窗口太少抢不到号的问题，不是群众投诉的话，税务局领导是不会主动带这么多工作人员过来协助的。"

再次，政策规定存在模糊性。A 县的"一窗受理"改革政策主要关注不动产登记流程的标准化，但对于如何规范和评估跨部门协作的具体要求并不明确。这导致了政策执行中对于跨部门协作的细节存在一定模糊性，合作主体有一定的自由裁量权①。

2.3.3 数据统一规则缺失，标准冲突共享壁垒

随着大量数据的不断积累，人们对跨部门数据共享的需求也越来越迫切。然而，由于地域和部门之间存在壁垒，数据资源的自由流动和开放共享受到了严重阻碍。这一情况导致了一些问题，例如各部门的数据标准不一致，质量参差不齐，造成了数据的混乱和难以协同使用。此外，一些部门在采集公众信息方面效率低下，大量未经有效清洗和共享的数据被称为"数据垃圾"，加剧了政务服务

---

① 邓理，王中原. 嵌入式协同："互联网+政务服务"改革中的跨部门协同及其困境[J]. 公共管理学报，2020，17（04）：62-73，169.

中的信息隔离和数据封锁的问题①。

首先，数据标准的不一致是一个主要问题。不同部门独立开发自己的信息系统，缺乏统一的数据采集、接口、存储、共享标准，导致数据难以交流和整合②。正如产权服务科工作人员 M 所说："要实现水电气暖'一窗受理'，就需要不动产登记信息、水电气暖信息、民政的婚姻登记信息、公安的户籍查询信息一起接入政务数据交换平台，但是这种一百多万人的海量数据对接过去之后由于统计口径不一样，修改数据是一个庞大的工程。""现在就经常发生信息不匹配的问题，举例来说，不动产推送给水电气暖业务申请号之后，电力公司办理时在政务数据交换平台里找不到对应的电力信息，最后反而在燃气信息里找到了电力数据，就出现这种输入 3 但是输出却变成 5 的问题，最后还是得水电气暖在后台自己重新修改一遍数据，有系统反而不如没有系统。"

其次，政务服务在不同地区之间难以实现跨域通办。由于长期存在的行政区划壁垒，各地的业务系统无法互相联通，数据标准也不一致。尽管已经尝试构建一体化政务服务平台，但仍然难以实现真正的跨地区办理，通常需要邮寄材料并进行二次录入，效率低下③。

这些问题使得政府部门面临着数据整合和共享的挑战，需要采取更协同的策略来解决这些障碍。

2.4 资源脱嵌：设施落后、人才稀缺与资金贫乏

2.4.1 基层物质资源不足，智治基础设施落后

在 A 县不动产登记中心的实际运营中，面临着物质资源匮乏和基础设施滞后

---

① 刘伟．"人性秩序"还是"机器秩序"：数字治理中的正义修复——基于技术政治性视角的剖析［J］．理论月刊，2021（09）：78-86.

② 袁刚，温圣军，赵晶晶，陈红．政务数据资源整合共享：需求、困境与关键进路［J］．电子政务，2020（10）：109-116.

③ 刘祺．从数智赋能到跨界创新：数字政府的治理逻辑与路径［J］．新视野，2022（03）：73-80.

等现实问题，这直接影响了基层智能治理的效果。首先，办公设施方面存在问题，电脑作为数字化办公的核心工具，却经常因为无法及时更新而拖慢了工作进程。

原测绘科科长 L 说："我们科室现在有 13 个人，但只有 7 台电脑，旧设备淘汰后已经一年了，拨款也没批下来。"这意味着人力资源在等待电脑设备的更新时浪费了时间。

其次，在智能设备方面，虽然服务大厅内安装了自助服务终端，可以用于自助查询房产证明和登记证明等服务，但实际上这些自助机器常常出现故障，没有充分发挥出智慧治理的潜力。不动产综合受理窗口工作人员 W 说："自助机系统和平台数据查询结果有时候不匹配，所以每次我们都会提醒群众机器查询结果有问题，需要到柜台办理相关证明。"

最后，在软件系统应用方面，虽然不动产服务大厅安装了服务窗口显示屏，但没有相应的智能叫号系统。这意味着在繁忙时，人们仍然需要依赖传统的人工叫号系统，导致了办事效率的降低。因此，民众不得不提前排队，并且等待时间变得非常冗长。正如公房科工作人员 M 说："显示屏是政务服务中心统一配的，但是一直没上线叫号系统，我们还是发的纸质号。"

2.4.2　人员老化负担过重，专业技术人才稀缺

智慧治理的发展不仅需要新技术，也需要多才多艺的技术人才来支持。政府对智能技术的依赖正在不断增加，但现有的人才在知识和能力方面已经跟不上数字化转型的步伐。在基层治理中，出现了人员短缺和人才匮乏的问题，这两者共同制约了智慧治理的效力。以 A 县不动产登记中心为例，这个问题主要体现在以下三个方面：

首先，基层工作人员的年龄普遍偏大，其中一部分即将退休的人可能已经对工作失去了激情，不仅工作积极性下降，而且难以适应快速发展的智慧技术。由于这部分老员工占据了大部分编制，而且升迁机会有限，工作任务多而琐碎，责任却很重，年轻骨干人才的流失问题也日益严重。公房科工作人员 M 说："现在基层事业单位基本上是人不够，10 个人里可能就有 5 个年龄大不懂系统，实际

能干活的人很少。年轻人现在都没编制，只能走劳务派遣跟人事代理，待遇跟带编的差很多，事情多问责压力大，根本留不住人。"

其次，大量基层工作时间被"创文""创卫""迎检"等专项工作占据，这些高频率的运动式治理任务进一步加剧了基层人员短缺的问题。物业科工作人员M说："每次创城站文明岗、扫街差不多要连续一周左右，因为是重点工作可以把其他工作都暂时搁置，有时就会出现办事的地方人不够。平常还有营商环境检查之类的大大小小各种检查，现在每周五都还要轮流去站文明岗跟扫街。"

最后，缺乏专业技术人才，特别是计算机等理工科领域的人才。在 A 县不动产登记中心，大部分年龄在 35 岁以下的年轻人才具备社科背景，而理工科背景的人才相对稀缺。这导致基层智慧治理业务完全依赖第三方外包公司，严重制约了在基层的应用效果。

2.4.3 区域财政资源差异，基层资金投入紧缺

对于基层智慧治理来说，地区的财政情况直接关系到政府数字化改革的钱袋子。因为大部分资金都来自政府拨款，社会资金参与度较低，而且没有可持续的资金模式，所以基层政府在信息基础设施建设和数据分析方面远远落后于富裕地区[①]。

一方面，从系统平台的角度看，基层财政相对有限，所以基层的智慧平台功能受限，稳定性也不够好。有时候在日常运营中，网页响应慢甚至无法响应，问题时有发生。正如产权服务科科长 L 所说："系统经常会出错，而且因为资金不够实际上只开通了几类常用的业务模块。有些原先计划开通的功能因为资金不到位也只能放到下一年，所以就会出现实际建设效果跟上级计划进度之间有很大差距。"

另一方面，数据共享需要大量的投入，包括数据收集、整合、清理和对比。然而，跨部门平台互联需要很多资金，而且无法在短时间内完成。由于资金来源

---

① 陈涛，郜啊龙. 政府数字化转型驱动下优化营商环境研究——以东莞市为例 [J]. 电子政务，2021（03）：83-93.

不明确，各部门的发展水平也不一致，导致了数据共享过程中的延迟和偏差，阻碍了数据共享的效果。产权服务科科长 L 说：“平台跟平台对接不上的一大原因就是资金问题。需要接入的平台越多，资金投入就越大，政府拨款不够的时候就需要单位自己承担，资金不够的单位建设效果肯定比不上财政富裕的单位。”

2.5　技术脱嵌：隐私泄露、稳定性差与操作不畅

2.5.1　算法黑箱技术缺位，数据存在泄露风险

在基层智慧治理中，虽然提高了政务服务的便捷性，但也带来了隐私数据的风险，加剧了公众对政府的信任危机。一方面，由于技术的复杂性和专业性，一般公众难以理解隐私数据的处理方式，不愿意主动将个人数据提供给政府[①]。

另一方面，政府虽然拥有大量公众隐私数据，但研究表明，政府在隐私保护方面表现不佳。与第三方企业相比，政府在技术和数据管理方面存在不足，导致公众对智慧治理的安全性缺乏信心，降低了对政府隐私保护能力的认可度[②]。

在基层智慧治理实践中，这一问题表现为技术不足导致的平台安全漏洞风险。数据共享程度增加意味着数据安全的风险增加，因为涉及的数据链条和节点更多。由于技术不足，基层政府将智慧平台的建设外包给第三方公司，将数据安全责任全部转嫁给第三方，关注规避自身风险，而忽略了公民隐私安全保护，这增加了隐私数据泄露的风险[③]。办公室工作人员 M 说：“7月份网信办就给我们发文过，说不动产平台有安全漏洞。”产权服务科工作人员 M 说“不动产信息管理平台虽然是个局域网，但是也受过攻击，也中过病毒，受到攻击

---

① 孔文豪，吴佳宜. 技术风险视角下互联网使用对公众政府观的影响机制探究——隐私担忧的遮掩效应与中介效应 [J]. 电子政务，2022（02）：110-124.

② 郑跃平，甘祺璇，张采薇，张晓斐. 地方政府数据治理的现状与问题——基于43个政务热线部门的实证研究 [J]. 电子政务，2020（07）：66-79.

③ 杜荷花. 我国政府数据开放平台隐私保护评价体系构建研究 [J]. 情报杂志，2020，39（03）：172-179.

后都要留些痕迹，可能就会泄露数据。所以现在电脑要求连 U 盘都不能插，就怕中病毒。"

2.5.2 政务平台稳定性差，远程运维成效有限

在线政务服务系统是一个复杂的工程，其系统质量对平台的稳定性至关重要。然而，由于上级政府的考核压力和技术短板，基层政府不得不将在线政务平台的建设主导权交给第三方外包企业。这导致了企业的利润追求超过了平台的公益属性，结果决定于项目经费和企业责任心的多寡，这也带来了政务平台的不稳定性和远程维护服务不足等问题①。

首先，在平台建设质量方面，用户经常遇到服务卡顿和不稳定的问题，民众提交材料也常常无法成功。工作人员在上传和审核材料时也经常遇到系统无法识别材料格式等问题，导致办事时间延长②。产权服务科工作人员 M 说："个人抵押登记本来在微信公众号可以办，但是这段时间网站经常卡得登不上，联系工程师也找不到原因。网站正常的话个人抵押登记是不需要来服务大厅的，在银行就能直接手机办理，后续办证流程就全部由银行代办了。现在因为手机登不上网站，本人就不得不到现场再跑一趟。"

其次，在平台后期维护方面，政府技术基础薄弱，难以独立维护平台的运营。外包企业的远程维护方式使他们难以全面了解基层平台的技术问题，从而影响了系统质量的保障。原测绘科工作人员 M 说："除非有大的业务模块需要重新建设，才会有工程师到现场，一般问题都是网上沟通。""系统维护每次都是全省统一定期升级，有时候一升级很多东西又需要修改，它不是针对每个县市的具体需求来做的。5 月份就有一次因为系统升级，导致我们这边项目楼盘表中'校正预测、校正实测、删除单元'这三项权限缺失，办件时间严重延长。"

---

① 庞宇，张玲 . 地方政府一体化在线政务服务平台效能提升路径探究——以"京、沪、苏、浙"在线服务平台为例 [J]. 北京行政学院学报，2022（04）：34-42.
② 郑跃平，孔楚利，邓羽茜，李楚昭，廖宸婕，杨学敏 . 需求导向下的数字政府建设图景：认知、使用和评价 [J]. 电子政务，2022（06）：2-21.

2.5.3 平台登录模式不统一，用户端体验欠佳

与以技术为主导的自上而下供给中心模式不同，智慧治理更注重以公众需求为核心的模式。这一模式通过数字技术来准确识别公众多样化的需求，重新构建政务服务流程和方式，提高数字化服务体验，改变政府与社会之间的信息互动方式，从而全面改革政府。

首先，在网站易用性方面存在一些问题。不同平台的登录方式不一致，有些平台无法实现一次注册即多处使用，导致用户需要多次登录。例如，在不动产登记事项中，用户可以在政务服务网登录后直接访问不动产一窗受理云平台，无需再次登录。然而，当用户需要申请不动产契税申报时，却需要重新登录到税务二级平台。此外，连接政务服务网和不动产一窗受理平台的链接不稳定，有时会导致断开连接，影响用户体验。

其次，在注册和认证流程方面存在一些不便之处。政务服务网要求用户进行四级实名认证，需要使用"豫事办"App进行人脸识别。此外，用户每次登录并申请事项时都需要在30秒内通过"豫事办"App进行实时人脸识别。然而，由于"豫事办"App目前只支持安卓系统，这给使用其他系统的用户带来了不便。不动产服务大厅办事群众说："登过一次政务服务网，但是点开的人脸识别就没在网上办了，手机系统不支持'豫事办'App。"

3. 脱嵌根源——智治嵌入究竟"惑"在何方？

3.1 认知逻辑：消极回应、数字迷信与价值异化

3.1.1 网络舆情场域中的敷衍回应

"场域"指的是社会活动中参与者根据特定逻辑构建的空间，它是符号竞争

和个人策略的表达场所①。随着现代信息技术的发展，互联网已经成为公众参与社会事务治理的重要场域。然而，基层官员对互联网特性的认识不足，以及网络技术与官员认知之间的不协调，构成了基层智慧治理中的一个问题。举例来说，"网络问政"是途径让民众反映诉求和表达意愿的重要途径②。但对政府部门而言，这种新形式会带来网络舆情压力，有些人甚至认为它是行政权力运行的阻碍。因此，基层公务人员可能不积极回应民众诉求，导致敷衍式回应和问题的模糊处理。例如，无论民众投诉的内容是什么，工作人员的回答都是一样的，或者他们试图转移问题的焦点，而不是针对性地解决诉求。法规科工作人员 M 说："比如网上很多投诉拖了好几年也办不了不动产证的，基本是因为开发商手续没走完，但是群众不了解程序就不停投诉上访，我们就必须去接访处理。"法规科投诉群众 S 说："网上留言过多次，每次都是上面催一下，下面动一下，随后就没风声，已经拖了几年了还是没有给解决房子办证的问题。"

3.1.2 基层绩效考核中的数字迷信

在推动基层智慧治理改革的过程中，绩效评估方式正在数字化的趋势下发展。这意味着关于基层政策执行成效的信息主要通过数字化方式，如台账表格和数据统计，反馈给上级部门。然而，数字化的"软指标"有助于美化基层绩效表现③，因此在基层智慧治理实践中，出现了选择性展示数据、夸大数据甚至虚假数据的现象，这导致了"只唯数、不唯实"的数字迷信。

在推动政务智慧化改革的过程中，一些工作人员可能过度依赖互联网工具的电子留痕功能，以凸显工作痕迹，导致过度打卡和过度留痕的政务运作模式。然而，这并未有效提升基层治理效能，反而增加了基层的负担，甚至加剧了基层智慧治理的内卷化危机。

---

① ［美］库尔特·考夫卡. 格式塔心理学原理［M］. 杭州：浙江教育出版社，1997.
② 胡卫卫，陈建平，赵晓峰. 技术赋能何以变成技术负能？——"智能官僚主义"的生成及消解［J］. 电子政务，2021（04）：58-67.
③ 黄建伟，陈玲玲. 中国基层政府数字治理的伦理困境与优化路径［J］. 哈尔滨工业大学学报（社会科学版），2019，21（02）：14-19.

此外，在强大的问责压力下，数字迷信心态还导致了基层行政价值目标的偏离和异化。基层工作人员可能出于个人利益和避免责任而倾向于选择有利于自己的行为，甚至不顾公众利益，这与改革初衷"以人民为中心"相悖。正如原测绘科工作人员 M 所说："我们办件系统上都有时间限制的，一旦超时了就会被市里面通报写情况说明，所以有时遇到快超时也实在办不完的件，就只能让他下次再来，而且也难免会有工作出错办错证的情况。"

3.1.3 行政文化培育中的观念滞后

所谓互联网时代的行政文化，即以互联网技术为载体所形成的具有公共精神和人民中心导向的行政服务理念，① 它能够规范和引导基层工作人员的行政行为，引领其树立正确的价值认知，是基层智治建设的重要组成方面。但是在建设实践中，相关行政文化的培育却并未引起足够重视，呈现出一种滞后样态，致使技术不仅未能"赋能"，反而通过"负能"强化了既有的行政痼疾。

而究其根源，可归结为两个层面：首先是传统"官本位"思想的制约。固有的官僚主义弊病被智能技术进一步放大增强，甚至衍生出技治主义下的工具理性超越价值理性的异化趋向，即基层政府将主要精力集中于平台建设上，而选择性地忽视民众的需求和体验，导致其获得感和满意度被严重削弱。其次是技术应用中存在的娱乐化倾向，即民众更多地将互联网视为休闲娱乐工具，而非参与社会治理的有效途径，导致其在推动政民交互方面的积极作用难以充分发挥。

3.2 制度逻辑：高压问责、横向竞争与协同冲突

3.2.1 压力型体制下高压问责与避责趋向

在基层政策执行中，压力型体制以及相关的强制问责和负面激励构成了一种

---

① 胡卫卫，陈建平，赵晓峰. 技术赋能何以变成技术负能？——"智能官僚主义"的生成及消解［J］. 电子政务，2021（04）：58-67.

避责逻辑。上级部门将任务细分并传递给下级，通常通过目标责任书确保任务按时完成。然而，在任务分包过程中，各级部门通常会不断增加压力，以确保基层智治项目的超额完成。总的来说，压力型体制可以集中资源，高效实现改革目标，但同时高压问责也导致了基层工作人员动力和压力失衡①。在基层智治改革中，当压力型体制下的目标、负面激励和强制问责超过基层部门的资源和能力范围时，会导致避责倾向。特别是自十八大以来，随着行政问责的不断加强，避责已成为基层工作人员的典型行为。面对上级政府的高压督查，基层往往会将问题归咎于网络技术故障，形成了智慧治理中的"技术卸责"趋势。不动产服务大厅办事群众S说："工作人员说是系统问题材料导不进去，直接让明天再过来，白跑了一趟。"

3.2.2 横向竞争中的利益博弈与部门主义

在当前全面深化改革的背景下，地方官员的政绩评价正在发生转变，从过去的 GDP 表现逐渐转向地方创新能力建设、数据潜力激发、治理效能增强以及营商环境优化等方面。这使得地方政府在治理实践中的地位变得更加重要。同时，中央政府将发达地区的智慧治理政府建设作为典型示范，在全国范围内推广，进一步加强了地区和部门之间的横向竞争氛围。然而，激烈的横向竞争也带来了跨地区和跨部门协同合作的挑战。通常，共同的利益是各部门协同合作的动力。因此，政务数据平台的互联互通不仅涉及技术对接②，还涉及复杂的利益博弈。在资源有限的情况下，各部门代表不同的利益团体，通过竞争来争夺更多资源和权力，以维护自身利益。因此，各部门之间可能缺乏跨地区和跨部门的协同意愿和动力，甚至可能存在激烈的竞争，导致数据共享和业务协作受到根本性的阻碍。产权服务科科长 L 说："连在我们这同一个地方的不同部门之间，比如税务局跟我们不动产登记中心，协调起来都还得政府出面，对面才能配合。更不用说不同

① 孙宗锋，孙悦. 组织分析视角下基层政策执行多重逻辑探析——以精准扶贫中的"表海"现象为例 [J]. 公共管理学报，2019，16（03）：16-26，168-169.
② 刘祺. 当代中国数字政府建设的梗阻问题与整体协同策略 [J]. 福建师范大学学报（哲学社会科学版），2020（03）：16-22，59，168.

县市，除了行政关系还牵扯到不同平台要重新增加功能，这就需要钱，所以谁都不愿意主动共享自己的数据。"

3.2.3 政府中心主义下多元协同间的冲突

在传统的政府中心主义下，政府采用了一种集中管理的方式，以确保下级部门按照要求有效执行任务①。这导致了压力型体制的出现，其中上级部门将任务提升到政治层面，要求所有部门和个人都全力确保任务高效完成，无论基层部门是否具备条件。这种任务导向下，即使在需要多元主体合作的情况下，基层政府的接受批评监督和协商谈判的空间也受到限制，严重削弱了多元主体协同共治的效果。

然而，在智能化时代，智治政府要求多元主体加强协作，实现资源共享和协同治理，以促进公众利益和良好政府治理。尽管存在政府中心主义思维的长期影响，导致了一系列协同冲突，如政策制定时未充分考虑民众意见，多元主体未能充分参与智治建设成效评估，以及智治过程缺乏社会参与等问题，但智治政府的新范式仍在不断发展，以克服这些挑战，推动政府治理的改进。

3.3 技术逻辑：技治主义、共享阻滞与平台孤岛

3.3.1 技治主义下的工具理性与目标替代

从政策执行的角度看，基层政府在实际操作中采用了一种工具化的思维方式，这与技术中心主义的趋势相结合，共同构成了基层智治的工作逻辑②。所谓工具化思维③，是指政府倾向于使用可操作、规范化、有效的治理规则和技术工

---

① 杨雪冬. 压力型体制：一个概念的简明史 [J]. 社会科学，2012（11）：4-12.
② 孙宗锋，孙悦. 组织分析视角下基层政策执行多重逻辑探析——以精准扶贫中的"表海"现象为例 [J]. 公共管理学报，2019，16（03）：16-26，168-169.
③ 孙宗锋，孙悦. 组织分析视角下基层政策执行多重逻辑探析——以精准扶贫中的"表海"现象为例 [J]. 公共管理学报，2019，16（03）：16-26，168-169.

具来组织和实现政策目标，而忽略了价值因素的影响。这种方式将技术手段置于政策执行的核心位置，追求最大效益，容易导致政策执行中的"目标替代"。

在技术中心主义的影响下，复杂的基层治理问题被不断简化和压缩，最终只留下了冷冰冰的政务数据。这种逻辑将人情关怀逐渐替代为事务逻辑，使得技术手段本身成为政策执行的首要关注点，而忽视了背后的价值原则。这种情况导致数字技术脱离了基层治理的实际需求，反而降低了民众对政策服务目标的满意度①。不动产综合受理窗口工作人员 W 说："实际上没有系统反而比用平台办件速度更快些，系统需要按它的考核要求留痕走步骤，经常会出现文件格式不对的问题。同样的时间如果不走系统全靠人工，尤其是比较简单的件，可能已经办完两三个了。但是不动产登记系统是优化营商环境必须考核的内容，就算办件速度比以前慢也没有办法。"

3.3.2 科层结构下的信息控制与共享阻滞

在基层智治建设中，出现了一种重要难题，即技术应用与科层组织之间的冲突。这个问题涉及如何重新组织政府部门的结构，以及如何协调各种不同利益方之间的关系，对基层政府提出了新的挑战。在传统的科层制体系下，政府各级之间存在着复杂的垂直约束关系，包括权力、预算和监督等方面②，而中央政府则通过政治任务、规章条例以及绩效奖励等方式来影响基层治理行为。

智能技术的引入并没有改变这种制约关系，反而与现有的权力结构相互交织，加强了信息在科层结构中的分层差异。这导致了信息化建设中的"纵向强化横向弱化"的格局，并进一步加剧了跨层级数据共享的阻碍。

虽然省级智慧政务平台已经向基层延伸，但各地政务数据一体化平台的建设水平参差不齐，导致跨层级数据回流问题依然存在。此外，由于缺乏专门的机构来统筹智治建设，并且缺乏明确的法律规定来划分各级政府的权责，各级政府不

---

① 王雨磊. 数字下乡：农村精准扶贫中的技术治理 [J]. 社会学研究，2016，31 (06)：119-142，244.

② 刘祺. 当代中国数字政府建设的梗阻问题与整体协同策略 [J]. 福建师范大学学报（哲学社会科学版），2020 (03)：16-22，59，168.

愿意公开核心数据，使得数据资源和技术无法在政府间高效流通，导致协调成本不断增加，但效率仍然很低。正如产权服务科科长 L 说："希望国家能出台一个统一的不动产登记系统，现在情况就是各省、各地市，甚至各县都有自己的系统。这些系统开发公司不一样，端口也对接不了，数据共享不了要想实现异地办理、跨省办理就很困难。尤其是我们这种小地方，也没有那么多财政拨款来开发额外的系统功能。"

3.3.3　条块分割体制下信息平台的碎片化

在我们的政府体系中，各个部门的管理系统通常是独立的，它们自上而下建设和运营，包括税务、海关、工商等部门，还有发改、公安、商务等多个子业务系统从中央政府的部委垂直延伸到基层①。

然而，在数据共享的改革过程中，一些强势部门常常以"专业壁垒"和"数据安全"的理由来夸大业务平台互联互通的风险，拒绝分享数据，导致这些垂直管理平台至今未能与其他部门的平台整合对接，业务协同仍然停滞在政策文本层面。正如不动产综合受理窗口工作人员 W 所说："现在的'一窗受理'就是税务派两个工作人员到我们不动产大厅，群众先到不动产窗口办完手续再去税务窗口缴税，现在其实只实现了人员在一起，但是不动产系统跟税务的系统并没有联通，只是不用像原来一样跑两个地方了。但是一旦遇到缴税的人特别多的时候，就像这几天，不动产很快办完了都在税务窗口排队，甚至还得没开门就来抢号。"

此外，部门负责人可能出于担心数据泄露的避责心理，不愿意主动共享数据，或者把数据视为核心资产，只被迫共享非核心数据以满足任务要求。这导致尽管已经建立了统一的数据共享平台，但核心数据仍然分散在各个部门手中，导致数据孤岛现象频繁发生，跨部门业务协同的困难加剧②。

---

① 徐媛媛，严强. 技术嵌入数字政府建设的障碍及其消解路径 [J]. 江海学刊，2022 (06)：151-159.

② 于君博. 后真相时代与数字政府治理的祛魅 [J]. 行政论坛，2018，25（03）：90-96.

4. 智治再嵌：基层智治建设的理路重塑

4.1 主体再嵌：基层治理共同体建构

4.1.1 畅通评价反馈渠道，推动多元主体共建共治共享

一方面要畅通"好差评"软硬件建设，激发多元主体的参与热情。要加强基层信息基础设施和"好差评"系统互联互通建设，力争实现政务服务"好差评"对政务服务网、政务服务 App、实体窗口、投诉热线、自助终端及现场问卷等线上线下服务渠道的全覆盖，充分调动多元主体的积极性。

另一方面要改进"好差评"结果的应用机制，落实信息反馈的定期发布制度。从供给侧考察，"好差评"评价结果可以反映政府部门在服务规范性维度的建设成效；从需求侧而言，其可以反映用户在政务服务效率、办事便捷度等方面的实际获得感和满意度。发挥"好差评"的信息集聚优势，可以有效反映改革进程中的难点和堵点问题，改进基层治理效能和服务质量。

4.1.2 弥合老年数字鸿沟，打造技术嵌入的温情式服务

一是在价值引领维度，要着力打造老年友好型社会，消除智能技术对老年人造成的"数字排斥"和"信息隔离"，全力推动老年人融入数字社会。为此，政府要将营造老年友好型社会生态、推动数字化智能化创新和促进老年群体"积极老龄化"紧密结合，创造有利条件引导老年人更好地共享数字化发展红利和参与公共服务智慧化转型。

二是在素养提升维度，要加强家庭和社会的数字反哺，① 促进数字技能的代际传递。一方面，要加大宣传力度，激励年轻人主动与老年人沟通交流，帮助老年人培育数字思维和提升数字技能，使其在不断积累中更充分地适应智能生活。另一方面，要整合利用社会资源尤其是基层社区的力量，依托社区平台广泛开展形式多样的数字素养培训活动，动员基层党员、社区工作人员和志愿者等多元群体，② 积极帮扶和协助老年群体提高其智能设备操作技能和数字素养。

三是在服务再造维度，要统筹推动线上适老化改造与线下配套设施建设，打造以人为本的温情式服务模式。在智能终端建设上，采取加大字体间距、突出重要信息、语音输入和识别、可视化图像说明、一键操作等老年友好功能，③ 并附上导航式操作展示和重复引导，方便老年人自主操作。在线下渠道方面，可通过设置服务咨询台、业务引导人员、老年便民窗口等多种方式，优化老年群体的服务体验。

4.1.3 祛除选择回应痼疾，构建协同共治政府回应架构

一方面要推动回应模式由传统的政府单向度输出向多元主体协同共治转变，运用智慧化技术探索平等协商、双向交互的现代化治理路径，摒除技术治理倾向下存在的精英主义决策缺陷。④ 政府必须高度重视民众所具备的特定知识和实践经验，并将其列为平等对话的协同参与者，从而充分挖掘多元主体对于推进基层社会治理的正向效用。

另一方面，要加强公共政策的解释力提升建设。政策的制定有赖于社会多元

---

① 周裕琼. 当老龄化社会遭遇新媒体挑战 数字代沟与反哺之学术思考 [J]. 新闻与写作，2015（12）：53-56.

② 陆杰华，韦晓丹. 老年数字鸿沟治理的分析框架、理念及其路径选择——基于数字鸿沟与知沟理论视角 [J]. 人口研究，2021，45（03）：17-30.

③ 张未平，范君晖. 老年数字鸿沟的社会支持体系构建 [J]. 老龄科学研究，2019，7（02）：63-70.

④ 于君博，李慧龙，于书鳗. "网络问政" 中的回应性——对 K 市领导信箱的一个探索性研究 [J]. 长白学刊，2018（02）：65-74.

主体的广泛参与，政策的执行更离不开不同利益群体的理解、认同和支持。① 要减少政策执行的社会成本和阻力，就要求政府必须解释清楚相关政策的制定过程、目标导向以及明晰的权责界定等，并通过规范的政务公开机制将相关信息向社会公众公示，以提升民众对于政策的理解和支持，最大程度避免因信息误解而导致的非必要摩擦。

4.2 认知再嵌：人民本位的理念再造

4.2.1 坚持人民导向价值引领，消弭政府本位思想流弊

一方面要建立需求导向的倒逼机制。民众需要何种类型的服务供给、企业在行政审批中的制度性交易成本主要反映在哪一个环节，不应该由政府官员来臆测，而需要交给办事民众和企业来进行诉求表达，由需求方来界定服务事项范围，坚持个性服务、需求导向的"用户思维"，倒逼政务服务流程再造。另一方面，要建立明确的职责分工和监管机制，将服务中各个环节的责任归属具体到主管单位和个人，构建全链条式公共服务质量管理机制，封堵因职责不清而造成的潜在的责任漏洞，同时建立工作通报制度，落实具体工作，树立先进典型，及时纠正工作中存在的失误，并监督跟进。

4.2.2 强化基层履责担当意识，克服工具依赖怠政心理

一是要强化公共责任精神建设，强化基层人员思想作风教育，通过行为引导提升行政人员的责任意识，降低基层责任推卸风险。二是要转变政府话语体系理念。打破既有的传统"官话"思维，适应网络平台互动的特点，建构亲民易懂的非官方话语体系，缩小政府与公众之间的对话距离感，优化政社互动的质量与成效。最后，加快区块链等新技术治理工具应用。加强区块链等数字技

---

① 陈新. 互联网时代政府回应能力建设研究——基于现代国家治理的视角 [J]. 中国行政管理，2015（12）：61-63.

术在事前预警监督、事中动态监督与事后问责监督中的全周期应用，建立全过程、实时性的智慧政务应用监管机制，切实提升政务服务质量监督的针对性与有效性。

4.2.3 跨越工具理性内卷陷阱，统筹基层智治顶层设计

从技术层面而言，要进一步强化数据大中台建设，优化"一云两端"交互架构体系①（见图5-4）。"大中台"即数据中台和业务中台，通过对政务数据的全面梳理，并充分挖掘业务流程，通过建立业务模型，以此达到将业务资源转化为业务能力，构建支持各部门快速创新的政务服务共享能力体系。"一云"即统一的政务数据云平台，提供计算、存储、数据库、网络和安保等基础服务，通过大数据计算服务，达到数据资源的综合调度和统一存储。"两端"即行政人员协同办公平台和用户便民服务端，旨在通过线上线下的服务整合，打破原有的职能独立、条块分割的底层架构，提升政务服务集成化和智能化水平。

从制度层面而言，首先，要明确整体性改革思路，加强统一政务云平台建设，统筹调度数据资源，加快属地管理部门与税务、市监等垂直管理部门之间的平台互通，理顺业务数据归集、共享与回流机制。② 同时整合基层各类数据信息填报平台，有效根除同一数据重复录入和多头提交问题，建构多源汇集、上下联通、高效共享、整体协同的公共数据治理体系。其次，要加强府际间整体规划建设，通过平台联通实现精准服务与集成创新，推动业务系统集约化、模块化建设，实现区域间公共服务共建共享。在政务云平台提供的开发功能基础上，各地区可根据自身需求采取软件转让或付费方式，选取相应模块，相互调用及推广共享个性化应用，③ 从而最大程度降低技术成本，切实治理重复建设问题。

① 张建锋. 数字政府2.0：数据智能助力治理现代化 [M]. 北京：中信出版集团，2019.
② 刘祺. 技术赋能、结构重塑与制度创新：基层数字政府改革的逻辑 [J]. 中共天津市委党校学报，2022，24（06）：64-73.
③ 刘祺. 当代中国数字政府建设的梗阻问题与整体协同策略 [J]. 福建师范大学学报（哲学社会科学版），2020（03）：16-22，59，168.

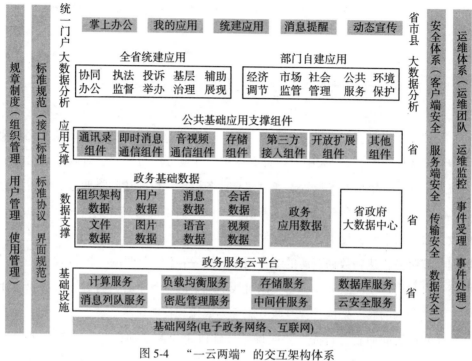

图 5-4　"一云两端"的交互架构体系

4.3　制度再嵌：精准高效的整体整合

4.3.1　重构人民本位绩效标准，建立多维绩效评价体系

基于基层治理实践，优化现有的绩效评估体系，将组织自评、专家评审和公众评价等关键要素有机融合，将量化评价和质量效益评价有机结合，同时完善分层分级式评价指标体系，加快构建立体化、综合化的指标评价体系。在智慧治理实践中，要兼顾改革效益和治理过程，从根本上扭转基层政府因迫于上级考核压力而追求形式主义的行为逻辑。

其次，坚持公开透明、以评促改和人民满意相结合的绩效评价原则，推动绩效考核在技术与价值两方面理性的有机统一。在智慧治理考核中，应在"事本"

逻辑中加入"人本"逻辑,① 提升民众满意度和参与度在绩效考核中的相关比重。减少以数字指标为代表的"量化"权重,重视加强对公共服务质量、政策执行情况以及人员履职尽责等方面的"质性考察"。

最后,要规范留痕管理,科学设定考评标准,弱化"材料留痕主义"的绩效考核趋向。同时借助大数据等现代技术手段,科学抓取和识别政务痕迹,有效发挥留痕管理在提升绩效方面的积极作用。此外,还要加快构建科学合理的容错纠错机制,充分赋予基层干部创新自主性和创业谋事空间,有效调动其服务群众和创新创业的积极性。

4.3.2　型构整体智治制度体系,锻造协作合力运行机制

一是要通过对政府现有业务流程进行分析、诊断,完成对重复流程、无效流程、破碎流程等问题的认定,对流程中暴露出的问题进行成因剖析。在此基础上,依托大数据、云计算、区块链等数字技术,合并重复流程、取消无效流程、整合破碎流程、改善低效流程,对政务服务流程体系进行重塑;二是要进一步完善权责清单建设,明确规定相关部门的职责、目标及任务,加快制定办事事项和审批事项标准化流程,增强各部门和各治理主体之间的整体协同能力;三是要深入推进数据共享交换的虚拟平台建设,对跨部门业务协同机制进行数字赋能、综合集成,构建起跨层级、跨部门的在线实时联动协同办公体系②;最后要整合公私合作伙伴关系,依靠"政企合作""政银合作"等方式协助解决改革过程中的非政务领域专业不足的问题,如政务网站和 App 建设、线上支付渠道建设等。

4.3.3　明晰数据归集统一标准,确立数据共享规则规范

要真正实现跨部门互联互通和数据共享,首先必须规范数据呈现形式,政府

---

① 王翔. 我国电子政务的内卷化:内涵、成因及其超越 [J]. 电子政务,2020 (06):63-72.

② 张鸣. 从行政主导到制度化协同推进——政府数字化转型推进机制构建的浙江实践与经验 [J]. 治理研究,2020,36 (03):26-32.

在开放相关数据时，应尽量以机器可读而非文本的形式对数据进行呈现，以通用格式而非专有格式进行存储，从而降低在数据使用上的技术门槛，使社会主体可以直接通过软件程序对数据价值展开挖掘利用。

其次是要加强数据标准统筹整合，从全局视角对数据开放工作进行统筹规划。建立跨部门的协调沟通机制，制定统一的政务数据标准、格式和架构。规范从数据采集到存储共享的全生命周期技术标准及操作流程，以确保不同政府部门在从事数据开放时，能够遵循相对统一的程序，并以标准化的格式进行呈现，从而在制度上保障开放数据的准确性、完整性、一致性以及可使用性。

4.4 资源再嵌：多维资源的集成融合

4.4.1 推进智治基础设施建设，筑牢技术迭代物质基础

对于建设智慧政府而言，必须要加快高质量信息通信基础设施建设，推动以物联网、5G 网络、区块链等为代表的通信网络基础设施，以数据云平台、智能计算中心等为代表的算力基础设施，以及以人工智能、云计算等为代表的新技术基础设施发展完善。① 政府要基于不同地区资源禀赋基础，统筹推进各地区间智治基础设施建设规划，尤其是要加大对基层及落后地区的建设支持力度，从供给侧角度打通智慧政府建设的梗阻症结，充分发挥三大基础设施之间的互联互通、交叉融合和协同支撑效应，从而构筑优良数据生态链，有效提升政务数据的全链条处理能力，实现智能技术对基层治理的"增权赋能"。

4.4.2 提升基层人员数字素养，培育复合型的人才队伍

在信息技术的驱动下，政府的运作方式正在发生巨大的转变，政府与民众互动的方式从直接到间接、从离线到在线、从面对面到键对键的转变也对公务员的

---

① 郭高晶. 面向公共价值创造的数字政府建设：耦合性分析与实践逻辑 [J]. 广西社会科学，2022（07）：35-44.

数字素养提出了深刻的挑战①。由此，必须从整体上强化政府数字化转型的人才支撑，构建一支高素质的公务员队伍。具体而言，首先是要建立健全公务员数字素养培训体系，② 将数字技能培训纳入公务员的培训、考核计划当中，定期开展数字技能培训课程。其次是要打造专业化的数据人才队伍，依托"政校合作""政企合作"，培养政府内部的数据管理和技术研发人才，建立起培养、研发、应用、管理的数据人才供应链，为数据资源统筹整合提供坚实的人才保障；三是要延揽专门的数字技术人才。尤其是在大数据管理局、信息中心等特定部门可以探索实施特岗特聘制度，提高相关职位的薪资福利待遇，以引入优秀人才，弥补现有的人才缺口。

4.4.3 强化专项财政资金支持，吸纳社会资本有序参与

资金不足问题一直是阻碍基层数字化转型成效的主要桎梏。因此，必须加强对欠发达地区基层智治的资金投入倾斜力度，给予专项财政资金支持，同步推进信息基础设施建设进度，保障欠发达地区政务服务供给的"无差别化"。此外，可探索构建省级统筹管理建设体制和三级协同联动机制，通过采取"省统市建共推"的策略，允许不同地区根据自身经济发展基础和数字化水平分类推进，③ 避免重复建设和资金浪费。其次，要吸纳社会资本有序参与，创新政企协同共建模式。鼓励引导社会资本积极参与智慧政府建设，形成以运营公司为主要控股主体、政府与社会投资双轮驱动协作的局面，④ 充分发挥政社共建的强大合力。最后，构筑政府主导引领、社会主体参与的资金投入机制，依托互联网行业的软硬

① 马亮. 公务员的信息技术能力与数字政府建设：中国城市的调查研究［J］. 广西师范大学学报（哲学社会科学版），2020，56（02）：34-44.

② 张鸣. 从行政主导到制度化协同推进——政府数字化转型推进机制构建的浙江实践与经验［J］. 治理研究，2020，36（03）：26-32.

③ 吴磊. 政府治理数字化转型的探索与创新——以广东数字政府建设为例［J］. 学术研究，2020（11）：56-60.

④ 王孟嘉. 数字政府建设的价值、困境与出路［J］. 改革，2021（04）：136-145.

件优势,探索公共服务资本、股权众筹等融资路径,[1] 同时加快构建更加宽松积极的投融资环境,最大限度地减少政府资金成本,提升公共服务质量,从而为改革提供可持续资金支持。

4.5 技术再嵌：数据赋能的精准治理

4.5.1 增强数据安全隐私保障，健全数据应用法制建设

一是建立数据共享的安全保障机制，依据政务数据涉及内容的重要程度以及涉及公民隐私的程度，对数据进行安全分级，区分出信息保密的核心领域，从而有针对性地进行数据储存和信息泄露防治。[2] 明确数据开放的具体标准以及负责数据储存与管理的主体，厘清数据管理的权限和责任边界，同时规范数据外包的流程，严格把握外包承接企业的准入资质，并通过信息加密等手段最大程度克服数据外包的客观风险。二是健全公民隐私数据的知情权和授权机制，让民众清楚地了解个人隐私数据用于何处以及需要发挥怎样的作用，并对造成数据泄露的具体单位和个人进行精准化的法律追责。通过建立部门间数据使用的授权机制，明确数据使用的主体与权责，切实保障政务数据使用过程中的安全性；三是强化数据代跑的配套支撑体系建设，通过完善相关政策法规，确立电子证照、电子签名等相关材料的法律效力，着力推动电子证照在行政审批中的普及，降低制度性交易成本，确保网上办事有法可依。此外还要在政府内部完善电子材料归档的制度体系建设，填补新形势下电子材料规范化管理的相关领域空白，推动"数据代跑"深入发展。

4.5.2 重塑多元协同运营模式，夯实平台运维技术根基

借助外部优质企业力量，采用职责明确、共同协作的社会化运营模式，将有

---

① 刘大为．长三角区域"一体化数字政府"建设模式与实现路径研究——基于 TOE 理论框架［J］．贵州省党校学报，2022（03）：56-67.

② 范柏乃．新时代浙江政府职能转变再出发［M］．北京：科学出版社，2019.

效缓解政府技术能力落后、专业技术人才缺乏、资金持续投入有限、体制机制灵活性薄弱以及创新能力不足等诸多问题，推动多元主体间的功能性互补和系统性协同，① 实现技术理性到治理赋能的价值转变。

第一，政社共建模式。对于需要政府严格把控和监管的公共服务，可以采取政社共建的模式，其中政府作为政策制定方和发起方，对智慧治理建设起引导作用；企业按照各自擅长的领域和特长参与建设，根据规划设置，重点参与数据处理、智能分析、组件供应等某一环节的建设，从而形成各尽其责、分工明确的生态系统。这一模式不仅能为政府分担技术和人员压力，同时能让企业获得利润，为社会创造价值。

第二，平台化生态化模式。这一模式以支付宝政务服务生态为典型代表，支付宝城市服务平台通过单一的流量入口，方便群众办理社保、公积金、税务、医疗、公共出行及水电煤等公共服务业务，提供便捷的生活方式，同时在支付宝平台提供小程序、生活号、城市服务等业务开发接口，相关企业能够在支付宝平台之上开发便民 App，从而形成基于平台的生态圈。在该生态中，有实力的大型企业是平台提供者，并同时建立了政府服务入口，由政府提供服务接口，整个市场是应用服务的提供者和创造者。

4.5.3　规范平台的统一化管理，改进智慧服务用户体验

我国目前尚无全国性的政务数据统一开放平台，地方政府只能各自为战，构建自己的数据开放平台。这既不利于对公共数据资源的有效整合和利用，也不利于社会公众的访问和查询，还在无形中提高了获取数据的门槛。为此有必要对信息资源平台进行统筹整合，精简、合并五花八门的数据平台，对信息资源进行统一管理，建立统一的、用户友好型的政府数据开放平台，以平台为载体，将分散存储在不同部门的各类数据进行横向整合，为社会公众提供"一站式"的数据检索和下载服务，通过不断优化的用户体验提升数据的使用效率。

---

① 曾凡军，梁霞，黎雅婷 . 整体性智治的现实困境与实现路径 [J]. 中国行政管理，2021（12）：89-95.

◎ **案例思考**

1. 从智治嵌入结果来看，基层智治"脱嵌"的内涵以及其在具体实践中的现象表征是何？

2. 从智治嵌入进程来看，诱发基层智治"嵌入—脱嵌"困局的生发逻辑及作用机制为何？

3. 从基层治理现代化视域来看，实现基层智治"脱嵌—再嵌"逻辑转变的重塑理路如何？

（梁霞、王鹏、张增辉、傅煜）

六、社区千万事，能付"笑谈"中？

——南宁市 J 区城市社区"逢四说事"协商治理探索

◎ **案例摘要**

城市社区是社会治理的基本单元，承载着调解基层矛盾和协调基层利益的任务。但在社会发展与转型的各类节点与阶段中，利益分化、基层矛盾等社区治理问题日益凸显，传统的社区治理方式逐渐失效。协商治理作为一种有效的社会治理范式，因其反映基层诉求、推动基层共治的特点在社区治理中逐渐发展。为满足社会治理过程中多元共治的要求，我国的许多城市也结合治理场域情况，开展了丰富的协商治理探索。然而，各类协商实践多处于试点和推广阶段，虽取得较大进展并归纳出了区域性的经验，但城市社区治理实践中主体多元化、需求多样化、事务冗杂化等现实梗阻依旧阻碍着"普适化"协商治理模式的扩散与再造。探寻培育城市社区中的公共精神、协调社区治理主体共治参与，吸纳多元主体治理知识，提高基层治理效率的有效方法，成为社区"智"治与善治的关键。本案例通过描述南宁市 J 区部分社区"逢四说事"协商治理过程，呈现基层治理场域中的共治困境。案例基于协商治理理论，聚焦多主体协商共治中的理念、制度、机制、技术等关键因素，探寻基层治理共同体实践过程中的现实困境，为实现社区治理有效运转，推进"人人有责、人人尽责、人人享有"的社会治理共同体形成提供参考。

◎ **关键词：** 城市社区、逢四说事、基层治理、协商治理

1. 实事求是——人人喊好的"逢四说事"

1.1 "大党委"与"理事会"促"快人快事"

1.1.1 基层党建，说事核心

J 区位于南宁市西南部，肩负着该市多数工业及物流业的建设及培育任务，面积 650.18 平方公里，总人口超 54 万人。为适应城市化建设，提升居民生活质量，南宁市于 2001 年、2005 年相继对 J 区进行街道改革，改革后的 J 区所辖 5 个街道、4 个镇，共计 27 个城市社区、2 个农村社区，包含汉族、壮族、瑶族等 39 个民族的居民。为响应国家基层治理的相关要求号召，实现对基层治理诉求的收集与回应，南宁市印发了《关于推行城乡"逢四说事"协商工作机制的实施方案》的通知，J 区的社区共治探索之路由此展开。

党建引领中的"大党委"是"逢四说事"工作机制的核心。J 区以社区为单位成立"大党委"，吸纳辖区内党组织负责人进入"大党委"班子，即实行"兼职委员制"。通过建立以党委为协商核心，其他主体参与治理的"1+X"大党委工作制度，实现了对 J 区各社区协商治理的党组织嵌入。在纵向上依据区、街道、"大党工委"、社区、网格、楼栋多层次的联动模式，形塑党群多样化协商流程。较之传统的被动式协商模式，在社区党建引领之下，城市居民得以快速反应自身诉求，极大地拉近了群众与党组织之间的距离。

1.1.2 政企合作，积极参事

社区是基层生活共同体与城市治理的基本单元，也是行政力量与社会力量互动交流的试验田。城市日益明显的"虹吸效应",使得职业、学历、能力素质、身份地位各不相同的人员涌入城市社区之中,主体属性的不同及由此引发的利益分化引致了各类社区矛盾,为促进社区和谐稳定,"逢四说事"协商治理模式为 J 区引入社会力量,通过"政企合作"的方式实现各主体在平等协商基础上的利益最大公约数。

购买公共服务是地方政府与社会组织互动的重要方式之一,借助"政社合作"的协商模式有助于调动城市社区居民参与社区建设的积极性。如 J 区辖区内 WY 社区在小区物业管理、养老服务方面,联合专业社工机构,借助高水平社会工作者的服务,满足了社区内多数人群的生活需求,促进了社区和谐。J 区政府十分重视社会组织的"润滑剂"作用,根据不同社区的治理场域情境需求,孵化及培育了一批社会组织。对社区日益显著的老龄化、老年人口照料、青年教育等问题,J 区数十年来累计投入财政资金超 500 万元,先后孵化培育了"娱乐养老服务中心""爱心志愿者服务站"等组织。2019 年,J 区与部分养老机构签订了具有针对性的协议,结合青年培育目标,探索了"社区-社会组织-社工-志愿者-公益项目"多方互动的实践模式。政府引导下强独立性及自治性的社会组织持续不断为社区输送力量,引导居民通过协商表达自身诉求,推动了社会性、公益性资源向社区辐射。

1.2 "四必说"塑"事当其言"

1.2.1 诉求纠纷,有事说事

"四必说"为"逢四说事"协商治理模式的四类议事核心。"群众诉求事""邻里矛盾纠纷事"两类聚集于社区居民生活的各方面。在社区网格责任制的设计下,说事员在走访群众的过程中进行社区居民诉求与意见的收集、记录、整合等工作,形成书面的文本后通过上报理事会,再根据实际情况设计及执行社区治理行动,化解社区居民矛盾,实现居民合理诉求。如"五老人群"问题,EQ 社区大党委借助"逢四说事"的协商机制征集居民对该问题的意见，结合建设专类休息室的诉求，社区大党委召集城区相关行政单位及说事员，召开了关于社区养老服务平台建设的"逢四说事"会，建议将社区党群服务中心及某一楼栋空闲的空间提供给一老年人服务公司作为站点，开展社区养老服务。同年 10 月，该老年人服务公司与南宁市民政局签订了战略合作协议，智慧养老服务项目以 EQ 社区为基点，辐射 J 区、X 区和 K 区等三个城区的五老人群。

在社区环境整治问题上，F 社区从单位制管理转变后小区长期处在无人管理的状态，社区环境、基础建设、社区服务等多方面均存在着问题。党委处甚至时常有居民拉来横幅进行抗议，F 社区党支部的说事员将问题报给社区党委，在"逢四说事"的协商机制下，原单位代表、社区居委会、住建等行政部门、街道办等多方人员就社区问题组织了多场说事议事活动，说事会最后决议，由社区党组成员带头担任志愿服务队领队，带领居民实现"社区自己负责"，极大地提升了该社区居民的生活质量。

1.2.2　时事大事，逢事话事

"热点焦点事""社区公共事"是"四必说"中聚焦居民教育及行政事务的两类议事视角。其旨在方便社区党委传达上级先进思想、政治任务、党的时事热点，通过协商共议将辖区内社会治安、基础设施建设、社会服务等与居民生活息息相关的事项讨论出结果，增加居民对社区工作的认知、理解与配合。

如 EQ 社区为规范社区惠民资金的管理使用，借助"逢四说事"会，商议了该资金的使用计划。在协商共议过程中多元利益主体群策群力，商讨出了具有针对性及可操作性的方案。方案最终决定以社区大楼旁的空闲草地为基础，打造可供居民日常休闲活动的露天活动广场。多次的"逢四说事"实现了惠民资金的有效运用，实现了多方的合作共赢，促进了社区活跃文化氛围的营造。说事议事的协商治理机制帮助多元利益主体真正做到了"把钱用在刀刃上"。

1.3 "四步走"成"事半功倍"

1.3.1 议题分类，集中说事

为减轻社区治理工作中的负担，规范化居民共治议程，"逢四说事"协商治理可归纳为"四步走"流程。其一为议题分类，将收集到的居民意见分门别类，整理出民生、环境、资金等社区治理重要板块，由说事员收集并归纳居民反馈，让大党委及社会组织充分了解不同社区的治理现实需要，为后续的议事议程开启提供信息基础。居民委员会则根据议事的类别、难度、重点对议题进行分类，形成条目式的议题清单。其二为集中说事，在每月的 4 日、14 日、24 日或逢星期四，定期、不定期在社区议事说事。议事的支撑材料可在说事人理事会会长的牵头下，向政府、社会等主体发出书面通知，为协商共治活动增加调研基础。针对特别紧急的议题，居委会成员需在社区公告栏或显眼位置进行公告，阐明会议时间、地点、形式、内容等。自 2012 年起，J 区投入财政资金对社区服务用房提升改造，目前 J 区城市社区中服务用房超出 500 平方米以上的已达到 36 个，辖区内居民或社区大党委可以根据实际需要将此类场地运用于逢四议事。

1.3.2 执行决议，问效评事

在议题、场地等准备工作完成后，说事会则按照"执行决议""问效评事"的流程展开，主要流程是：

说事常任理事会会长说明议题来源、内容、审查情况、议事规则；

说事常任理事会成员、说事员围绕协商议题依次发表意见和建议；

汇总参与协商人员意见和建议，根据不同情况，采取举手、无记名投票等多种方式进行表决，按照民主集中制原则形成协商意见。参会人员需在会议记录上签名或按指印。对于多方意见分歧较大的问题，可以暂缓协商。仍无法解决的问题或事项，应提交居委会或居民代表大会进行审议，若还存在分歧，提交街道办事处进行决定。

2. 好事多磨——长效化"逢四说事"困难重重

2.1 居民参与意识薄弱，成员临事而迷

2.1.1 主体参与局限，事不在己

"逢四说事"强化及强调居民社区治理的核心地位，协商议事会也只有在广泛的居民参与中才能发挥最大的作用。但在 J 区逢四议事的实际执行中，居民共治精神缺失及各主体的弱参与性，限制着社区共治工作的开展。

在讨论到涉及与小区物业公司相关议题时，居民不愿与物业进行协商，不正确的维权行动一定程度上影响了社区居委会的工作。相较于集体利益，城市社区居民往往更为关注自身利益，公共精神的缺失让居民在议论触及自身利益的问题时不愿让步，在"经济人"的意识影响下，说事议事中涉及公共利益的话题则时常陷入协商"沉默"的困境，议事员通常反映："居民的事多是家长里短的小事，真有大事也轮不到我们做主，针对不涉及个人利益的问题是不会有人出来的；小区内的事大家可能还会在微信群里说几句，但如果关乎整个社区的事情，比如多建设一些设施什么的就很少有人会表达意见了。"

主体合作精神的缺失使得各社区之间难以通过议事会形成对治理问题统一认知："有些社区包含多个小区，但说事议事的时候各个社区代表都要一起来，这样各小区代表仅就本小区问题提出议题，另外的小区通常不会参与讨论。"

多数居民仍然认为"社区治理是政府和居委会的事"，时间冲突、公事繁忙等理由成为社区内大多数中青年群体不愿意参与议事共治的借口，议事会中退休老年人居多，老龄化特征凸显，协商主力军多为户籍在社区的居民，流动人口、非户籍人口在协商共治中存在明显的缺位，相对固定的议事代表席位及较少的人员补充使得一些居民群体的诉求难以表达。

2.1.2　协商能力不一，事事难定

基层治理问题的复杂性使得居民的诉求反映呈现出多样化的特征。受限于个体能力差异和居民反映问题时的保留化表达，说事员仅能对居民反馈进行简单分类，基层工作人员难以得到系统化的治理议题反馈："就像党建工作，让叔叔阿姨给我们提意见肯定是不现实的，他们不清楚这类工作，这样的内容就主要是主持人向大家宣传，传达社区党委的意见，很少会有互动和交流的机会。"

同时，议事主体缺乏针对议题方案的预设能力，从应然的角度上看说事议事的协商平台本应该是以居民为主导的，但在实际协商中，居民常常提出问题而不能提出解决办法。如 XY 小区存在社区环境治理问题，居民虽"大吐苦水"但没有具体的意见建议，居委会最终还是成为说事议事的"兜底人"："居民们一般都是说问题，但是具体这个问题怎么解决、处理过程中是否会出现新问题，处理的结果如何，这些都不在他们的考虑范围之内。说事员也很难去确定一个议题的解决方式，他们只是动议的提出者，只会等待结果，很少主动地想解决的方案，最后还是居委会提议甚至是政府兜底。"

2.2　协商与监督形式化，会议敷衍了事

2.2.1　监督机制欠缺，草草了事

问题导向化的社区协商，重点在实际治理问题能否得到处理，避免"议而不决行"的问题。但在实践中，说事议事存在监督上的形式主义问题。部分社区议事会虽设有监督机构，但没有多少居民清楚其存在，面对议事执行的偏差，居民往往不知向谁反映，监事会"形同虚设"。如在 FJ 社区垃圾乱扔的问题上，说事议事已探讨出了相应的解决方案，但后续监督的短期性使得社区内又重现垃圾随处乱扔乱放的情景，社区居民淡薄的参与意识弱化了议事执行的监督效能："议事结果我们通常会及时地公布在微信群或者其他媒体，但群众反响不大，信息总

会被刷掉。绝大部分的议事代表在协商讨论出结果之后就自行离去了，也从没有提到后续实际开展行动时自己会怎么做，会不会参与监督。"

2.2.2 共治协商无序，各言其事

党和国家对社区共治愈发重视，各类会议文本也时常提到社区协商、社区共治等关键词，但该领域尚未形成制度化的政策设计。上级的政策往往仅为基层工作阐明了基本要求及发展方向，但其宏观的模糊性难以为基层提供具体的行动说明，这也使得城市社区的协商治理缺乏有效的程序安排和普适化的制度设计。

J区结合南宁市要求落实了逢四协商议事制度，但市级政府或区级政府并未出台相应的法规或条例。从各协商主体规定来看，目前对于协商议事的代表、代表比例等问题尚未有明确的成文规定，部分社区虽然公示其议事过程遵循科学的议事规则，但实际开会时确有可能"自由发挥"，议事效率低下，协商趋于无序化。"开会的秩序是个大问题，开会的时候有些阿姨们你一言我一语，胡乱插嘴，打乱发言顺序，使得议事会乱哄哄的，降低会议的协商效率。"在被问到"逢四说事"有没有可以参照的规章或条例时，街道办事处工作人员回应道："目前除了《实施方案》之外是没有的，还没有流程明确的一套规章制度，有些时候我们对于议题的范围也拿捏不准，毕竟有时候一些小事我们也拿不定主意是不是要开会讨论，我们不知道应该如何将议题归类，有成文规定的话，那对我们来说协商起来将会更有效果。"

由于明确化、精细化的协商目录及"议事清单"缺失，J区社区议事往往围绕"焦点事件""矛盾、纠纷"展开，各类描述性和概括性话语的运用，稀释了议事协商共治的话语宣导权威，降低了居民对议题的共情能力与理解力，最终导致部分社区协商议事呈现"悬浮"于实际治理要求之上的状态。多数居民认为上报问题便可以立刻解决问题，繁复的议事信息使得社区工作"只增不减"。

2.3 线上协商推进滞后，居民难言其事

2.3.1 网络共治平台缺失，事与愿违

信息技术飞快发展的时代下，城市社区协商形式逐渐呈现线上与线下双线并进的样态，社会媒体打破了时空界限，提升社区主体的协商虚拟在场度。但 J 区的逢四议事形式仍以现场到会的一元化形式为主，网络共治平台缺失。虽然社区设有 QQ 群、微信群等，但其功能多用于单方面的信息发布，少有借助网络媒体进行协商议事，辖区内各社区尚缺乏一个交互式的协商平台。在问及线上协商议事问题时，部分社区工作人员反映：

"线下开会还是居多，大家都忙的话择期再开或是线上的方式也是有的，但一般都是发布信息，或是大家反馈一下意见，正经的网络协商议事行动还是比较少的，网络上大家有可能谁也不惯着谁，有些老人家可能也不会用，一致的意见很难达成。"

"线上的群聊大家都是吐槽为主，真正的协商是很少的，甚至可以说没有，谈到自己利益的问题有些人可能就会'冒泡'，但抱怨的占大多数，很多事情不当面协商很难解决，目前网络协商平台也没有搭建好，技术还没跟上，也不能发挥它的有效作用。"

2.3.2 技术知识运用壁垒，事难躬亲

在"互联网+"的科技浪潮之下，将科技智慧工具与社区协商治理相结合已是基层"智治"的题中之义，但面对先进社交媒体技术，多数社区居民还不能完全适应和掌握，尽管 J 区政府尝试推出了"J 区 e 家"等线上平台，但还是鲜有居民关注，关注群体也将其视为信息获取工具，缺乏主动分享反馈的参与意识。同时，因参与社区协商治理的群体退休职工占比较大，该群体对新型协商工具尚不熟悉，学习及操作难度大，不少社区工作人员对网络协商评价道："疫情防控期间我们有尝试过召集大家线上开会，但效果并不理想，到了点了上线人数寥寥

无几，有时则是网络导致大家失去耐心，大家还是习惯线下协商的形式。"可见科技手段的技术运用壁垒及网络协商的不稳定性，使得此类新型协商模式应用滞后。

3. 事理探析——社区协商治理困境由何而生

3.1 社区结构复杂，议事事务难以预料

3.1.1 城市快速发展，社区个体"原子化"

J区辖区内含较多工业园区，是南宁市的老工业基地。最近几年，J区重点发展电子信息、现代商贸物流等新兴产业，流动人口逐渐增多，最为明显的结果就是较大规模的人口在J区聚集，相应的社会、经济、卫生、安全等问题便接踵而至。相较于农村"熟人"式的人际关系网络，高速化的城市化进程疏离了流动人口的人际交往联系，城市社区人际网络的松散疏离了各个协商主体的共治愿景，个体的"原子化"使得多数城市社区居民注重于与自身利益相关的事务，与自身利益无关的事务便会使个体陷入"成本—利益"的考量之中，若协商议事无法为自身争取利益，则其参与意愿趋于低迷："我们外来打工的太多了，大家为了生计都很忙，同时大家也互不认识，哪里有空闲的时间来参加社区这边的议事讨论会。"

3.1.2 居住空间更新，个体异质性增强

大规模的人口向J区聚集，便要求城市社区在空间、环境、文化等方面需要进行相应的升级。在南宁市蓬勃的房地产开发热潮下，大量的"大居住区"随之产生。J区的城市社区多以老旧小区为主，多是原先以单位为管理主体的单位制社区，旧城改造、单位制社区转型等项目或治理要求使得社区人口又被重新划

分，城市的建设与更新双线并进的模式，使得城市社区中的人情关系逐渐弱化，各类矛盾同时相继涌现，居民需求动态变化特征显著，说事议事的协商共治机制尚在初步建设阶段，还难以适配不同社区的不同情况。同时，开放化社区的强流动性，使得城市社区人群呈现多元化趋势，单位制下人情紧紧相连的格局被流动人群及社区改革而冲淡，社区居民的异质性极大增强，以社交媒体为代表的新型交往方式逐渐成为主流，极大地影响了社区人群的相处模式。原有社区格局割裂，人际关系日趋冷漠，居民群体缺乏凝聚力，协商共治需要解决的问题随着人流变动及社区更新而大量增加。

3.2 传统观念制约，居民不愿惹事招非

3.2.1 议事观"亲缘化"，主动协商意愿低

血缘、宗法是传统中国社会人际关系的基础，"以'户'（家庭）为社会组织的基本单位"的保甲制长期影响着群众对群体事务的理解与思考，自我消解或寻求亲人的帮助是群众处理自身事务时的主要思考方式。可见，受限于地域、血缘、亲缘、宗法等长期人际关系因素的影响，民众思想上的顺从观念、被动意识通常处于主导地位。即使时代在变迁，社会主义市场经济逐步发展，但多数居民的维权意识仍亟待提高，亲缘化的议事方式较之公共协商议事仍是主导，社区中的更多人依然选择对公共事务默不作声，不愿意参与协商共治的议程之中。

3.2.2 居委会"强代理"，削弱居民信任度

在较长一段时间内，城市的社区是一个单位制的社会，相应的企业单位负责社区内居民的日常生活管理，在单位制解体，城市社区管理转向行政制、社区制的当下，城市社区居民也完成了从"单位人"向"社会人"的转变。为便于纵向行政层级上的管理，行政工作逐渐下沉，"街居制"的城市社区居委会承担着社区事务的最前线处理任务。在城市化进程加快，流动人口快速涌入城市社区的背景下，社区居民的需求异质性逐渐增强，居民协商自治的条件亦逐渐完善，协

商治理的出现为社区居民诉求的实现提供了新的方式、新的沟通桥梁，但无法改变社区居委会的行政色彩。居民通常将居委会视作行政"大手"的延伸，与之相同的还有街道办事处，其总是将社区居委会当作是自己可以无限延伸的"一只手""一条腿"，各类任务考核指标下沉至居委会当中，使得社区治理存在"上面千条线，下面一根针"一般的治理样态，如此格局导致居委会承担了远超其机构设置目标的治理任务压力，繁重的任务使得居委会很难兼顾多方的需求，受此影响居民对居委会治理能力逐渐持怀疑态度，这份怀疑态度也延伸至逢四说事等协商议事机制上，导致城市社区居民参与社区协商意识不强的问题。

3.3 行政制度发包，基层共治事事难行

3.3.1 制度化"一刀切"，协商缺乏开放性

从纵向治理层级的行政任务下沉角度上看，社区协商治理是"行政发包"下基层繁重治理任务无法完成时的一类策略式应对行为，中央政府将基层治理任务层层下放，随之而来的是治理行动执行过程中的风险也转移给了地方政府。这就要求地方政府在针对不同社区事务规划管理相应的协商议事制度时，需要结合不同社区的治理需要作出判断。但在实际过程中，权责不匹配的基层治理现状使得社区对协商制度的制定略显保守，由此带来的是制度传递和执行过程中的效力损耗。

在说事议事的协商治理模式的建设过程中，议事制度的设计与实施也存在着不合理之处。比如对上级政府有相应的规定的问题，社区事务通常会采取"一刀切"的执行措施，说事议事的结果并未对社区原先"内定"好的治理策略有所影响，协商过程趋于形式化，同时缺失了民主性及开放性。再如议事协商的牵头主体方面，议事主体一般为居委会、业委会、物业公司等，居民群体可选择是否参与。这就使得本应当成为协商议事首要主体的社区居民，被动地将牵头主导的权力让渡给其余相关利益主体，群众逐渐被边缘化，协商议事便有可能背离原先开展这一行动时的初衷。

3.3.2 制度化"留空白",议事存在随意性

在网络或实际议事的场域中,多数居民还处于"抒发情绪"的状态,未能借助相应的程序将自身需求系统化、议程化。南宁市社区协商程序、监督与反馈、结果落实等机制上亦无明文规定,存在一定的随意性。由于缺乏实际执行构成中的动态调试与经验总结,基层协商趋于形式化、空白化、留痕化、符号化,未能实现真正的多元协商共治。如何为"逢四说事"等基层议事模式辅以配套的法规、政策,如何为城市社区协商共治制定具有一定普适意义的制度设计仍是优化此类模式的难点所在。

4. "事"在必行——形塑协商治理共同体

4.1 事成在人——培育主体参与意识

4.1.1 培育公共精神,强化主体认知

社区居民的公共精神价值皈依是促进社区协商治理和谐化的理念核心,如何引导居民兼顾"私利"与"公利"则是公共精神培育的关键。社区应当通过志愿服务活动、社区晚会、社区服务等公共利益事务的方式以循序渐进地吸纳更多的社区群众参与到社区建设当中,进而再引导其参与协商共治之中,从文化与宣传等方面切入,调动社区居民说事议事的积极性,培育现代公民的集体意识、由内而外消减协商主体之间的沟通及信任界限,提升公民的公共精神。

4.1.2 赋能协商主体,提升共治能力

想象能力、理解能力、表达能力、思辨能力、共情能力等是居民有效参与城

市社区协商治理所应具备的能力。在居民群体层面，为提升逢四协商议事参与主体的水平素质，居委会可以使用具有针对性、具有创新性的方式宣传说事议事等协商共治活动，如发放知识手册、悬挂宣传标语口号等。顺应时代发展趋势，应当有效地利用新媒体技术帮助社区居民在何时何地都能有效了解社区动态，并能积极反馈。举办相应的协商议事讲座，甚至召开相应的模拟协商会议，帮助社区居民掌握说事议事流程，提高居民自主解决问题的能力；让居民在协商治理实际运用中体验行使权利的效能，维护议事秩序，鼓励社区居民理性议事，以平和的方式进行表达，逐渐积累协商知识与经验。

在社区居委会、物业等主体层面，可以邀请专业的社区服务工作者对协商议事提出建议，并为说事员、居委会、社区居民等共治主体提供议事协商培训。明确协商议事的主要参与主体班子的培训及考核工作，借助完善的奖惩机制及监督机制调动党组班子、说事员等群体的工作积极性，培训内容可以涵盖广泛，包括环境整治、社区文化、政企或政社互动、调解基层矛盾纠纷等方面，同时引入中央最新精神的宣传，在正确的理论引导下开展共治实践。

4.2 事以"细"成——优化协商治理机制

4.2.1 完善监督机制，落实结果反馈

协商议事不应当表面地体现为"一事一学习""一事一讨论"，仅仅从后置性的视角看协商议事永远不可能获得前置性的知识，由此必须强化全过程性的议事协商监督机制。相应的监督成员需从协商议事全过程、多主体的视角进行监督，对参与协商议事主体的诉求、议事的流程、议事结果的提出、议事成果的执行进行全链条式的跟踪与监督，保证协商主体按照"逢四说事"实施方案的要求开展治理行动，确保议事过程的有序性和协商结果的有效性。同时，完善相应的问责与信息反馈机制，议事全过程应当透明化，相应的配合主体需要及时收集协商结果的执行情况并如实向群众反馈结果落实情况，若出现新的问题，可保证责任的追踪与落实，实现协商治理的优化。

4.2.2 明晰议事内容，提升协商效率

动态化的调整能保证议事执行发挥其最大效力。J 区虽已将大部分涉及居民利益的公共事务纳入了逢四议事协商之中，但其中大多数事务的处理尚未有统一的政策文本参考与普适化的标准。为保证社区协商治理内容有章可循，需从政策上补充相应的规章制度，形成可供学习的文本化资料。地方政府、街道办、社区应当学会运用科学化的社会调研手段，及时了解社区居民的实际需要。在充分调查的基础上，形成具有逻辑性、系统性、可操作性的问题清单与解决策略清单，使社区多元协商共治内容更为具体化、精细化、准确化。最后，应该根据实际情况对议事清单进行动态调整管理，从而能够切实维护居民利益，更利于增强社区协商治理规范性，流程性。

4.3 随事制宜——拓宽议事协商渠道

4.3.1 打造智能协商平台，促进信息整合

结合科技发展浪潮与党中央关于基层治理智能化、专业化的相关要求，城市社区协商议事应当融入智能平台，促进信息整合。地方政府应当针对城市社区协商治理技术需要补充相应的网络硬件开发和投入，促进技术资源的全覆盖。其次，建立协商智能平台。引入数字政府、"云系统""互联网+"等技术手段，建立市级、街道级、城市社区级的数字化公共服务平台，同时及时使用社交媒介，向广大群众宣传线上协商平台的优势，吸引更多的居民参与到说事共治的过程中，推动城市社区协商治理的功能性整合。对于一些无法流畅使用信息技术的人群，如老年人、青少年，需要探索新的方式保证其能够实时反馈议事意见，方便居民了解协商动态，潜移默化地培养居民的议事参与意识。最后，借助议事平台，实现整合社区资源的一体化整合，在提升议事效能的同时，降低其时间、资源成本，使逢四说事更为便捷。

4.3.2 议事问题智慧分类，推动协商智治

多元价值的理性与技术理性的互动与平衡是智慧化社区协商共治的难点所在。新兴的信息技术必须与正确的协商共治理念相融合才能保证技术方面的赋能成效。在社区之中，为居民提供便捷则是协商智治的应有之义。社区治理问题反复，居民需求更趋于多元，维持传统方法无疑为社区工作人员增加了负担，同时还易产生较多纰漏。由此，应当开辟线上议事议题征集通道和平台，为有参与热情而工作繁忙的居民群体提供更为方便、快捷的协商参与渠道。同时注重线上渠道的智能化、自动化功能，开通智慧化议题分类渠道，优化议题信息的筛选，如J区目前已有"家住J区"微信公众号，其中"我有话说"栏目下可以进一步将议题进行精细化分类，这不仅可以保证居民在提议时的针对性与便捷化，还可以确保协商在前期议题收集的完整化，从而推动协商运行、评估的过程连贯与有效运行。

结束语

"逢四说事"等协商治理模式本应成为拉近城市社区居民沟通距离的桥梁，但在南宁市J区的逢四议事执行过程中，涌现出居民参与意识薄弱、机制欠缺、技术手段应用缺失等现实问题。在传统管理模式式微的新时代下，如何优化城市社区协商治理模式，提升协商议事多元性及专业性仍是基层治理的难点所在。尽管我国多地城市以各种形式开展了社区协商实践，但其仍处于试点和推广阶段，尚未取得具有普适性的借鉴经验。面对城市化进程中日趋凸显的社区居民需求多样化问题，有必要进行协商治理的优化探究，以实现城市社区协商治理的可持续发展以及社区治理有效运转。

（蒙颖、曾瀚文、曾梁宽）

七、旧貌换新颜，输血变造血："嵌入式协同"何以激活社区治理"一池春水"？

——广西Ａ市Ｎ社区萝卜团队参与社区治理的"困"与"破"

◎案例摘要

当前，我国对基层社会治理提出新要求，建立和完善共建共治共享的社会治理体系，激活充满社会活力的治理共同体。广西Ａ市Ｎ社区因发展时间较早，呈现出新建商品房、老式公房和旧式里弄并存的格局，居住形态多样，面临着复杂的治理现实。因此，在社区建设与发展过程中，逐渐暴露出了社区环境脏乱差、邻里矛盾突出、加装电梯难、智慧社区建设难、业委会运行难等一系列问题。本案例基于嵌入式协同治理的概念框架，分析社会组织成功嵌入Ａ市Ｎ社区并协同各方机制的过程，实现了高效的嵌入式协同治理模式，形成了嵌入式社民关系的建设性社区治理新形态。本案例以Ａ市Ｎ社区开展"老友议事会"推进老旧小区改造和城市社区协商为基础，剖析老旧小区改造的困境及成因，梳理"老友议事会"的治理策略，有助于打破社会组织参与基层社区治理的消极认知，并推广社区治理新模式，发挥社会组织参与社区治理的潜力与效用，加强社区民主建设、完善社区自治组织制度，为城市社区提供可复制的经验，对提升社区治理效能起到些许参考借鉴价值。

◎ 关键词：社区治理、嵌入式协同、社会组织、萝卜团队、老旧改造

引言

社区作为一个基层社会服务系统，具有社会治理单元和服务单元的二重性，是基层治理体系的重要部分。社区社会组织是社区中的重要主体之一，同时也是社区治理的重要参与者。社区社会组织作为满足基层社会和居民多元化需求的自组织，可以有效加强基层社区治理体系建设、推动国家治理和社会治理重心向基层下移，打造共建共治共享的社区治理新格局。

"小区单元门损坏一直敞开，门禁也是摆设。大门口地面塌陷一直没见有人处理，污水不停往外冒，我现在是一刻都不想在这个小区多待啊。""现在小区里大变样了，之前那些掉皮的墙皮重新粉刷，地面也重新改造，我们家楼下那个破损单元门换成了新的，一直让我头痛的停车老大难问题也更加规范。"张大妈的态度缘何反转，带着好奇与疑问，我们再次迈入了广西 A 市 N 社区的大门。

社会组织已然成为基层社区治理的重要力量，近年来，广西 A 市 N 社区积极探索社会组织参与基层社区治理的新机制、新途径，充分发挥社会组织在"共建、共治、共享"的社区治理格局中的独特作用，让社会组织切实成为基层社区治理的"好帮手"。案例小组成员走进了广西 A 市 N 社区，对居委会成员和萝卜团队工作人员进行了深度访谈，了解 N 社区萝卜团队参与社区治理的建设和发展历程。同时，与社区居民进行沟通访谈并赴 A 市城市服务管理指挥中心考察社区治理的主要内容、遇到的困难、解决措施和未来建设方向，形成本案例。

1. 旧貌失序：传统治理环境下社区治理问题频发

"就算待遇再好我也不想干了"，社区工作人员 X 在 N 社区门口接受我们的访谈时，开口发出了这样的感慨，一番话让人沉默。问到具体原因时，她接着说道："社区工作者就相当于整个社区的'家长'，所以处理的问题都比较复杂，而且业务面也广，大事小情基本是社区工作人员来管，需要非常细心且负责才可以，要不然就会犯错被投诉。表面看社区的工作是朝九晚五，实际上经常要加班，熬夜也是家常便饭，大半夜也得起来工作，没有绝对的休息时间。"

1.1 社区旧貌惹人忧，居民体验令人愁

1.1.1 小区环境"脏乱差"，如何才能美如画

N社区位于A市城区中部，总面积为0.78平方公里，辖区内包括居民住宅楼101栋，常住户3712户，总人口12696人，是一个企事业单位宿舍和花园小区组成的混合型社区。N社区建成于20世纪80年代，基础设施老旧，加装电梯难、成套房改造难、旧城改造难、智慧社区建设难、业委会运行难等问题一直是社区建设的难点。老旧小区的改造成了居民群众的"急难愁盼"问题。社区存在垃圾大量落地、清运不及时、卫生死角等问题。居民李阿姨表示："那些猫猫狗狗拉屎拉尿也没人管，垃圾桶经常溢出来了也没人收，楼道卫生不知道多长时间打扫一次。"通过实地走访调研，也有居民反映："之前水管炸裂，好多污水外溢，我们的家具被污水浸泡，损失巨大。"居民刘先生反映，"很多人把房子出租出去给别人住后就甩手掌柜不管不问了，每天吵吵闹闹的，人员又乱又杂。"社区环境脏乱差的问题一直困扰着居民。

1.1.2 非法违建无人管，安全隐患忧人心

N社区多年来一直都存在私搭乱建的乱象，没有得到根治。N社区是典型的老旧小区，由于历史原因，存在不同程度的违法建设，具有涉违户数多、户均面积小等特点。

"我们小区其他楼里的违章都拆除了，为什么我们楼某室的违章到现在都没有拆除。"居民张先生反映的是某号某室入户门外移并对外扩建，严重影响了他

们家的正常生活。在与张先生的交谈中我们得知，该小区原计划在 2022 年对楼道内居民私自安装的铁门等违法行为进行集中整治拆除，后因疫情的特殊情况，不得不停止集中整治。"对面顶楼那家搞违建已经两年了我们到处反映也没见下文，他们第一层是钢架结构，用来居住，第二层是彩钢的，拿来饲养鸽子。不仅挡住我们家窗户，还侵占公共空间，影响社区环境还存在安全隐患。"居民李大爷抱怨道。根据实地走访了解，N 社区内共有 20 栋楼，均涉及违法建设，包括顶层违建、楼道违建、院落违建等，违章建筑通常偷偷摸摸进行抢建，时间仓促，施工人员水平参差，质量没有保障，违建侵犯其他业主利益，更给全体业主带来了极大的生命安全隐患。

1.1.3　满怀心事无处说，邻里矛盾出了圈

社区里众口难调的事特别多，对同一件事情，不同的居民有不同的诉求，甚至会产生分歧、争执不下。居民们没处说心里话、提意见、摆问题，随着城市化的不断推进，人口密集、空间紧张的城市环境使得人们的生活空间越来越狭小，与邻居之间的距离也越来越近。然而，城市中的人们往往更加注重个人隐私和独立，这种疏离感导致了邻里之间的互动减少，进而埋下了矛盾的种子。其次，现代生活的压力也是邻里矛盾加剧的原因之一。在快节奏的生活、竞争激烈的工作环境以及繁重经济压力的环境下，人们往往缺乏时间和精力去与邻居建立良好的关系，甚至产生了一些不必要的争吵和冲突。"从鸡毛蒜皮的小事到争得头破血流的大事，经常在我们小区上演。"根据实地走访了解，在建设起 N 社区协商议事机制之前，邻里矛盾出圈的事时有发生。

1.2　社区干部难作为，干民关系紧如弦

1.2.1　痛点需求响应慢，主体利益协调难

N 社区服务人口多，服务半径大，基层治理和为民服务力不从心难题难以避免，活动无阵地、议事无场所、服务无载体，是困扰城市基层社区治理的一大难

题。社区工作千头万绪，繁冗复杂，基层干部日夜坚守在社区治理一线，工作负担重，干部队伍建设成为基层又一大难题。"我单元按照国家规定流程申报'旧楼加装电梯'一事，从提交申请到现在拖了近一年了。其主要原因是街道和社区工作人员素质低长期不作为，对群众的诉求长期置之不理，并找各种理由向后推脱。我单元有产权人年龄超过80岁，想早点让老人家使用上电梯，上了80岁的老人还能有几个春秋啊！""社区办事拖拉，服务态度差，把失业险资料交给社区办理人员，但迟迟未办理。期间一直在催促一直拖，社区办事总是拖拉，我们的诉求永远得不到及时反馈。"居民急难愁盼问题响应慢一直是N社区长久以来的痛点，加之社区利益主体众多，主体利益如何协调成为社区治理中亟待解决的又一难题。

1.2.2 沟通平台待升级，社区协商要推进

"经常停水或者水压很低，日常生活都成了问题，这事到底是物业管还是社区管？"通过实地走访调研发现，N社区9号楼6楼的自来水经常水压不足，让住户犯了愁。"最近天气很热，附近的主管道一直在浇水，导致小区楼顶水压低、水流小，供水的问题是大事，我们在中间调解，但效率确实不高，我们也在反思怎么更好地让大家把话说开，既要让住户心里没有了怨气，也能尽快解决问题。"社区工作人员X说。社区虽小，却关系到千家万户的幸福，若缺乏沟通交流的互动载体和平台以及常态化的沟通机制，也就不利于解决群众反映强烈的热点、难点。因此，有效升级社区沟通平台，推进社区协商，引导居民参与社区民主事务管理，激发居民自治活力，营造共建共治共享的良好氛围依旧是重点问题。

1.2.3 社区共治程度低，多元主体难协调

社区共治即由社区居民与政府、社区综合党委、社区居委会、辖区单位、社会组织等多元主体共同合作，从而推动社区管理的全面优化、提高群众的幸福感和满意度。A市Q区政府、街道、社区居委会、业主委员会、社会组织、居民等

都是社区治理的主体，但实际情况是在社区治理过程中，协同不足，居民参与程度低，这也一直是令社区居委会头疼和焦虑的问题。N 社区在建设前期没有调动起居民积极性，缺乏将居民意见集中的渠道。在调研走访过程中，居民对于建设智慧社区这件事了解甚少。居民黄先生表示，"之前注意到了社区里的变化，但自己的居住质量并没有改进"。而大部分居民表示并不知道居委会曾进行的一系列动作，也没有发现社区的改观。社区工作人员 Y 向我们介绍："基层政府通过整合社区资源，动员居民力量，进而增进公共利益。但我们征求居民意见往往是挨家挨户地上门走访，效率低，而且因为种种原因，人员覆盖不到位的情况很难避免。"

2. 困境重重：社区治理失序根源

如上所述，N 社区面临建筑破旧、邻里关系紧张、氛围环境品质较差、基础设施衰败不全、治理组织难以响应等一系列问题，社区治理秩序混乱，有"区"无"社"的困境昭然，推进社区改造和基层治理存在较大阻力。一方面，改造中社区居委会与居民以及居民与居民之间极易产生敏感性争议，这主要是基层治理中社区居民参与不足，多主体间难以达成共识所致。另一方面，有限居民参与社区改造的协调沟通存在结果无效、诉求难解的境遇，这主要是由于社区各主体协商的组织者阙如，缺乏标准性的参与规范和流程。

2.1 居民参与意识薄，治理共识难形塑

2.1.1 思想意识有偏颇，理念要求难匹配

N 社区作为老旧小区，涉及很多社区改造问题，在社区治理中不少基层干部抱怨道："很多时候，不是我们不想干，是真的干不动啊，常常是我们想得热火朝天，但社区居民不为所动。特别是很多青年群体，对社区治理的事情不热心，

甚至漠不关心。"但不少居民也反映道:"我们天天在外面上班回到家都很累了,休息日也只想自己休息放松会儿,社区治理上的很多事,我们样样参与也不现实啊。"更有甚者:"我自己的事都忙不过来,我还管你们居委会什么事呢。"

由此观之,社区中的很多居民没有参与社区治理的意识,他们来自四面八方,年龄、结构、思想等不尽相同,且由于各自在原有的、传统的社会结构中存在的位序差异,他们对于现实的需求悬殊,这也容易导致居委会和居民之间产生矛盾和冲突。此外,社会治理中的人员参与应为根据规模和特点为不同群体设置差异化的动员方式,但从社区中发现我们社区干部在鼓励公众参与社会治理过程中,存在着治理需求与居民参与度上匹配不精准的问题。

2.1.2 居住情感体验差,社区整体认同低

社区是居民居住生活的基本单元,也是居民安全感、幸福感获得的最直接体验之处。社区环境干净整洁、居住舒适和谐、办事便利是居民对社区的基本诉求。"我们每天住在这里,日常生活起居都是在这里,肯定希望社区规划设计、绿化环境、舒适整洁这些方面能够达标。"一位社区居民如是谈道。然而,上文所述中谈到,N社区为老旧小区,居民乱堆乱放、垃圾乱丢乱扔、基础设施老化失修、私自占用公共空间等现象仍然存在,甚至屡见不鲜。"你看我们小区都是这个样子,他们居委会的干部也没做出什么有效的整治行动来,更别提我们参与社区治理了。"社区是居民归属感的重要来源,并将成为他们生活文化和记忆的重要载体,社区的和谐稳定、环境优美是居民认同社区、支持社区的重要基石,但显见的是这也是N社区治理的瓶颈所在。

2.1.3 参与能力不足,参与结果无效化

公民参与基层治理中,除了要考虑到与居民思想理念、社区认同等参与意愿有关的因素,还应关注公众参与社区治理的实际成效问题。据N社区工作人员反映:"我们社区往往组织大家要商量什么事情或者解决什么问题的时候,出席的大都是在家的老人,但他们一般可能也没什么话语权,而且真正涉及什么东西的

时候他们可能也不太懂。"可见大部分属于职业成长期的群体难以或是不愿抽出时间参与社区治理，加之部分社区治理事项着实需要公众具备一定的分析判断能力或是专业知识，否则影响参与质量。"像社区垃圾分类这些，虽然有一定的知识普及，但其实我们有些还是不太明白。"因此，在参与的主动性和积极性之外，参与能力和所具备知识同样是公众有效参与应考虑的要素。

2.2 自治平台组建难，公众参与缺秩序

2.2.1 业委会设置缺位，社区精英需培育

随着社区人员增多，事务范围扩大、社区流动性增强，社区干部面对"八方事务"而"有心无力"，急需社区能人的协助。"我们的社区其实本身的工作人员是很少的，也就20人左右，这个已经是比较大的规模了。那在这样一个情况下，你想一个社区基本上都是这个几千上万人，工作人员根本没有办法去应对这些情况，而且我们老旧社区没有业委会那些，那这种情况下的话，我们出现问题的第一时间要有人出来，因为如果没有人出来的话，或者说没有一个常态化的参与人群的话，就这些问题很难解决。而且社区的问题，它常常不是单次就能解决的，因为今天我把你们请过来，你们都发表一些意见走了，留下一堆问题；然后我下次要求的人就不是这拨人了，原来那拨人就不来了，那就又有新的问题了，就会导致旧的问题没有解决但新的问题又产生。"

社区治理中有影响力的精英分子与居委会的互动有利于社区规范秩序的形成与居民和居委会之间信任的搭建，且能在一定程度上激发其他社区居民参与社区自治的动力。业委会通常是由社区中有话语权、有威信、有影响力的精英组成，而社区精英是社区自治的主要力量，他们对社区公共事务有着至关重要的影响，社区能人精英的成功培育亦有助于社区常态化治理体系的构建。但 N 社区为老旧小区，并无设置业委会，且据社区人员反映，解决居民问题也通常是由社区工作人员处理，小区中无主要的领头人员，这在一定程度上造成公众参与社区治理失序。

2.2.2 参与流程不明晰，标准设置不明确

由于社区中缺少以业委会为代表的民间力量组织与发动，当社区面临纷繁复杂的问题需要求解时常感到黔驴技穷。"社区的问题，它其实不是一次能解决的，开会你要开好几次，我们社区的有些问题大概要开十几次会议才能叫他把这个问题解决掉，每次来的人有时候还是不一样的，导致每个人来反馈的问题不一样，这样我们社区也难办。"一方面，囿于时间、邻里等因素，针对同一个问题，代表不同利益群体的居民在不同的会上各抒己见；另一方面，社区会议中部分群体既不关心事实现象，也不关心参与结果，盲目跟随的表现见惯司空。无论是社区公众的频繁混乱参与还是盲目无效跟随，主要原因都在于社区对公众参与规定和介入的方式不得当所致，缺乏一目了然、清楚明晰的参与流程和标准规范。

2.2.3 专业知识不具备，自治质量难提升

当前治理环境下治理事务层层下压，上级层层加码亦使得基层不堪重负，社区自治功能进一步弱化。此外，带有社会属性的社区问题逐渐趋于多元化、需求差异化，而社区居委会常带有明显的行政色彩，但仅通过行政化的手段无法解决复杂多样的社区问题和居民困惑。"我们社区里面几千上万人，很多居民与居民或户与户之间有矛盾的，有些之间三天两头地吵架，这样的情况下你要我们真的组织他们出来商讨什么事情或解决他们的矛盾，那也很困难，而且很多也都是当场看上去解决了，实则最里层的东西还是没触及，接下来还是一样的。""我们社区里也有人想要站出来解决问题的，但他们对这些也不太了解，有时候还不好意思站出来。"故此，N社区涉及事务面广，居民服务需求五花八门，面临社区改造的重担，而社区工作人员能力也有限，且社区内部缺乏真正的组织者和带头人，仅仅依靠社区居委会难以解决社区庞杂的问题和矛盾，社区自治质量难以提升，这就需要争取专业的外部资源支持，且根据新形势重新架设组织。

3. 临危受命：社会组织为社区顽疾带来新机遇

以 N 社区为代表的老旧小区存在着房屋结构老化、公共卫生脏乱、公共设施破损、车辆停放杂乱等一系列顽疾，加之社区固有的邻里关系、社区能人、调解程序等种种问题，社区现存治理境况岌岌可危。以往社区治理都是按照上级的文件精神或政策指示走，少有考虑到社区居民的真实意愿，更有甚者脱离居民生活而追随上级指示。面对如此状况，N 社区引入了萝卜团队为社区解忧。萝卜团队是由热心公益事业、关注社会工作的社工和专家学者共同成立的一家专业社会服务机构。主要从事公共议事规则研究与应用推广以及社区治理研究与实践探索，曾承接"共益社区厨余处理中心"社区志愿服务项目、"口袋公园"社区环境整治项目、"我的社区我做主"社区协商议事项目等多个品牌项目。团队现有专职社工 6 人，兼职社工 3 人，组织内部结构呈扁平化。该组织的主要发起人 W 有着社会工作专业硕士研究生学历背景，至今已有八年专职社工从业经历，富有爱心，具有社会工作的职业理想。N 社区以该社会组织为抓手，深化社会组织参与社区治理、提供精准化服务等职能，创新性地成立了业委会的过渡型居民自治组织——"老友议事会"，以推进社区自治功能完善，更好地组织动员居民参与社区共建共治共享。

3.1 服务群众"零距离"，用心用情解民忧

3.1.1 调研扎根社区，找寻突破口径

进入 N 社区后，萝卜团队的成员迅速展开实地扎根调研，与社区居委会共同开展了"认百家门、访百家情、解百家忧"的走访活动，并指出 N 社区现存的弊病，以期有的放矢地解决问题。萝卜团队工作人员谈道："以前我们开完会，

居民反馈问题的时候都是直接让社区帮忙解决,每个人都会有这样一个心态,但社区直接帮他们去解决,会存在你的解决办法并不是居民想要,它不是一个同频的,只是你用这样一个方式把它抹平了。所以我们首先就是解决社区介入度的一个问题,不能问题出来了全部是社区负责,居民自己也要参与。"

她接着介绍道:"我们当时根据社区的一些议题大概找了可能有30个问题,那这30个问题我们就先做一种筛选,然后会对提出问题的人进行追溯,就是会让他们去梳理出他们对这个问题和解决办法,然后我们有一个动力机制,就是你必须提出包括时间、地点、资源、系统、结构这样要素的一个方案出来,不管这个方案是不是可行的,你先要提出来,那这个跟我们以往的方式就是不太一样,就是以往我们居民提出问题后他就不管了,他就等半天说怎么还没解决,那我们现在要求就是你要提出这个问题可以,但你同时要提出解决方案。"相比起过往完全依赖社区居委会解决问题的方式,萝卜团队的进入给社区带来了更为合理、更能得到居民认同的处理方式。

3.1.2 搭建议事平台,形成对话机制

找到了问题,了解了问题的责任人,明白了当事人的利益诉求与解决想法后,就到了社区这一层面将问题进行清晰化和理性化。萝卜团队负责人谈道:"所有人看到的可能这地方是一种积水,但它背后其实是比较复杂的,如果它是非常简单的问题不会拖那么久解决不了,所以我们要让居民反馈问题的同时让他们理解每一个问题背后的复杂性,这个过程中就需要居民和社区一起讨论协商,让居民和社区产生那种同期投入的力量。就是你想去反馈问题可以,但是你得和我们社区一起去看背后的原因是什么。"

毋庸置疑,社区内所有公共的议题,无论是涉及楼道,还是涉及居民关系等,所有的事情均不是一个个体可以决定的,他都必须经过相关人之间的协商和对话。"我们鼓励的是这种现场会议,其实中国人有一种比较强烈的情绪,就是大家觉得投票是绝对正义,但我们要求的是注重协商而非表决,所以它首先是要注重参与的这个协商过程,即你把你的意见、想法都发表出来。"以建立居民与居民之间,居民与社区之间的协商对话机制为指向,在萝卜团队的帮助下,结合

地域文化，N 社区设立了社区自治的议事平台——"老友议事会"，构建了"老友议事会"的工作机制，主要服务于 N 社区改造的全过程，包括小区居民宣传发动、意愿征集、方案讨论确定、后续长效管理等。如此，通过"老友议事会"的设立，N 社区形成了以基层党建为引领，社区为主导，业主自治组织发挥主体作用的多元治理机制。

3.2 萝卜议事齐参与，善管社区探新路

3.2.1 制定议事规则，规范协商流程

搭建了"老友议事会"的协商平台后，接下来是建立健全配套的议事协商制度体系，确保社区议事协商的有序开展和自治自管的良性运行。"我们通过搭建平台，让更多的信息公开透明化，畅通沟通渠道，方便他们达成共识。在这一过程我们运用团队的萝卜十二条议事规则去帮助社区辅助开会，同时也完善了配套体系，明确议事协商的流程。"

通过细化协商内容，规范协商过程，促进标准化组织的建立和社区协商程序的规范化。在萝卜团队议事规则的指导下，制定了《老友议事规则十二条》，明确了各阶段的议事规程，包括确定会议议程、讨论老友议事会工作制度和议事规则、对议事规则的培训、验证出席人数、讨论小区改造方案、自由评述和体会等多个环节。通过对会议出席方式、议案审议流程、出席有效人数及表决比例、工作制度的制定与修改等的严格规定，明晰了社区各利益团体在老友议事会中的各项权利和义务，确保了议事的规范、高效与持续。与此同时，还制定了《老友议事会协商自治章程》《老友议事会选举办法》等配套的规范性文件。此外，通过举办老友议事会主持人培训班、老友议事规则培训班等活动，手把手教居民有效开会沟通。

3.2.2 选拔议事代表，培育中坚力量

组建"老友议事会"的同时，还应选出人们能信服的"老友议事代表"，以

此协助解决社区事务。据社区介绍，老友议事代表通过既定的选举办法和选举程序，这一过程以楼栋为基本单位，实施严格的"一户一票制"，确保每位社区居民的声音都能被听见，每份意见都能被计入考量。选拔出各楼栋和单元中有声望、高号召力、易取得信任的议事代表，并且广泛吸纳辖区内商户代表、企业代表、社会组织代表等成员。在"老友议事会"的规程指导下，议事代表们承担起重要的责任，他们深入社区，广泛征集居民的意见与建议，通过细致的统整工作，确保每一份声音都被认真对待。随后，代表们会围绕社区事务展开充分的协商与讨论，力求在尊重各方利益的基础上，寻找最优解决方案。这一过程有效避免了以往可能出现的无序抱怨、无谓争吵以及议而不决的困境，极大地提升了社区事务处理的效率与满意度。社区工作人员表示："老友议事代表的作用还是很大的，他们也积极配合我们工作，在他们的协调下，我们有的改造方案能在短时间内取得三分之二以上居民的签字同意。"

3.3 心系群众办实事，共同精准破难题

3.3.1 权责对等促交流，常态模式听民意

"老友议事会"始终坚持以社区居民为主体的权责对等的问题导向，萝卜团队谈道："我们第一次会议就强调要问题具体化，所有人他来一定是有情绪的，比如觉得物业不好，或者说物业就是来赚我钱的，但是我们要求你觉得物业需要在哪个地方去做事。一方面确实是要督促物业就是把他该做的事做了，另一方面其实也是在教育业主，就是你该做的事你自己要去承担。就是说社区问题要回归到理性化、具体化、精细化，精细化就是每一件事你都要把它掰开来看，到底是属于谁的责任，责权一定要对等。"

社区自治的关键是发展社区民主，让居民充分享受民主决策的权利。在老友议事会的过程中，社区居民是协商主体，居委会则是作为资源的供给者予以支持。通过建立这样开放性、规范性、常态性的议事平台，形成包容性的利益表达机制，保证社区居民对社区事务的发言权和建议权。同时一次次的协商会议、事情解决，也有益于增强居民参与小区公共事务的内驱力，助推社区内部的交往互

益，进而产生互惠合作和社区认同。

3.3.2 多方协商促治理，议事会里解难题

N 社区身为老旧小区，小区改造除了涉及社区居民外牵涉到政府、施工单位等多方主体，改造进行过程中难免会因为沟通不畅而由此产生摩擦和冲突，因此 N 社区与萝卜团队将政府、施工单位、相关企业等均纳入老友议事的协商会议中来。使各方主体通过一个大家认可的组织形式来当面解决问题，提高办事效率的同时也有利于保障各方的合法权益。据社区工作人员回忆道："当时小区改造，我们小区靠近通车马路那周围楼栋的议事代表就曾通过老友议事会召集施工单位和相关政府部门一起协商，成功解决了施工单位上午施工时间过早而扰乱他们作息的问题。"

通过构建开放包容的议事平台，保证每个利益相关者都能自由、平等、公平地参与议事协商会，参与社区治理的工作。以共商的形式凝聚各方共识，建立合作机制，以此解决问题。在这一过程中，社区居委会只需坚持党建引领，把握议事方向并协调各方，无须"事无巨细"，充分放权给居民和事关单位。如此一来，不仅各方可以高效友好地共商，而且可以激发主体积极性，将共识转化为行动，以促社区共建，培育社区规则意识和共同体意识。

4. 焕发新颜：无人管到众人治，共建共治暖人心

"引入老友议事会，既给了我们和居民一个对话的平台来解决事情，又充满了人情味，我们的工作也更加便捷。"对现在社区"众人治"的场面，社区工作人员如数家珍。从破损道路到崭新平整的沥青路面，从杂乱无章的停放车辆到增加绿色停车位后停放整齐的车辆，从斑驳陈旧的墙面、密密麻麻像蜘蛛网的电线电缆到干净的墙面、规整的电线……N 社区居民津津乐道着小区改造后发生的巨大变化，居民们出入小区都纷纷竖起大拇指说："真靓！"居民潘先生点赞说：

"这就是老旧小区改造带给老百姓的获得感、幸福感和安全感！"

4.1 强化认知嵌入，实现观念协同

4.1.1 推动党建引领党员带动，激发社区居民自治活力

搭建议事平台作为基层群众自治制度的多元化探索，为老旧小区等复杂居住环境下的居民自治注入了新的活力，提供了坚实的制度框架，促进了居民自我管理和服务能力的提升。然而，仅仅构建一个自主治理的平台，并不足以自动激发居民对公共事务的广泛参与和积极投入，面对"搭便车"现象，即部分居民倾向于享受成果而不愿分担责任，我们需要构建包括党建引领在内的多项机制。党建引领通过强化党组织的核心作用，激发党员的先锋模范效应，引导居民树立正确的参与观念，从而有效缓解"搭便车"困境，推动居民自治向更深层次发展。N社区与时俱进、迎难而上，充分发挥社区党组织的"轴心"作用，一是红色引擎发挥"头雁作用"。为充分发挥党组织作用，鼓励和引导党员成为社会组织"领头雁"，开展社区治理、服务群众等服务。如退伍老党员、退休老党员、在职党员树立在前意识搭建党员居民连心桥。二是点面结合协同作战。充分发挥社区工会、团委、妇联和科协等群团力量，常态化联勤联动，实现多方力量同台唱戏、同频共振、同声传递。

4.1.2 调研走访进行民意统合，回应诉求重塑情感认同

情感认同决定了社区参与的持续性和深入性，N社区将萝卜团队引入社区治理后，立即开展了"认百家门、访百家情、解百家忧"的走访活动，通过"不留余地"的走访调研，完善全方位、多层次的民情收集机制，近距离倾听社区居民的心声和诉求，让群众的操心事有人办、烦心事有地说、揪心事有人管，遵循"以人为本、以用为本"理念，围绕居民不断调整目标。"我们在走访过程中，收到大量居民意见，建议重新改造小区的地面、单元门等老旧的地方，也通过听取大家的意见，思考下一步的工作方向。"萝卜团队相关负责人表示。接下来，

N 社区将持续探索创新社区治理机制，努力在小服务上做好大文章。发挥治理效能的"聚变链式效应"，让居民从社区建设的旁观者变成参与者，从围着小家"自转"变为融入社区"公转"，让社区从"无人管"实现"众人治"，不断形成家园意识，凝聚共治力量，构建社区居民的归属感和认同感。

4.2 加强关系嵌入，达成利益协同

4.2.1 建立民主协商合作制度，激励机制促进集体行动

现在走进 N 社区，映入眼帘的是路面干净整洁、宣传标牌整齐划一、车辆通行停放有序……"过去没有物业管理，小区卫生没人搞、大门没人守、车辆乱停乱放、邻里关系紧张，更让人头痛的是这些事情我们都没处反映。"小区居民们说起之前的状况仍印象深刻。N 社区萝卜团队的协助下开展具体工作，成立了"老友议事会"，引导居民积极参与社区自治，使社区有了牵头人、群众有了表达需求的平台，将民意转化成议题并促进议题解决的重点。

在 N 社区面临诸多挑战与问题的背景下，社区居委会携手萝卜团队迅速响应，组织召开了多次深入细致的会议，共同商讨对策。为寻求最广泛的民意共识，双方决定正式启动议事协商制度，并精心筹备了三次在社区"邻里会客厅"举行的听证协商会。会上，来自不同层面的代表——包括热心的社区居民代表、专业的物业公司代表以及社区党组织的核心成员等齐聚一堂，就"是否继续聘请物业公司以优化服务"及"如何加强小区环境管理"等核心议题展开了热烈而富有成效的讨论。经过充分交流与协商，达成的共识在随后一周内进行了公示，确保每位居民都有知情与反馈的机会。待公示期满且未收到任何异议后，相关决策得以顺利实行。这一系列举措不仅彰显了 N 社区对基层群众自治精神的深刻理解与实践，还创新性地探索出了包括"老友议事会"在内的多元化协商机制，以及一套严谨高效的"五个协商程序"，为社区治理现代化树立了典范。社区工作人员 X 介绍，"以往的社区议事，可能两三个人就能决定，社区协商议事制度的建立完善，就是为了让社区居民人人参与、人人尽力、人人共享，社区居委会还权、赋能、归位"。

4.2.2 建构社会信任关系，打造熟人社区提高居民积极性

"小程，多谢你前两天专门教我用智能机。"N社区健康微公园里，出门遛弯的李奶奶一眼认出了帮她网上缴水电费的社区网格员。"李奶奶，客气啥！有需要帮忙的，您随时叫我！"网格员热情地回应。"韩老师，您再帮我们抠抠细节。"一曲结束，几位阿姨围在社区志愿舞蹈老师身边，手上比画着舞蹈动作……这是发生在N社区里最为暖心也最为普通的两个镜头，也是社区打造"熟人社区"的缩影。N社区在与萝卜团队的协作下，从社区服务需求入手，整合多方资源，为居民提供多样化服务，引导居民积极参与社区自治共治，一改往日"楼上楼下不知名，隔邻隔居不知姓"的窘迫景象，共同构建有温度的"熟人社区"，全面提升居民幸福感和获得感。

4.3 整合平台嵌入，增效信息协同

4.3.1 打通信息共享渠道，构建信任对话机制

"通过这个平台，就能对社区各条线需要我们居委会掌握的数据进行综合查询，排查各类安全隐患，了解需要帮助的人群，做到底数清、数字准、情况明。这些信息化手段，大大提高了我们的工作效率。"近日，说起新的信息共享平台，N社区工作人员Y赞不绝口。今年以来，N社区围绕将上面千条线织成一张网的工作理念，持续推进社区组织信息系统工作，建立信息共享平台，为基层工作增添新动力。该平台汇聚了10余个部门系统数据，实现数据一次采集、多方使用，真正解决了基层数据"报表繁、多头报、共享难"的问题。

4.3.2 吸纳培育优秀人才，打造数智协商平台

《"十四五"城乡社区服务体系建设规划》中提到在加速推进城市化建设的过程中，建设现代化、完善的智慧社区是关键。与传统社区运行不同，打造智慧

社区需应用大量的先进技术，因此需要培训适应"数治社区"运行的新型管理人才，建立信息化人才培训和选拔机制。同时，全面提高管理人员以及工作人员的素质和工作素养，"以人促管"，加强社区间交流和沟通，推动数智技术与社区深度融合，通过大数据及时发现并解决问题，实现社区居民、政府和各类组织之间的良性互动，正确理解并落实政策，从而促进智慧社区的发展。

◎ 案例思考

1. 在现行制度下，城市社区嵌入式协同治理机制的过程是怎样的？

2. 嵌入式协同机制在运作中有哪些表现形式？包含哪些内容要素？治理机制在运行中存在怎样的特征？

3. 当前城市社区嵌入式协同治理机制存在什么问题？

4. 社区嵌入式协同治理机制的困境有什么破解路径？

（王鹏飞、郑淑婷、邹希婕）

八、悬空老人"一梯泪"，高楼百尺亦可攀

——N市老旧小区加装电梯的突围之道

◎**案例摘要**

　　随着社会老龄化趋势愈加严峻，居民对加装电梯的需求凸显，国家将加装电梯作为老旧小区改造的重点环节，以完善社区公共服务基础设施，提高居民的生活质量，促进城市的可持续发展。尽管各地政策持续加码，但是加装电梯作为社区公共产品，其公共性是有限度的，在实际推行过程中遭遇重重阻碍，居民"叫好不叫座"，政策惠民而实不至，邻里矛盾冲突激化。本案例围绕N市Q小区加装电梯的数年历程，描述悬空老人经历加装电梯计划启动、半路夭折、计划重启、多方博弈、对簿公堂等一波三折的过程，呈现中央到地方加装电梯政策的变化，最终居民通过赋能社会组织、成立居民自治组织、充分挖潜社区能人和熟人资本，化解专业技术和协商难题，突破老旧小区加装电梯困境。案例基于协同治理理论，梳理老旧小区加装电梯的利益相关主体，阐释各主体的利益诉求，深入剖析治理主体从相互博弈走向协同合作的过程，为政府完善加梯政策、推进社区微更新和适老化改造提供有利的参考。同时，研究讨论了老旧小区加装电梯背后潜藏的公共产品深度治理之道，亦为政府公共产品供给提供治理思路。

◎ **关键词**：老旧小区加装电梯、多元主体、利益相关者、协同治理

引言

　　随着城市更新的步伐加快，既有住宅加装电梯正逐步跃升为老旧小区改造的核心议题，众多地区更是将其视为关乎民众福祉的重大民生工程。然而，这一过程中涉及的利益方众多，博弈复杂，使得部分地区在加装电梯的推进上步履维艰，政府的政策执行也因此面临重重挑战与困境。"加装电梯不是利于居民自身的大喜事吗，为何困难重重？""在加装电梯的过程中，参与者究竟都有谁？其扮演的角色是什么？""要顺利推进加装电梯工程进程，究竟应如何应对？"带着这一系列的疑问，我们深入 N 市 G 社区，迈进了其街道办事处、社区居委会的大门。

　　G 社区是大学的教职工社区，为推进适老化改革，2018 年 G 社区展开了加装电梯之路。G 社区加装电梯的发展历程可划分为三个阶段，第一阶段（2018年以前），萌芽阶段。早在 2018 年以前，G 社区的退休教职工人员就有极强的加装电梯意愿，就加装电梯意见达成一致，但因审批困难而导致有始无终，G 社区居民 Z 回忆道，"2018 年以前，我们社区就有单元楼想加装电梯，跑到市规划局申请也没有审批通过，各种手续很烦琐，前前后后跑了十几趟都没有办下来"。第二阶段（2018—2022 年），启动阶段。自治区结合中央精神，为推进电梯改造工作印发了三个政策文件，并将 G 社区列为加装电梯的试点单位。G 社区居委会副主任 W 说道，"我们社区这边是在 2022 年 1 月才参与到加装电梯工作中，也就是自治区下发了新的文件，明确要求我们社区负责加装电梯的登记、公示工作，2022 年以前我们社区是没有专门负责加装电梯这一块的工作人员，也没有参与居民的协商调解"。第三阶段（2022 年至今），发展阶段。在政策的推动下，多元主体介入 G 社区加装电梯，意图快速实现电梯加装，然而矛盾重重，面临难题仍无法通过协商解决，部分居民加装电梯的诉求依旧得不到满足。为何在需求的驱动下，个人对自身利益最大化的追求，在多元主体参与的集体行动中不但未助推其前进，反而成为绊脚石？又该如何挪开绊脚石使其成为垫脚石？

1. 一梯直通"天地"贯穿，悬空住宅地相连

目前全国各城市将老旧小区加装电梯作为城市更新的重点，因地制宜推进老旧小区加装电梯工作，加装电梯的重要性不言而喻。

1.1 "梯"中要义：敬老慈幼，惠及自身

1.1.1 黄发岁暮困屋内，孕妇稚童踏梯难

G 社区作为一个大型社区，大部分住宅始建于 2000 年以前，普遍进入折旧期，社区内主要为无电梯的住房结构和陈旧的基础设施，部分房屋住宅只能满足基本的居住需求。随着居住者年龄的增大，老人的腿脚多有不便或是体力不好，G 社区居民刘女士无奈道："我们楼里老年居民占了一大半，住在高层的老人上下楼一直是个难题。"对于年迈的老人来说，这意味着他们的日常生活和休闲娱乐只能困于一"房"天地之中，再加上多为独居老人，出行不便导致的社交圈趋窄、与外界脱节等现象使得他们精神世界匮乏，从而诱发一系列心理问题。此外，对一些行动困难的孕妇、抱着婴儿出行的新手妈妈来说，爬楼梯出入也是一件十分吃力的事情。

1.1.2 安装电梯登楼快，共享惠民通民意

在当下的城市景观中，我们不难发现，类似于 G 社区这样的居住环境，对于老年居民来说，"爬楼如登天"与"下楼不便捷"的问题日益凸显。据住房和城乡建设部及其他相关部门的详尽统计与测算，全国范围内，建于 1980 年至 2000 年间的老旧住宅总面积高达 80 亿平方米。在这庞大的数字背后，隐藏着一个令人关切的事实：超过七成的城镇老年人口居住在这些没有电梯的老旧楼房之中。

面对这一严峻的现状,预计全国范围内需加装电梯的老旧楼房数量已突破200万部。老旧小区的电梯加装工程,不仅是对老龄化社会背景下老年人"出行困扰"问题的有力回应,更是推动老旧社区焕发新生机的重要一环。同时,这项举措也是一项极具影响力的民生工程,它不仅预示着电梯产业将迎来更加广阔的市场前景,更将带动与房地产紧密相关的产业链蓬勃发展,对于激发居民消费潜力、促进经济活力具有不可估量的意义。

1.2 "梯"显风貌:宜居惬意,美观便利

1.2.1 社区更新更宜居,一键回家去辛劳

随着我国老龄化趋势逐渐明朗,老旧小区加装电梯作为党中央、国务院作出的重大决策部署,对改善包括老年人、残疾人在内的老旧小区居民居住条件具有重要意义,人们对其"好感"也多了起来。党的二十大报告为我们擘画了中国式现代化的美好愿景,强调要发展高质量的中国式现代化城市,就要推进宜居城市建设。目前全国各城市将老旧小区加装电梯作为满足居民需求、提升居住品质的重要民生工程以及城市更新改造工程的重点,让城市更加宜居,推动城市基础设施体系化建设日益完善。

1.2.2 楼栋美观心情佳,便利生活指数高

老旧小区电梯加装不仅对家中有老人的业主来说上下楼十分方便,还使得高层的房子升值空间大,整栋房子外观更美观高端,一定程度上也可以增加房子的附加价值,也让整个社区美得更有品质。居民彭婆婆也是"出行大军"中的一员:"我现在还有心悸,下楼你还得要看走哪个脚,要是有电梯就好了,上下就方便了。"高层业主刘先生也十分苦恼:"我们一家早就搬走了,老房子闲置租不出去,要是装了电梯,不管是出租还是转手都方便。"

2. 头关未破二关难攻，上下求索"梯"行未止

为适应老龄社会的到来，提高人民生活品质，国家将"服务老龄社会，鼓励加装电梯"作为既有住宅加装电梯的总方针和宗旨，从宏观层面上对加装电梯工作给予指导。在此背景下，全国数十个城市根据中央政策文件相继发布了关于老旧小区加装电梯的实施方案、指导意见以及管理办法等，N市紧随其后推进老旧小区加装电梯行动。

2.1 "梯"之伊始：新政出台，奔走相告

2.1.1 中央文件首下发，"梯"来乍到引轰动

2015年，住建部和财政部共同发布了《关于进一步发挥住宅专项维修资金在老旧小区和电梯更新改造中支持作用的通知》（以下简称《通知》），要求加快老旧小区和适老化改造，并对有条件加装电梯的地方给予补贴，针对提高维修资金的使用效率，维护维修资金所有者的合法权益等内容进行规定。《通知》明确指出，老旧小区改造，有利于改善人居环境，提升人民群众的生活质量，促进城市的有机更新和持续发展，是惠及百姓的民生工程。老旧小区电梯加装自此登上国家政策舞台，引起各地重视并积极探索。

2.1.2 社区摸底彻排查，众口同声需"梯"至

该项《通知》的出台为G社区郁郁不得"梯"的居民们打了一剂强心针，有了国家层面的政策号召，居民加装电梯的意愿更为强烈，但苦于久久未见自治区与市级层面政策的进一步指示，且多次向社区寻求协调无果，居民只能自己想

办法："社区也来摸底过，但是那边就说是我们（居民）出钱，应当由我们（居民）内部自行协调。"然而，G 社区居委会囿于街道办转移的行政事务，无暇顾及社区事务，对居民的关心明显不足，并未能指导居民成立议事会、搭建协商平台，疏于培育居民自治能力。于是，G 社区的居民承担了电梯加装大部分的前期工作。

2.1.3 居民小组自行动，宣传动员盼"梯"来

在 G 社区加梯工作中，属地街道办与居委会本应负有政策解释及宣传、摸查需求、登记公示、指导监督和矛盾调解等同等责任；社区党组织对社区微更新同样负有政策宣传、政策解释、组织动员以及矛盾调解的责任。但在实际工作中，这些治理主体不仅没有主动履责，甚至将责任"转嫁"给其他主体。此种形势下，即使没有其他治理主体进行协助，G 社区的居民们还是主动攻破前期难关。由楼栋长组织的居民小组应运而生，挨家挨户询问和动员其他居民，推动电梯加装进程，该工作从前期动员到协商都是由居民自己完成。

2.2 "梯"行半途：势单力薄，戛然而止

2.2.1 主体责任渐模糊，"梯"无所知互推脱

老旧小区加装电梯问题，是各方利益平衡和责任承担的过程。由于 G 社区居民多是同一个单位的职工，他们就将希望寄托在单位："单位召集楼栋长去开会了解了政策情况，但是他们（单位）的态度也很恶劣，要我们去找社区（解决）。"于是居民只能四处寻找调解，但最终无果："片长（网格员）那边也是采取推拉战术，不参与实际的加装电梯工作。"最应直接承担起职责的 G 社区在 2022 年以前也并没有专门负责加装电梯这一块的工作人员，并且也没有参与居民的协商调解。

2.2.2 审批程序愈复杂，辗转为"梯"寝难安

从私人出行便利到城市社区更新的理念转换，让居民意识到电梯加装不是"一日之功"，更不止"一人之功"，政策依据不充分也成为 G 社区电梯加装的首道难关。在 2018 年以前，自治区或是市级层面都未出台加装电梯政策，即使 G 社区的退休教职工人员具有极强的加装电梯意愿，就加装电梯意见达成一致，也因审批困难望而却步。G 社区居民张女士解释道："2018 年以前，我们社区就有单元楼想加装电梯，但是那时候只有国家层面有相关政策，自治区和市里都还没有加装电梯的指导文件，跑到市规划局申请也没有审批通过，各种手续很烦琐，前前后后跑了十几趟都没有办下来。"

N 市尚未设立加梯办前，G 社区报建审批旧楼加装电梯，需要自然资源局、市场监督管理局、住建局等相关部门依次审批受理，耗费时间久，审批流程繁冗，社区加装电梯变得遥不可及。由于缺乏牵头部门、无明确责任主体，以及无具体指导方案，各审批部门作为非既得利益者的一方，对于社区加装电梯表现出敷衍了事的消极态度。在加装电梯的审批过程中，各部门职能模糊、相互推诿，部门之间难以形成合力，引发加装电梯行政审批手续的碎片化问题，最终导致社区加装电梯项目难以落地。

2.2.3 业主征询有分歧，集"梯"行动陷困境

加装电梯作为一项整体的空间改造计划，居民对空间的局部占据而拥有对整体性空间更新行动的阻拦能力①。从加装电梯的表决比例来看，G 社区加装电梯需要征求所在楼栋全体业主意见，并有三分之二以上的业主参与表决。虽然取消了一票否决制，但是个别业主对协商方案表示不满，拒绝参与表决，变相阻碍电梯的加装。甚至是不惜以遮挡光线、损害墙体为由上诉单元楼其他业主，以至于

---

① 刘迪.老旧小区更新协作困境的理论原型与破解机制——基于公共选择理论的分析框架［J］.城市规划，2022，46（12）：57-66.

加装电梯进程被搁置。这表明居民利益偏好的多样化以及居民社区认同感不强，个体理性的存在并不能带来集体的利益，导致集体行动难以产生①。在协商过程中，社区居民之间的互动往往受制于利益博弈，极易落入集体行动困境，邻里互动关系失调，协同治理的内生动力被个体利益所约束。

G 社区并没有筹备议事会，主要是依靠居民自主协商，每当一个单元楼里要讨论加装电梯的事情，就约一个时间统一开会，不同于有社区营造团队去协助居民组建议事会的其他社区，最后还是依赖于居民自主协商："如果是要邀请专业团队来协商调解，是需要经费的，目前我们社区还没有这个计划。确实需要社区这边调解的话，我们社区才会召开调解会议，开会一般不会起到太大作用。"然而如上所述，在业主征询过程中，居民参与社区公共事务，受到"利益"和"认同"② 二者驱动，利益驱动指的是居民参与社区治理是为了实现共同利益；而认同驱动是指居民对社区的认同感越强，参与社区事务的热情越高涨。但在 G 社区加梯过程中，仅有少数居民具有高度的社区认同感，愿意在协商环节作出妥协，大多数居民作为直接的利益关系人，更多地从自身利益出发，追求个体的利益最大化，以此决定是否同意加装电梯，由此出现的分歧与矛盾往往是难以与集体行动指向的目标调和的。此时需要更具权威性和话语权的组织介入协调，但碍于社区"两委班子"流于形式的需求回应，G 社区的求"梯"之路也只能中道而止。

2.3　"梯"路再起：重启计划，政策加持

2.3.1　表决比例再调整，建"梯"合法又合理

2022 年，自治区印发《关于进一步加快既有住宅加装电梯工作的通知》，扩大政策的适用范围，将表决比例调整成与《民法典》相一致，在此前基础上，还

---

① 曼瑟尔·奥尔森. 集体行动的逻辑 [M].陈郁等译. 上海：格致出版社，2011.
② 孙璐. 利益、认同、制度安排——论城市居民社区参与的影响因素 [J].云南社会科学，2006（05）：70-73.

须满足面积和人数的双"四分之三"。同时，压实了社区和街道办的责任，由社区居委会负责加梯登记、公示和矛盾调解。在公示期间提出书面反对意见，可由业主自行协商，也可委托业委会、居委会、街道办、人民调解组织、属地人民政府、房改单位和其他社会组织进行协商解决，鼓励多主体参与电梯改造，这无疑是助力城市更新行动，推进老旧小区加梯工作的决策部署。相较于之前，多元主体参与 G 社区加装电梯更新项目成为必然之势，然而实际情况仍不容乐观。在政策的推动下，多元主体介入 G 社区加装电梯仍矛盾重重，无法解决协商难题，部分居民加装电梯的诉求仍得不到满足。

2.3.2 牵头部门列清单，审"梯"材料快如风

2019 年 11 月，为优化营商环境，简化加装电梯审批流程，N 市采取联合审批的方式对加装电梯材料进行审核，并在各城区设立加梯窗口统一进行受理，实行"一站式"服务。所谓联合审批，是由加梯办受理和审核申请人材料，组织相关单位召开联席会议，经会议审批通过直接给予办理相关审批手续。这一举动提升了加装电梯的审批效率，推进了老旧小区加装电梯的进程。由此可见，在社区治理中，加强部门联动，整合部门资源协同治理，是打通社区治理"最后一公里"的必然之举。对于电梯公司来说，相较于以往被迫停工的尴尬境地，如今也是松了一口气："现在推行了联合审批，还印发了加装电梯联合审批的办事指南，我们对照指南去准备材料，递交以后一般不超过 15 个工作日就能获批。如果前期工作都准备的话，审批一旦顺利通过，我们就马上动工，40 天就能安装好一部电梯。"

政府部门从协调无序到协作顺畅，离不开加装电梯配套政策的支持。N 市通过设立加梯办牵头部门，明确责任主体，充分调动各部门的资源共同嵌入加装电梯工作，解决了行政审批难题。

2.3.3 两级财政新设立，筹措"梯"金缓压力

社区微更新项目运作需要足够的资金支持，目前老旧小区加装电梯的资金需

求较大,它的资金来源主要由政府投入、产权主体少部分承担组成,形成了"政府+居民"的合作共担模式。尽管这种资金筹集模式在一定程度上缓解了居民自筹资金的压力,但是不能完全解决资金筹集受限、长效管理维护资金短缺等问题,各方主体对资金分摊方案持有意见,这也是居民协商困难的重要原因。在 G 社区加装电梯中,一方面,尽管政府出台了相关的优惠政策,给予相应的财政支持(如表 8-1),并鼓励业主提取公积金用于电梯改造,但政府的惠民资金并非稳定且持续的。自治区的财政补贴期限截止至 2022 年底完成加装并取得电梯使用登记证,调研中,居民认为该项财政补贴的期限并不能满足加装电梯的需求。

表 1   G 社区加装电梯的财政补贴

各级财政	住宅楼层	补贴标准(上限)	备 注
自治区	四层	10.5 万元/台	以七层住宅补助上限 15 万元/台为基准,住宅楼层数每增加一层,补助上限增加 10%,住宅楼层数每减少一层,补助上限降低 10%
	五层	12 万元/台	
	六层	13.5 万元/台	
	七层	15 万元/台	
	八层	16.5 万元/台	
	九层	18 万元/台	
市级		5 万元/台	市本级财政与城区、开发区出资比例为 1:1

另一方面,政府虽然鼓励社会资本积极参与加装电梯投资和运营管理建设,但是对于社会资本的引入以及市场化运作方式的配套政策并不完善。调研发现,由电梯安装企业代理加装电梯事项,能够减轻居民一次性付款的压力,但是政府欠缺相应的配套制度去保障居民的利益,比如在加装电梯的财政补贴下发延迟时,难以保证企业不会损害居民的利益。此外,对于市场主体而言,政府市场化的支持力度不够,表现为市场参与社区改造的法律地位不明确;金融支撑体系不完备,企业融资成本较高。而社区改造涉及居民共有产权,由市场完全出资改造社区,难度较大,市场化融资还存在困难。值得一提的是,现行的政策环境不健

全制约着社会资本进入老旧小区加装电梯，而政府的财政补贴是否会对社会资本产生"挤出效应"，值得深思。由此可见，老旧小区加装电梯的资金筹集筹措机制并不完备，但也在一定程度上缓解了居民自筹的压力。

3. 行百里者半于九十，增"梯"末路难上青天

随着表决比例的合理化调整，以及牵头部门列出详细的文件清单以及新设立的区级和市级财政补贴，老旧小区加装电梯好不容易终于走到了付诸实践这一步，然而电梯并没有设想中的那样如期而至，加装工程接二连三地出现了大大小小的阻碍。

3.1 "梯"路难行：主体博弈，众口难调

3.1.1 低层业主深担忧，增梯方案屡修改

对于低层住户而言，安装电梯会损害自己的采光、通风、噪音和隐私等权益；低楼层的步梯优势相对弱化的同时，还需要支付电梯的运维费用，增加了住房的成本等。具体来说，加装电梯会给一楼带来三大影响：首先是电梯竖立在单元门口，会遮挡阳光，对低楼层尤其是一楼的采光造成重大影响；其次是电梯运行、电梯门开合、居民等待电梯等情况不可避免地产生噪音；最后是没加装电梯前，一楼精准满足老年人口的需求，在市场上很吃香，所以市场价格在整栋楼里也有优势，但加装电梯后不仅优势全无，而且还可能因负面影响导致一楼贬值。利益未得到满足的业主就会行使否决权，反对加装电梯，为征得低层业主同意，在最大化满足其要求下不断与其协商，这也导致了原本定好的加装电梯的方案反反复复多次修改。

3.1.2 高层业主频不满,赔偿方案惹争议

在协商阶段,高层业主期望降低电梯费用成本,就能享受电梯,在实践中,关于加装电梯费用的业主自筹部分,N市政府按照"谁受益、谁出资"以及楼层受益大小原则协商费用的分摊比例,没有提供具体的分摊比例。也就是说,加装电梯的费用分摊比例是不固定的,没有明确的标准,最终的分摊比例取决于业主的协商结果,高层业主在协商过程中对分摊比例频频表达不满,导致居民对协商费用分摊方案僵持不下。此外,对于利益受损方的补偿标准和方案也比较模糊,并没有限定的标准,将具体的补偿方案由申请方与受影响的业主协商讨论决定,但在讨论过程中少数住户对补偿漫天要价,最终导致协商无果。

3.1.3 出租房东未理睬,电梯协议难签订

在改造的老旧小区中,有不少业主将自己的房子租赁给他人,租客并不是房子的所有者,因此并不能在是否加装电梯这个问题中提出自己的诉求,或是提出了诉求却未受到关注。而房子的业主在是否加装电梯这个问题中,并不是利益既得者,反而其可能要支付不必要的费用。因此在老旧小区加装电梯遇到租赁的房屋时,租客难以表达安装意愿,房东不愿多此一举,加装电梯一事迟迟未见推进。

3.1.4 社区干部不作为,协商矛盾又激化

在实践中,社区两委未能准确回应居民的需求,陷入形式化困境,从而影响了居民对社区两委的信任度,居民与社区两委关系逐渐疏离。调研发现,G社区党组织并未主动搭建协商调解平台,还将居民矛盾调解责任转嫁给居委会。此外,社区党组织没有充分调动自身的资源与优势,发挥党员在加装电梯中的先锋作用,发动社区党员同志成为加装电梯工作的积极分子,而是由楼栋长、热心居民作为加装电梯的发起人,逐个动员单元楼内的业主。同时调研发现,在加装电

梯工作中，居委会链接居民的枢纽作用、培育居民自治能力和整合社区资源的功能缺失，G 社区居委会囿于街道办转移的行政事务，无暇顾及社区事务，对居民的关心明显不足，并未能指导居民成立议事会、搭建协商平台，疏于培育居民自治能力。在正式文件下发之前，居委会亦没有主动解决居民发动难、改造意见不合等难题。同时，在无业委会以及居民自治组织下，G 社区居委会也没能挖掘社区能人助推社区更新，G 社区居民自主参与社区微更新的能力有待挖潜。社区居民 Z 抱怨道："协商不成功以后，我曾尝试去单位寻求帮助。一到单位的督查办反映情况之后，那里有个工作人员立马就对我说：'我也反对加装电梯，这个事情是你们业主自愿，为什么要去强迫别人，你们自己去协商，有什么事情就去找社区'，说完以后就让我走了。"

3.2 "梯"关难过：意见抵牾，对簿公堂

3.2.1 业主中途突反悔，高额赔偿惹纷争

带着解放双脚的迫切渴望，在多方努力下，业主们终于达成了加装电梯的初步意向，一楼业主也表示同意。之后业主们在征询表上签字同意加装电梯，一楼业主亦签字表示同意。随后，经过公示、许可等程序，正式开始加装电梯施工。然而，电梯施工开始后，一楼业主突然反悔，通过剪断电线等方式阻挠施工，工程被迫停止。无奈之下，其他业主只能将其告上法庭。法庭上，其他业主表示，增设电梯手续合法合规且一楼业主也签字同意了，但到了施工阶段其突然反悔，并多次阻挠，导致很长时间过去了加装电梯却始终无法继续，严重影响了同楼居民的生活，甚至有些老人没有等到加装电梯竣工就去世了。其他业主在上诉中提出一楼业主应赔偿所有业主因阻挠导致工程延期带来的损失的费用。

3.2.2 上诉之路长漫漫，施工行动被中断

根据 G 社区加装电梯的协商调解流程（如图 8-1），在公示期间，只要有人

实名提出书面反对意见，可以由业主、受托人、社区、街道办和人民政府进行协商调解，由于主体介入协商调解有先后顺序，调解主体认定自己不是化解矛盾的终点，并不会积极参与协商调解。除在公示期间协调调解流程缓慢、程序烦琐，即便顺利度过公示期了，但凡在加装电梯过程中任何人临时反悔，又是漫漫上诉之路。上诉期间，施工方无法动工，而诉讼结束又是遥遥无期，施工行动不得不中断。

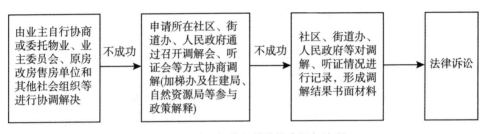

图 8-1　G 社区加装电梯的协商调解流程

3.2.3　邻里冲突难解决，社情关系渐疏离

在 G 社区加梯过程中，仅有少数居民具有高度的社区认同感，愿意在协商环节作出妥协，大多数居民作为直接的利益关系人，更多地从自身利益出发，追求个体的利益最大化，在改造过程中，如果没有协调好居民利益，就容易触发矛盾响应机制，导致邻里矛盾纠纷更加凸显，甚至是让原本融洽的邻里关系变得格外僵硬。社区居民 H 谈到，"因为大家都是在同一个单位上班，所以邻里之间都相互往来，关系很好，见面都会打招呼，之前 602 室需要动手术，我们还一起捐款。但是，自从讨论加装电梯这件事以来，301 室跟 601 室争吵不断，后面 301 室又去挑拨 101 室与 601 室之间的关系，由于 101 住户已经不住那里了，要将房子出租，所以也不愿意加装电梯，后来又跟 601 室起了冲突。现在连楼栋长也不愿意组织单元加装电梯这个事情了，认为只会伤了和气，就任由事态发展。"

4. 八方力量各显神通，协同并进"梯"焕奇效

4.1 "梯"之解药：各方合力，终成定局

4.1.1 自治组织齐发力，共建云梯同获益

社区层面的加装电梯，更适合构建一个具有激励性的"小集团"协作舞台。社区内部自治能力培育需要解决这两个问题，应对的基本原则就是公正透明、理解包容。自治组织尤其是街道办事处、社区居民委员会应在集体行动中处处以维护社区居民个体及公共利益为出发点，引导居民们相互尊重、相互扶持；自治组织也不应各自为营，而应该团结协作，心往一处想，劲往一处使。尽管社区自治属于居民社区内部事务，但是政府等有义务协助社区自治组织逐步走上正轨，用制度的方式去规范社区自治组织的架构及运行。

4.1.2 社区精英巧识别，赋能改造添动力

社区常年扎根基层，社区工作人员可以有效地协调居民之间的利益冲突，深入了解管辖内大多居民的具体状况，建立居民之间的沟通平台，做好居民的传话筒。社区居委会作为社区管理者，应发挥相关作用，选出合适的、有威望的领导者，充分了解居民的诉求和利益关系，满足所有业主的合理化要求。选出若干位积极的代表，其中应有了解建筑行业的，或者年岁比较大在居民中威望较高，或者学历较高可以多方沟通，这样有助于提高加梯效率。社区居民 Z 说道，"电梯加装报建前的内部协商工作主要是由筹备小组负责，我作为牵头人之一会合多位热心的业主从事小区加装电梯的事务，包括政策咨询、内部协商、联系总包单位以及费用筹集等。"

4.1.3 熟人资本足利用,人情治理巧融合

G 社区的居民都是在同一个单位上班,所以邻里之间都相互往来,关系融洽。虽然说这种单位型社区的邻里关系并非无懈可击,对社区公共空间进行改造可能会影响邻里关系。因此在改造过程中,政府、自治组织格外注意如何协调好居民利益,避免触发矛盾响应机制,维持原本融洽的邻里关系。同时,由于居民们原本就相互认识,这种熟人资本也使得居民之间在保护和争取自身利益时,会顾及原本的社交情谊,不会在加装电梯时为追求自身利益最大化而争得你死我活、头破血流。

4.1.4 社会组织搭桥梁,专业能力显优势

老旧小区改造本质上亦是社区更新的一种形式,既包含楼栋重建的旧改,也包含社区微更新改造,而 X 团队作为协助社区工作的第三方力量,能够帮助社区成立自组织,提供技术支持。具体而言,X 团队组织社区成立老友议事会,搭建了社区协商议事平台,培育居民自治能力,扎实推进老旧小区改造。老旧小区加装电梯是一项提升居住品质的改造工程,但高昂成本常成为普及的障碍。目前,仅靠居民自筹和政府 20 万元补贴难以推动大规模实施。为解决这一问题,引入社会资本参与筹资变得至关重要。一种创新模式是让电梯企业或社会资本承担建设与维护责任,居民则根据使用频率,选择按次或按月支付费用。这种方式不仅减轻了居民的经济负担,还确保了电梯的持续运营和保养。通过这种灵活的收费模式,可以推动电梯加装项目的广泛实施,实现社区改造与居民福祉的双赢。X 团队负责人 L 自豪地说道:"我们团队曾经成功调解过老旧小区加装电梯的矛盾,那个小区的高层业主和低层业主对电梯的运维费用产生了分歧,我们通过'老友议事会'规则去过滤掉双方的一个情绪,让他们去理性谈判,表达自己的诉求,最终化解矛盾。"

4.2 "梯"成正果：旧貌换新，笑逐颜开

4.2.1 社区功能日健全，社区价值得体现

加装电梯既可以方便居民的出行，减轻居民的负担，提高其生活质量，也可以促进社区居民之间的交流和互动，增强社区凝聚力。同时随着电梯的加装，房屋的价值将会得到提升，有利于促进社区的发展和改善，吸引更多的人前来居住和投资。最后，老旧小区加装电梯可以带来更多的社区功能。随着电梯的加装，社区的基础设施和服务也会相继得到改善和完善。例如，社区可以增加更多的公共设施，如公园、健身房、图书馆等，以满足居民的需求。社区也可以提供更多的社区服务，如社区医院、社区警务站等，以提高居民的生活质量和安全保障。社区不断向一个兼具居住、娱乐、休闲、学习多功能的场所转变，社区价值越发凸显。

4.2.2 居住环境迈新阶，社区认同强归属

随着社会人口老龄化问题的日益凸显，老旧小区加装电梯已成为居住在高层的老年人迫切的期望。人们对美好生活的向往是政府义不容辞的责任，也是推动社区发展和城市更新的重要动力。在老旧小区的改造和城市更新中，"加阳台、加厨房、加电梯、加绿化、加公共服务设施"等举措，都是旨在提升居民生活便利性的民心工程。而在这些改善措施中，加装电梯尤为关键，因为对于没有电梯的老旧小区来说，居民的出行极为不便，甚至可以说是"寸步难行"。在前期的走访中一些老人因为行动不便，几年来几乎未曾下楼，或者需要花钱请人抬着下楼，或者只有在去医院时才勉强上下一次楼。加装电梯不仅极大地方便了老年人、孕妇、残疾人等行动不便的群体，更是提高了他们的生活质量和便利程度。同时加装电梯一是提高了居民的生活质量和便利程度，使居民更加愿意留在社区居住，更加关心社区的发展和建设，积极参与社区的活动和事务，从而增强社区的凝聚力和归属感。二是提高了社区的品质和形象，使社区更加现代化和便利

化,有利于吸引更多的人来到社区居住和工作,提高社区的知名度和美誉度,社区的形象和品质的提高增强了居民的自豪感和认同感。

4.2.3 互助理念发新芽,邻里情长意更浓

老旧小区加装电梯可以促进邻里关系的发展、助长社区互助理念蓬勃发展。有了电梯,居民可以更加方便地互相拜访和交流,增强邻里之间的联系和友谊,有利于促进社区居民之间的互相照顾和支持,增强社区的互助精神和文化。同时,电梯的加装需要居民共同管理和维护,继而促进社区居民之间的合作和协调。居民通过共同管理和维护电梯,增强彼此之间的信任和合作,提高社区居民的责任感和自我管理能力。老旧小区加装电梯对邻里情谊产生了积极的影响,增加了邻里之间的互动机会,提高了邻里之间的信任和互助意识,增强了邻里之间的联系和感情,有利于增强社区的凝聚力和自治能力,促进社区的发展和建设。

4.2.4 社区活力迸生机,治理网络相交织

"一梯来,万物生。"老旧小区加装电梯增加了社区居民的活动范围和活动量、提高了社区居民的生活品质和满意度、促进社区经济发展、增加社区安全性、增加社区文化氛围,从多个方面对社区活力产生积极影响,社区活力迸发生机。老旧小区加装电梯的治理网络是指政府、社区居民和业主等多方参与的协作机制,以推进老旧小区的改造和发展。在老旧小区加装电梯的过程中,政府部门制定相关政策和规定,引导和推动老旧小区加装电梯;提供资金和技术支持,促进老旧小区的改造和发展;协调社区居民和业主之间的利益关系,保障老旧小区加装电梯的顺利进行。社区居民积极参与老旧小区加装电梯的讨论和决策过程,提出自己的意见和建议。相关机构对设计、施工、验收、维护等方面进行监督和管理,确保老旧小区加装电梯的安全和质量,还应及时解决居民和业主的投诉和问题,保障其合法权益。总之,老旧小区加装电梯呈现出政府、社区居民和业主等多方参与的协作机制,展现了高效运行的治理网络。

结束语

老旧小区加装电梯项目，是一项综合社会、经济、环境及技术因素的复杂工程，其实施对提升居民生活质量、促进社会和谐具有深远影响。它体现了多维度的社会效益，包括但不限于满足群众需求、节约建筑资源、优化居住环境，以及推动经济增长，尤其在应对老龄化社会挑战中发挥着关键作用。从过程角度来看，老旧小区加装电梯工程不仅涉及前期居民协商，还涉及在施工过程中保障安全以及居民生活影响最小化；从参与主体的视角来看，加装电梯工程涉及多方利益相关者，包括社区居民、街道办事处、居民委员会、社区党组织、社会组织以及政府部门。这些主体的互动构成了一个复杂的社会网络，需要通过有效的沟通机制和利益协调策略来确保项目的顺利推进。因此，推进老旧小区加装电梯项目，需要构建一个科学的管理体系，这不仅要求对项目全过程进行细致的分析和规划，还要求在项目管理中融入跨学科的知识和方法，如管理学、社会学、城市规划、经济学和工程学等，以实现项目目标的最大化。同时，通过协调各方利益，促进邻里关系的和谐，增强社区的凝聚力，为打造可持续发展的文明城市奠定基础。

◎ 案例思考

1. 老旧小区加装电梯过程中遭遇哪些挑战？又是如何突破困境的？

2. 老旧小区加装电梯中的利益相关主体有哪些，各自发挥什么作用？

3. 在老旧小区加装电梯过程中，如何平衡各方主体的利益？

4. 加装电梯与私人产品有何区别，政府应当如何规范和治理此类公共产品？

（卢美莹、陈雨虹、黄颖霞、蒙清璇）

九、"发财树"变"断根树",
"清桉"漫漫何以"心安"

——广西 B 县治桉政策执行的破与立

◎案例摘要

　　长期以来,桉树作为我国最大木材总产量树种,为促进地区经济发展,增加人均可支配收入作出了突出贡献。但是,顶格超载式的桉树种植模式对各地耕地安全、水土保持和物种多样性维护等方面产生了巨大冲击。因此,政府需要综合考量多方因素动态调整桉树种植管理办法。本案例通过描述广西 B 县调整、优化治理桉树公共政策的过程,呈现了高质量发展需要驾驭的复杂性治理场域。本案例基于政策执行"模糊.冲突"模型和"循证治理"理论,分析了清桉政策中府际间行为适配的运行机制,阐述了价值理性与工具理性结合形成公共领导力的应用实景。案例表现了高模糊高冲突政策场景中广西 B 县政府如何发挥公共政策的指挥棒作用,映现出 B 县政府与上级默契适配的双向联动,呈现了政策制定"证据"、公共价值和领导力三要素耦合交互实现治理目标的过程,为政府优化治理能力以更好实现中国式现代化治理目标提供了有力参考。

◎ **关键词**: 桉树治理、"模糊-冲突"模型、循证治理、政策制定、政策执行

引言

桉树并非我国原产的树木，属于速生树种，生长和分布于澳大利亚各地。广西最早从清末民初时期开始引进桉树品种，作为私人园林的景观植物。直至新中国成立，山地林木发展被地方政府重新纳入经济发展的规划，植树造林活动逐步全面推行，在改善生态环境基础上振兴广西的木材经济。作为全国桉树种植面积最大省份，广西种植面积超过 3000 万亩，给百姓带来收入的同时更是带动千亿级经济增长。但由于利益诱导之下发展形成的粗放型种植生产理念的制约和陈旧管理方式的限制，广西桉树人工林的绿色可持续性发展急需面对一系列挑战，存在观念转化、产业转型、生态保护、水源保护、耕地保护等诸多问题。

1. "桉"身立命——人见人爱的"发财树"

1.1 自然禀赋优越，"桉"家落户悠久

1890 年，广西 L 县从法国引进桉树细叶品种，作为通商口岸周边景观植物。1928 年，广西开始大规模引种桉树，文献记载"广西之有桉树，于五六月间播种育苗，成绩甚佳。"桉树虽不为本土树种，但却能适应广西气候条件和自然地理环境而广泛种植。

1.1.1 气候温度适宜，"桉"居立业

广西属热带湿润季风气候，雨量充沛，热量丰富，台风等自然灾害发生频率和强度较低。在这样的气候条件下，适宜林木生长的日数较长，便于多数桉树的

栽培。桉树经营早已被列入广西林业战略规划，以年平均二十摄氏度等温线为界，广西桉树种植区被划分成栽培中心区和栽培选择区。即等温线以南地区作为桉树栽培中心区，以北则挑选土壤、气温、水分、地形等条件宜于桉树生长的地区开发桉树人工林带。

1.1.2 引进百年之久，"桉"邦治国

桉树从 1890 年开始引进广西，至今已经 130 多年。新中国成立后，广西桉树种植经历了三个阶段：1949—1977 年为起步阶段，主要以引进和改良桉树树种为主，进行试验和示范种植主要在国有林地；1978—2000 年为推广阶段，在国家对桉树产业的扶持下设立示范林合作项目，与热带林业研究所共同推动国际桉树科技合作，种植面积激增；2000 年至 2014 年为加速阶段，中央和自治区将发展速丰林作为林业重点项目，政策引导、市场需求、科技创新成为广西桉树大规模发展的动力引擎，全区桉树种植规模以每年 200 多万亩的速度增加，桉树已经从当初四旁种植、零散绿化的点缀树，变成如今漫山遍野、产业化经营的当家树。

1.2 推广持续加码，随遇即"桉"

作为一项既具有经济价值、生态价值又兼顾环保价值的可持续、低成本、高收益的林木产业，广西在发现桉树存在的巨大价值之后便开始走上深入推广之路。

1.2.1 运动式的宣传，多措并举为"桉"

为提高全区桉树产业高速发展的质量水平，广西壮族自治区党委、政府将桉树产业作为建设现代林业强区的有力支撑，于 2002 年出台了《关于加快我区速生丰产林发展的意见》《广西造纸与木材加工工业调整和振兴规划》等文件，进一步推动发展桉树全产业链条。广西林业局制定了《关于科学发展桉树速生丰产用材林的意见》，进一步明确规范桉树可行种植范围，全面优化桉树

种植经营方式，推广免烧山、测土施肥等对环境伤害较低的友好技术，同时鼓励推广混交经营模式，推广培育大径材、无结材，推动桉树产业实现质量生态效益型的转换。

1.2.2 别出心裁育种，量产齐增有"桉"

早在20世纪90年代，广西以"中澳技术合作东门桉树示范林项目"为合作契机，花费数十年时间以及几亿元资金研究桉树优化品种，在桉树种植改良、无性快速繁殖及高效率栽培技术等方面取得了诸多显著成果，推动桉树产业发展步入快车道。其中，广西林科院研究创新的桉树组织培养无性繁殖以及栽培系列技术为国内首创，"桉树无性快繁技术产业化"已经达到国际先进水平。

1.2.3 国字招牌获批，补贴加码惠"桉"

2003年广西被确定为全国速丰林基地重点省区后，大部分地区便争取到了包括林木采伐指标申请、取消林产品农业特色税和减半征收育林基金以及国家政策性贴息贷款等桉树林业种植政策。在B县U镇W村调研时与村支书罗XB了解到当时村里桉树种植的奖补情况。"村委专门组建了合作社提供服务，一是桉树苗和肥料免费领取，只要种植桉树超过10亩的农户可以领取200株桉树苗和两袋化肥；二是提供机械化服务，如免费提供现代化机械农耕等；三是提供技术指导，种桉过程出现问题，合作社免费提供技术指导。"

1.3 效益独树一帜，神"桉"气定

由于种植成本及管理养护成本相较于甘蔗、荔枝、沃柑等经济作物低，且抗自然灾害风险能力高，经济收益十分显著，广西在大力推广桉树种植之后，农村地区桉树种植现场一片火热，相应的工厂和产业园区也仿佛雨后春笋，应运而生。

1.3.1 种植养护简单，十倍利润夸"桉"

B 县 U 镇 W 村村民黄大哥向我们展示了他家中 45 亩山地的成本和产出："每亩最多能够种植 130 株桉树苗，我有 45 亩，算下来也就是能种 5850 株左右。树苗和运费成本差不多 10000 元，人工 1000 元。前三年每年施肥 2~3 次，费用约 4500 元，再上一些补苗等，整个投入成本达约 16000 元。如果长势不错，成材后一亩可以产 9 方木头，45 亩就是 405 方，按照最低的 550 元每方的价格，最后能卖 22.3 万元，扣除成本，稳赚 20 万元没有问题！"

1.3.2 种植情绪高涨，村名改姓为"桉"

根据 L 村村民韦大哥回忆：2006 年，他跟隔壁村的兄弟到广东跑车卸货，在与当地人闲聊期间得知有一种"黄金树"叫做桉树，成本极低、管理简单、收益显著。当时他便思考，广东和广西是接壤省份，气候差别不大，地理位置相近，村里又有那么多山地岭地，要不要试一试呢？抱着尝试的心态，趁着 2007 年返乡过年期间，就带回 300 株桉树苗进行实验种植。经过不断地摸索，五年后桉树成材，300 株桉树存活了 290 株，按当时 235 元每株的价格，韦大哥获得了近 7 万元的收入，一下子就吸引了全村人的目光。这消息一传十、十传百，桉树由于其突出的经济效益，快速地成为全村人的"发财树"。从 2007 年开始，B 县 Y 镇 M 村龙岭坡两侧的丘陵便逐渐被桉树"占领"。直到 2013 年，村内绝大部分村民都涌入了桉树种植浪潮，M 村也成了这一片名副其实的桉树村。

1.3 3000 亿产业铸就，经济磐石之"桉"

广西大力拓展桉树产业发展结构，早在 2013 年，广西林业总产值便达到了 3020 亿元，桉树总产值占 55% 以上。其中以桉树为主要原料的造纸与木材加工业产值 1050 亿元，成为全区第 9 个千亿元产业。而 B 县作为广西的林业大县，林产品加工企业共有253家,其中年加工能力达5万立方米以上的企业有20多家,从业人员超万人、达规模以上的企业。2013年,B县全年林业方面的经济生产总值突破30亿元大关,林产品全链条加工业已成为B县显著突出的农业经济增长点和社会经济新亮点。

2. "桉"为何物——究竟是"发财树"还是"断根树"

桉树的推广让种植户享受到政策红利,使得一部分人的口袋鼓了起来,B县Y镇的张老板就是其中之一。在走访时了解到,张老板于2000年就嗅到种植桉树的商机,当时租用林地的价格十分便宜,仅为15元/亩/年,张老板东拼西凑一口气承包本村200亩林地30年用于种植桉树。2010年,已经收伐卖出3次桉树的张老板已经"鸟枪换炮",从最开始的摩托车到面包车,再到后来的商务车,在县城也购置了2套房产。就在张老板想将桉树翻耕复种时,让他意想不到的情况出现了。

2.1 生存环境破坏,寝食难"桉"

住在山脚下的刘大爷带头召集邻舍3户村民抵制张老板种植桉树,张老板每次想翻耕种苗,刘大爷等人就能冒出来阻拦,还说道:"这片地以后不能种桉树,你种一棵,我们就拔一棵!"起初张老板还不在意,以为刘大爷等人就是眼红自己赚钱,想赶走别人自己来种。但刘大爷等人仿佛每天都在山里巡逻,种下去的桉树苗还真给拔出来了,张老板十分恼火,质问刘大爷:"你们要干什么,这拔我的树苗,是破坏生产经营,再来就让派出所把你们抓走!"刘大爷听到说要抓他,态度也很坚决对张老板说:"抓就抓,我这把年纪还怕你抓吗?"张老板没办法,只能报了警。镇上林业站黄站长和派出所民警就到现场了解情况。

2.1.1 水源遭到污染，惶恐不"桉"

看到派出所民警，刘大爷更激动了，拿着锄头喊着："我看你们谁敢来抓我"。为缓解气氛，民警将双方分开询问情况。黄站长安抚刘大爷等人的情绪，让他们说说不让种桉树理由。原来刘大爷这几户人家居住在山脚下，家门口有一条从岭上下来的小溪流，过去人畜饮水都从这里获取，自从张老板在承包岭地种植桉树以后，从山上下来的水一年比一年少，就算有水也因为桉树落叶腐坏呈黑色，根本不能饮用。刘大爷朝着岭上指去"水都没得喝了，这桉树还种吗？"

2.1.2 化肥农药滥用，处"桉"思危

刘大爷带着黄站长来到小溪一旁，拿锄头挖了两铲土，"你看现在，这里只有土了，之前这一片都长满野菜，我们自己都不用种青菜来吃"，刘大爷心酸地说道。桉树成材快，肥料及农药需求量也大，这时间一久，化学物质全部渗入土壤再随着水流冲下来，附近土地都长不出什么植物。

2.1.3 植被严重破坏，坐不"桉"席

刘大爷抬头望向那片种桉的岭地对黄站长说道，"没租给他之前，这片岭地草很茂盛的，我家的牛都放养在这边，这个张老板为了种桉树，将地内的杂草、灌木全部砍除、清理后，将表土翻入底层，全部翻垦，你现在能看得见一点草吗？全没了，我现在放牛都要到另一座岭头才有草吃，这是'断根树'啊"。

2.2 生态严重失衡，惶惶不"桉"

黄站长了解事情经过后，让张老板一起到村委会办公室进行调解工作。趁着坐下喝水的间隙，黄主任解释道："桉树种植现在主要存在的现象主要有4种说法，指控桉树一是'抽水机'；二是'抽肥机'；三是'制毒机'；四是'绿色沙

漠',只见树不见草。但这种说法是缺乏依据的,这几种现象存在的原因主要是由于种植措施不当、经营管理不善导致,情况严重还会破坏生态平衡,不作调整,生态环境损失大大超过个人经济收益。"

2.2.1 大小山火频发,"桉"燃有恙

桉树的枝叶富含油脂,桉树叶分泌的桉树油在达到40度时可能产生自燃现象,在高温的夏季,极易引起山火。黄站长分析道:"现在种植桉树普遍间距在100厘米左右,如果不慎出现山火,不仅会对环境造成影响,经济利益也会大幅受损。现在山火情况特别多,单单我们乡镇一年大大小小桉树林起火都不下5次。"

2.2.2 商人精致利己,百姓不"桉"

"你的桉树应该是5—6年一伐吧。"张老板点点头,黄站长给张老板算了一笔账,"目前纸浆材每立方米约550元,而大径材则至少每立方米1100元,收益将翻一番,平均到每一年也会增收。采取短轮伐期虽然短期能见到收益,但会给生态造成影响,个人收益也会打折。张老板,你也不是那差钱的人,这两天回去根据你的情况给规划种植方案,你看怎么样?"张老板有些无奈,"只要你说服那几个老头能让我种桉树就行。""不行,桉树不能种,我这里水都没得喝你还想种桉树?"刘大爷站起来激动地说。气氛突然紧张,黄站长急忙说道:"刘大爷,这几年不只是我们这里干旱没水,全国各地都是这个情况。镇里已经成立监督巡逻组,将会管控大家的种植行为,存在矛盾纠纷的种了也会由镇里处理,你放心,但是符合条件种植的你不能再去干扰张老板,不然下次就不好办了。"经过调解,双方达成和解,自此,张老板的问题告一段落。

2.3 占红线危安全,"桉"增粮减

在桉树产业巨大经济诱惑之下,许多人弃粮种桉,土地红线和粮食安全等问

题开始逐渐显现。以 B 县为例，因大多数劳动力外出务工，桉树种植的技术要求低且便于管理，大多数村民便将原本耕种粮食作物的土地翻种桉树苗，导致甘蔗、粮食、水果等产量逐年下跌，粮食安全危机已经逐渐显现。

2.3.1　投入少产出大，"桉"上蔗下

"最近这几年，基本上没什么人种甘蔗，都改种桉树去了，附近的糖厂为此头疼得很咧！"B 县 Y 镇 L 村陈大爷说道。

陈大爷给我们算了笔账，种植新植蔗每亩生产成本约为 2365 元，宿根蔗每亩生产成本约为 1345 元，按一年新植、两年宿根蔗测算，三年平均亩利润为 1175 元；而桉树种植技术简单、生长周期快，5 年轮伐一次，每亩每年均收入约为 1000 元。虽然两者收益差别不大，但种植桉树省时省工，平时不用打理，更不影响群众外出务工，通过算总账，权衡利弊后，大部分群众都放弃种植已久的甘蔗，改种桉树。

2.3.2　劳力少产出多，"桉"上稻下

"年轻人都出去打工了，就剩我们两个老家伙和孙子孙女在家，没有年轻劳动力，也就没有能力去种植打理水稻之类的农作物。请人在地里和山坡上种点桉树，好歹能赚些小孩的生活费。"T 镇谭大爷无奈摇头说道。

受劳动力不足限制，群众"种粮"能力不足。并且随着农村年轻劳动力大量流向城市务工，部分农村只剩留守老人及学龄儿童，外出务工群众为避免土地撂荒或被侵占，每到播种收获季节就请人填水田改种桉树。据 B 县有关部门统计，B 县水稻总产量和水稻亩数已经连年下降。

2.3.3　水果产业萧条，"桉"上果下

"这几年种荔枝、龙眼、柑橘什么的等果树都不赚钱了，管理养护又麻烦，市场还不景气，年年种年年亏，还不如种桉树，省心又稳赚！我看附近的村民都

把果树砍了种桉树，我这几天也打算都砍了……"B县Z镇张大爷叹气地说道。

Z镇曾是B县当地有名的水果生产大镇，荔枝、龙眼、砂糖橘、香蕉等特色热带水果都远销全国甚至国外。近些年受天气灾害及市场价格影响，水果价格连续走低，且管理养护成本高，大多数果农无力支撑下去，只能忍痛清理果树改种桉树。

3. 何处"桉"放——政府清桉之策究竟路在何方

随着桉树种植面积的不断剧增，各种各样的矛盾问题也是日益凸显。政治、生态、环境、民意等多因素交织影响，广西壮族自治区党委政府不得不开始考虑逐步推广清桉管理政策，期望通过一系列的政策措施，来进一步有序减少桉树的种植面积，从而回应各方需求。2014年12月，经广西人民政府同意，林业厅印发了《进一步调整优化全区森林树种结构实施方案（2015—2020年）》，确定桉树限种区域，计划将分布在公益林区、水源涵养区、主要通道两旁、江河两岸的400万亩桉树改造成为混交林或乡土树种，广西桉树产业发展正式进入"紧急刹车"阶段。而此时拥有约45万亩桉树的B县，站在政策风向突变的十字路口该何去何从，陷入了困境。

3.1 多重压力传导，政府不"桉"

党的十八大召开之后，生态文明建设被提到前所未有的战略高度，这标志着我们党对社会发展规律和生态文明建设重要性的认识也达到了新的高度。由于近些年B县桉树产业的高速发展，各种缺乏科学性、合理性、可持续性的种植行为已经对生态环境产生了一定威胁，这便迫使B县党委政府重新审视桉树产业发展。但桉树产业对于经济影响较大，小到老百姓的收入，大到全县GDP都息息相关，各方利益难以权衡，尤其是政策制定与执行涉及多个部门，政府陷入两难。

3.1.1 督察禁令频繁，心"桉"理失

"在十八大召开之后，各级的生态环保督察感觉是越来越多了，要求也是越来越严格，很多涉及森林保护、水源保护的问题都要求责任到人、倒排工期、逐项销号，压力可谓是非常大。"B县Y镇政府工作人员说道。

党的十八大以来，"绿水青山就是金山银山"的理念为全党全社会进一步做好新时期生态文明建设工作提供了明确遵循，各地也纷纷针对各领域中存在的环境突出问题开展了重拳整治。对于B县而言，森林保护、水源保护就是重要的一项内容。由于过去几十年B县大力发展桉树产业，许多原始森林都被各地的农民砍伐种植桉树，导致原始森林覆盖面积大幅下降，水源地也遭到严重污染，在这方面，B县承担着不小的督察压力。

3.1.2 多方共赢共享，令失因"桉"

"桉树产业已经成为我们当地经济的支柱产业。受市场价格及天气等因素影响，普通农民每年种植果蔬等作物风险高、回报低，收益小，基本上仅靠种植桉树赚钱；乡镇一级的木材加工厂则是当地乡镇的主要税源，也给当地村民提供了不少的就业岗位；县里更是将木材加工行业定位为龙头支柱产业，高规格规划建设大型木材加工园区，希望通过木材产业的高速发展势头带动GDP蓬勃发展。"B县林业有关部门工作人员说道。

凭借着桉树的产业化发展，B县GDP保持连年上升态势，而且在相应延伸的产业链上，一大批群体搭着产业高速发展的"顺风车"，农民得实惠，工人得就业，企业得效益，政府得税收，多方共赢，皆大欢喜。如何在短期内消减清桉所带来的经济阵痛，B县也没有找到较好的办法。

3.1.3 负效应再突显，治"桉"紧迫

"桉树是'抽水机'，是'抽肥机'，是'霸王树'，是'毒气树!'"B县

N 镇某村民抱怨道,为此,他还多次到镇政府,甚至县级有关部门反映问题,请求获得相应的赔偿。

由于桉树生长较快,对土地营养的摄取能力远远超过其他农业作物,而且由于大部分农民在种植时对土地的过度开发、过度施肥以及过度焚烧等行为,导致土地肥力骤减,地力维持衰退,土地龟裂干旱,并造成该地区原生种族的退化和死亡,生物多样性降低,严重损害了附近的生态环境。近年来,这种危害正在日益加剧。部分村民的生产生活受到严重影响,许多人便开始站出来反对桉树的种植,信访案件也是不断上报,直至省级信访部门。

3.2 意见此起彼伏,高调护"桉"

"主任,最近关于桉树的矛盾纠纷、问题上访是越来越多了,而且好像上级已经出台相关文件禁桉了,我们也要不要参照上面执行?"B 县林业部门的小王疑惑地问道。

"上面发了相应的文件,我们不执行,那会显得我们没有政治站位!"B 县林业部门的张主任坚定地回复了小王。

"好,我马上参照起草文件!"小王说道。

经过数次组织研讨,科室几番易稿,上报审批签发,县政府终于出台了《B 县开展整治规范速生桉丰产林种植专项行动方案》,计划在接下来一年之内,将全县区域范围内在农田、山坡及其他地方种植的速生桉树基本整治清理结束。一个月后,B 县投入 200 多人、50 多辆车,50 条油锯,一天锯倒 80 多亩速生桉。清桉行动便这样风风火火地开展了,但后续的麻烦远比小王想象中来得多。

整治违法违规占用耕地种植速生桉行动。

清桉政策不断推开之后,虽存在着支持的声音,但反对的声音更是不在少数。大家对当前推行的清桉政策表示不解,纷纷表示桉树明明是一个利国利民的经济物种,在付出较低生产管理成本的前提下能够获得较高的收益,且目前在全县范围内已经形成了较为成熟完善的产业链,为什么突然间要求停止种植。而且最主要的是在政策发布之前,完全没有有关部门在社会面进行意见征求,群众、企业、工人完全不知情，一切来得很突然。

为此，群众迫切要求得到一个明确的答案以解心中之惑。村委大门、乡镇林业站门前，排满了前来咨询的人群；县区分管部门、政府办公室则是不断有企业、园区的负责人前来拜访，以求从中找寻一丝缓解的机会。

3.2.1 农户怨声载道，"桉"然泪下

在这场清桉的活动中，首当其冲的便是基层。"种了好几年的桉树，突然就不给种了。而且前几年种下的桉树明明现在可以收成了，却又说不给卖，真是太为难我们农民了，向村委、乡镇反馈，完全没有回应！"听到相关消息的农户都聚集村委、乡镇林业站来咨询、讨说法。

在 B 县农村，绝大多数的农民均在山上种植有桉树，少则几亩，多则上百亩。而 2015 年 B 县桉树均价为 650 元每立方米，对于大部分农户来说，这笔收益远远大于他们务农种植普通经济作物所能赚到的钱。假如不能继续种植，也不能砍伐售卖现存的桉树，那对于他们而言将是一大笔经济损失，也给他们的生产生活造成了较大的负担。

3.2.2 工厂园区停产，寝不"桉"席

"限桉令一出，不单只我们这些小企业转型艰难，全区专门从事木材加工的大型园区、企业也将在今后面临着停产转型，设备的更新更换也将是一笔巨大的开销！"B 县 N 镇某木材加工厂老板说道。

在 210 省道 B 县 B 镇路段，道路的两边有数十家木板加工厂，仅有少数的工厂正在用桉树树干加工木板，有的厂内则空无一人，一片寂静。

工厂 L 老板则表示，B 县启动速生桉退出机制，对木材加工行业影响很大。"B 县桉木原本就供应不足，企业要从 B 市、M 市等地外购。我们的加工厂才开 4 年，前期投入很大，如果再过几年没桉树可加工，那只能选择倒闭了。政府要砍伐、要清桉，我们也没有办法。而且很多企业都将想法和诉求反馈至县区主管部门，争取过渡式清桉，但迟迟未见回复……"若是不能继续从事木材加工行

业，这些工厂、这些工厂该何去何从，转型又面临着多少的困难，这也是个摆在政府面前的巨大难题。

3.2.3 财政税收锐减，"按"暂停键

随着桉树产业的快速发展，桉树上下游产业链的不断壮大进一步加快了 B 县工业化、城镇化的步伐，同时也推动县域经济、循环经济、生态经济发展。但突然间对桉树产业按下暂停键，副作用也直接体现在经济指标上。

"对财政的影响很大，这个季度以来各项数据都不是很好看，这样持续下去就会影响今年的 GDP。但 GDP 又是对外宣传的重要数据指标，县领导现在头疼得很。"B 县财政局工作人员小梁说道。

3.3 清桉难以推动，"按"于磐石

"上级发了文件就要求我们基层去执行推动，但我们基层真的很难推动起来，推动效果也不尽如人意！"N 镇某干部说道。由于改造补助标准仅 400 元/亩，各地财政补助也少，造林主体不愿调整改造，实际每年仅完成 2 万亩左右，在高速发展惯性作用下，桉树面积仍在剧烈增长，B 县清桉政策收益甚微。

3.3.1 政策导向模糊，清"按"不畅

B 县作为广西清桉第一个吃螃蟹者，率先开始清理整顿速生桉，一度被推到了风口浪尖。

"虽然县区一级出台了有关文件推广清桉，但自治区级、市级有关部门其实并没很明确地全面推行。各地政策尺度不一，很多种植户为此意见很大，搞得我们也很是被动。而且我们向上级反馈了很多次请求明确指导，到底清不清，怎么清，但总是杳无音讯。"某林业站工作人员无奈地说道。

3.3.2　乡镇象征执行，纠结为"桉"

由于 B 县大部分地区种植桉树，平均每个镇的种植面积均达万亩以上，加之镇级林业站人员配置少，业务多，许多镇级林业部门在推行清桉政策方面秉持着睁一只眼闭一只眼的态度，有领导来视察工作便才调动机械和人员就近清理。

"县里有关部门后面再也没有指派工作组到镇指导工作，镇上也并未统筹全镇的力量投入这项工作，感觉大家都是各自为战，就我们林业站几个人管理全镇的桉树，基本上顾及不过来，所以我们也很是为难。"N 镇某林业站人员说道。

3.3.3　村委人情治理，清"桉"失败

即使 B 县部分乡镇能够主动承担责任，组建专班专人来负责这项工作，但政策到了基层，仍然是由于各种因素变了味、偏了方向。

"不是我们不推进，而是真的很难去开口。都是一个村子里的，而且人家种的也是自己的地，县里说不让种就不种吗？少了那么多收入又没地方补，农村哪个人会肯的嘛！"在 B 县农村，受乡土文化及宗族文化等影响，村两委干部在开展工作时会一定程度上顾忌邻里情分或者宗族亲缘，工作开展不彻底、不果断、不坚决，这也导致了清桉政策在基层一级难以开展，效果不佳。"向上级反馈了好多次了，农村清桉真的很困难，但上面总是没能给出回复。"H 村村干部小陈补充说道。

4. 清桉心安——以人民为中心，实现中国式现代化环境治理

2022 年，"中央一号"文件把坚决遏制耕地"非农化"和防止耕地"非粮

化"摆在了突出的位置,也吹响了桉树林改造攻坚战的号角。在这样的背景下,B 县政府下定决心治理桉树,但一个首要的问题就摆在他们面前,即用什么样的形式清桉,既能保证了国家法律法规政令的落实,又能够满足种植户、群众及木材加工厂家的实际诉求,焕发桉树种植产业的新局面。

4.1 统筹谋划工作,开好清桉先局

为做好新形势新背景下的清桉工作,在政策制定初期,B 县就多次组织企业家代表、村民代表等召开桉树种植现状调查工作座谈会听取意见。

4.1.1 初步分析形势,形成整体思路

根据调查过程中了解到的实际问题,B 县就种植历史、产业特征、发展趋势等方面形势进行初步分析,形成了一个整体思路,即必须以目标为导向,在规定的期限内消化存量,严控增量,加强综合治理,全面考虑农民和企业的利益,合理分配利益关系,将桉树人工林的退出与重建工作有机结合起来,以保证社会的和谐稳定发展。

4.1.2 充分摸底排查,确定工作原则

早在 2021 年 9 月,B 县开始组织人员通过现场拍照、定位、与土地确权地块分布图比对等方式对全县 16 个镇进行分类排查摸底,全面摸清辖区内利用甘蔗保护区和基本农田种植桉树等非粮作物的情况。为了切实平衡和保障各方利益,B 县政府计划基于"依法依规、尊重历史、面对现实、为民利民"的工作原则,全面推进退桉工作。"尊重历史"是指尊重农民的种植意愿,尊重合法合规的种植区域;"面对现实"是指面对因桉树经济而频繁产生纠纷,社会维稳成本和行政管理成本不断逐步增加的现实,面对"清桉"等政策执行后农民新的作物耕种诉求的现实,以及面对国家相关法律尚未完全出台和落实的现实。

4.1.3 颁布工作方案，正式开展清桉

2022 年 3 月，B 县立足于《中华人民共和国森林法》《中华人民共和国土地管理法》《基本农田保护条例》《南宁市饮用水水源保护条例》，印发了《全面清理占用甘蔗保护区和基本农田种植桉树等非粮作物三年行动工作方案（2022—2024 年）》（以下简称《方案》）及《县人民政府关于禁止使用耕地"非农化、非粮化"行为的通告》（以下简称《通告》）。《方案》和《通告》明确了坚持最严格的耕地保护制度，以守住甘蔗保护区和永久基本农田控制线为目标，以建立健全"划、建、管、补、护"长效机制为重点，开展对 B 县范围内非法占用甘蔗保护区、基本农田种植的桉树等非粮作物的清理工作。《方案》《通告》等文件的发布，使得政策目标指向更准确，政策效果更符合政策目标，同时为进一步推进耕地保护、增加农民收入扩大了政策空间。

4.2 把握经济导向，兼顾各方利益

如上文所述，自 2001 年 B 县开始大规模发展桉树种植以来，经过 20 多年的发展，桉树种植产业已经相当成熟，桉树种植在经济效益上的优势也已深入人心。"退桉"政策虽从 2014 年就开始推行，但是落实力度仍不够大，经济损失也让农户一下子难以接受，甚至出现不少反对和抗拒的声音。

面对这样的困境，B 县政府明确了一个思路，即要让农户和企业的腰包鼓起来，提高"退桉"的积极性，同时要从思想上做好引导教育，让农户和企业明白"退桉"的好处。为了争取农户和企业对"退桉"政策的支持，促进产业的发展，一系列配套政策应运而生。

4.2.1 加大补贴力度，实行退桉还蔗

为了切实鼓励农户种植甘蔗，B 县为改扩种甘蔗的农户提供了一定的本级补贴，再加上国家良种种植推广补贴，农户可以得到每亩 1000 元至 1350 元的种植

补贴。此外，B 县还推行原料蔗价格指数保险，切实降低了甘蔗种植成本。由于政策和补贴支持到位，许多农户开始主动改种甘蔗，Y 镇的陈大哥就是其中一人。在走访中他谈道："在土地流转中，我考虑签订五年的土地租赁合同，选种新台糖 22 等一些优良品种，采用机械为主的高效栽培技术，打造双高甘蔗基地。改种甘蔗主要也是考虑到目前甘蔗价格相对稳定，政府对甘蔗种植的支持力度也比较大，所以我才决定尝试。"

4.2.2　帮助企业转型，适当给予奖励

在方案中，B 县计划继续加强木材加工产业的招商引资力度，制定配套的优惠税收政策，加快推动产业向工业园区集中，小型企业逐步向大型企业和龙头企业靠拢，并通过奖补等形式，鼓励企业对生产设备进行升级改造，逐步提高综合利用水平，延长加工产业链，不断做强做优。

4.2.3　强化政企合作，解决退桉之忧

为解决群众"退桉"的后顾之忧，B 县积极协调制糖企业跟进"退桉"农户耕地的蔗种发放补助问题，这样既可以帮助制糖企业增加稳定糖源，又能帮助农户快速完成由"桉"变"蔗"的过渡。同时，B 县还广泛地联系有实力的农业职业经理人，鼓励他们承包"退"后大量空余的水、旱耕地，解放生产力，发展生产力，让农民增收、农企增产，让农村的耕地重新焕发出新的活力。最后还定点联系一批桉树木材收购商和木材加工企业，让他们及时收购"退桉"后采伐的桉树，帮助减少农户的损失。

4.3　多措并举推进，提升执行成效

在扫除了制度框架上的障碍之后，如何保障相关政策能够长管长治成为 B 县的重大难题。为此，B 县在吸取 2014 年以来"退桉"经验的基础上，补短板、强弱项，不断创新治理方式，实现了三年计划的良好开局。

4.3.1 上下联合行动，多方形成合力

B 县积极构建"网格员+田长制"体系，将"退桉"工作纳入田长制考核范围，压实镇级政府生态保护主体责任，各部门协同配合，齐抓共管，形成"县级组织、镇级落实、农户参与"的工作机制。B 县自然资源部门工作人员表示："要按照'横到边、纵到底，网格化、全覆盖'的网格化全覆盖模式，形成最严格的耕地保护监管格局"。

为了切实鼓励农户种植甘蔗，B 县要求各镇结合当地实情实行分类分片指导，积极发挥糖厂及相关公司、木材产业经销商以及桉树种植承包商等社会资源力量，因地制宜制订完善"一村一策"。有些村屯由现代化农业服务公司提供机耕服务，由制糖企业配套运输农资，费用待甘蔗成功收获并售卖之后再结算；有些村屯则及时把握"退桉"的契机，将土地集中流转发包给社会或本村的农业种植大户统一耕种管理，让农民放心收取地租。以 A 镇举例，因为农时紧张、种植任务繁重，该镇几名种蔗大户集体出资承包了全村的"退桉"工程，在保证"退"桉进度的前提下又能及时清理土地改种其他高收益性经济作物，可谓是一举两得。

对于"退桉"过程中可能出现的矛盾纠纷，B 县充分鼓励村干部带领部分在当地具有一定威望且参与村中宗族事务积极性较高的家族长辈投入到"清桉"行动中产生的矛盾纠纷调处工作。这使得村两委层面能够有效地吸收与整合立场不同、利益不同的群体的意见，实现了乡村治理多元主体参与，又发挥了"人情"在乡村治理中的作用。此外，调解通过晓之以理、动之以情方式展开，无形中也推动了民俗民风、村规民约、仁义道德和宗族守约等传统理念充分融合，推动乡村德治实现较大跨越。

4.3.2 加强宣传引导，及时回应舆论

为将"退桉"政策宣传到位，积极动员广大群众参与到专项行动中来，B 县通过广播、电视、微信公众号、抖音、现场会等方式，宣传"退桉还蔗"和甘蔗

春耕生产政策。制作《致全县广大种植户的一封信》，与甘蔗种植优惠政策等资料张贴在各村人流密集处，入户发放到种植户手中。录制政策音频，由各镇通过移动宣传车、移动喇叭播放在村头巷尾；将上千条标语、横幅悬挂在糖料蔗生产保护区、违法种植桉树区域内，让农民充分认识到在耕地和糖料蔗生产保护区内种植桉树的违法行为，自觉参与到"退桉还蔗"的行动中来。

此外，在制定"退桉"政策阶段，除了通过大众传媒对相关政策信息进行广泛传播之外，B县还充分利用微信、微博等现代化媒体与公众进行互动，拓宽公众民意表达渠道，扩大公众参与度。同时，还通过咨询论证会、民意调查、听证会等形式倾听更多桉树种植群体的声音，借以发现公众的关心事项和真实需求。

4.3.3 坚持宽严相济，确保退桉成效

在"退桉"行动中，B县坚持"动员群众自清为主、政府代为清理为辅"的工作原则，在宣传、调查摸底的基础上，引导、督促群众自行清理违法违规种植在甘蔗保护区和基本农田内的桉树等非粮作物。对因特殊原因暂未退桉还蔗的农民群众，需向镇人民政府提交延期清理书面申请，延期时间不得超过1年，且承诺到期后自行清理，并由镇人民政府与农户签订退桉还蔗协议书。同时，组织执法人员和网格员加强巡查，通过图斑比对核实，对占用耕地和永久基本农田种植桉树的农户下发《责令改正违法行为通知书》，责令其限期自行改正，恢复原土地耕种条件。整改期限过后仍不履行法律责任的，进行调查取证后依法进入司法程序，采取强制清理措施。

结束语

作为对经济具有巨大促进作用的桉树，在推动乡村振兴有效衔接、提高人均收入水平、推动区域经济发展、提升乡村现代化水平方面作出了显著贡献，也得到了社会各界的广泛认可。但在巨大经济利益诱导下形成的非科学、非绿色、非

可持续经营管理模式，在一定程度上也制约了地区的长远发展，产生了难以消减的深度负面影响。随着政治、经济、生态、环境等多重压力的层层传导，如何科学高效制定针对政策，保持政策纵向横向的交互贯通，以及如何在动态平衡状态下统筹资源力量开展清桉行动以回应各方要求，这需要广西各级政府深入思考并持续探索。经过集中整治近一年时间，B县完成了《方案》三年计划的第一阶段：全年共清退桉树1.2万亩。但"清桉"之路漫漫其修远兮，如何妥善处理好经济发展、产业转型、生态维护、耕地保护、绿色发展等重点难点问题依然任重而道远。

◎ 案例思考

1. 广西B县引种的桉树如何成为人见人爱"发财树"？为何会从"发财树"会变成"断根树"？

2. 清"桉"之策主要涉及几方利益群体，对这些主要群体产生了哪些重要影响？

3. 面对模糊性和冲突性均较高的环境治理政策，基层政府的主要挑战是什么？如何提升政策执行有效性？

（杨舜清、邹希婕、胡君颐、黄万春、陆少星、林高云）

十、欲渡邕江乘舟去，忽复行路得安然

——郁江老口航运枢纽坝顶交通桥的"堵"与"通"

◎案例摘要

　　郁江老口航运枢纽工程是一座以航运、防洪为主，结合发电功能的综合性枢纽工程，为方便老口航运枢纽的内部管理，设置有坝顶交通桥将枢纽左右两岸的内部道路与对外交通道路相互衔接。坝顶交通桥原设计为内部使用，不对外开放。N市J镇T村的群众通过各种途径强烈呼吁开放坝顶交通桥，以便两岸行人及机动车辆通行，其间所经历的艰难曲折的过程可以给政府提供经验借鉴。本案例通过描述郁江老口航运枢纽工程坝顶交通桥通行政策的优化调整情况，呈现了群众开放坝顶交通桥的诉求与政府部门监管坝顶交通桥运行安全之间的矛盾，讲述了N市人民政府本着为民便利、安全稳妥的原则，多次调整坝顶交通桥的开通政策，以便满足两岸人民需求的过程。案例基于"多源流理论"和"互适模型"，分析了郁江老口航运枢纽工程坝顶交通桥通行政策中政策执行主体、受影响客体之间互相调适的过程，研究讨论了郁江老口航运枢纽工程坝顶交通桥通行政策优化调整背后蕴含的治理之道，为政府提高政策执行能力，履行服务型政府职能提供理论依据和实践参考。

◎ 关键词：郁江老口航运枢纽工程、多源流理论互适模型、政策制定、政策执行

1. 风险隐患——百年修得同船渡，效率低下阻发展

1.1 千车万船过江难，轮渡绕行空长叹

郁江老口航运枢纽工程位于 N 市 J 镇 T 村，老口枢纽两岸群众约 38000 人（含 X 区 S 镇 X 村和 L 村，J 区 J 镇 T 村、N 村、Y 村、Z 村）。在郁江老口枢纽坝顶交通桥建成前，两岸机动车的主要通行方式为老口渡口渡轮过江（渡轮开放时间为 7:00-19:00）。渡口设有收费站，收费标准是每人 1 元/次，电动车、摩托车为 2 元/次，小汽车 8 元/次，货车 10 元/次。随着私家车保有量的急剧增多，轮渡通行速度十分有限，每天平均过渡人数约为 1500~1600 人/天，过渡车辆约 100 辆/天。较大的轮渡运输压力导致来往车辆经常要排长队。

如果不选择渡轮的方式，两岸客货运输需绕道近 40 公里，到市中心城区罗文大桥、清川大桥才能过江。南岸 J 区 J 镇群众往来市区主要通过南宁至扶绥二级公路、南站大道，两岸机动车出行和客货运输较为不便。只能通过坐轮渡过江，这进一步增加了 J 镇 T 村的交通压力。如果碰上汛期和大雾等天气，渡轮为确保安全不能开渡，给过往行人、车辆的通行造成很大影响。

1.2 村民出行多烦忧，产业发展道路阻

虎子今年 30 岁，从小在 T 村长大，家有 7 口人，平时他每天都要乘坐渡轮过江，到江对面打零工，或是把家里的家禽、蔬菜、水果等土特农产品用摩托车拉到江对面的农贸市场上售卖。"郁江老口渡口是咱们村通往 X 区及 N 市城区的主要通道，码头渡轮安全没有保障，听说以前还有人掉下江被冲走淹死了咧。"虎子妈对他每天都需要过江颇为担心，一直劝虎子留在村里跟着有经验的老师傅去盖房子。但是虎子没有答应，村里挣钱没有城市快，他心里一直有个梦想，他

想到江对面的 N 市市区买个大房子，把家人都接过去。

N 市 J 镇 T 村常住人口约 4000 人，另外还有在外面工作的 T 村籍各界人士 1000 多人。由于农村产业发展有限，越来越多的村民选择去 N 市市区工作，在 N 市市区工作的村民有每天往返 T 村和江对面工作地点的需求。在乡村振兴的背景下，T 村大力发展产业，村里生产的越来越多的农副产品需要到江对面的农贸市场进行售卖。绕行给 J 镇 T 村群众的出行和产业发展带来了极大不便，J 镇也因一江阻隔，发展速度一直以来明显滞后于江对面的 X 区 J 镇。

1.3　郁江景色藏不住，两岸游客至此回

老口枢纽的郁江两岸自然风景优美，拥有得天独厚的旅游资源，郁江两岸景点被当地进一步开发建设。老口枢纽北岸的美丽南方景区毗邻邕江河畔，是集团体旅游、休闲娱乐、度假观光为一体的旅游景区，南岸的扬美古镇保留了明清古建筑等文化遗产，近年来成为 N 市的著名景点，旅游人数逐年上升。每到节假日，两岸景区都要迎来游客几万甚至十几万人，但是两岸游客需通过老口轮渡或者车辆绕行到达，导致交通不方便，影响当地旅游事业的发展，从而阻碍了村民的收入和经济的发展。

2.　为民惠民——一坝横跨南北岸，遥路天堑变通途

2.1　航运防洪与发电，枢纽工程促发展

2.1.1　黄金水道需建设，重大工程保防洪

西江航运主干被誉为"金色航道"，是我国西南地区通向国外的重要航线之一。它在八桂地区扮演着至关重要的角色，广西内河货物运输的 90% 都需要经过这条航线。然而，由于西江的航道弯曲狭窄、礁石众多、落差较大等特点，曾经

是广西水运业发展的一大挑战。作为西江水系最大的支流，郁江的航行条件较好，沿岸航运事业发达。"十二五"期，在建设西江亿吨"黄金水道"带动下，加大西江黄金水道 N 市段的建设力度能够发挥内河水运的优势，郁江老口航运枢纽便是其中的重大工程之一。

郁江老口航运枢纽工程的坝址位于左、右江汇合口下游，距离汇合口约 5 公里，距离南宁市区不到 40 公里。该项目总投资为 54.6 亿元，主要涉及航道整治、船闸建设、拦河坝设置、水电站设施等核心项目，同时还包括相应的配套设施。老口航运枢纽工程是西江"亿吨黄金水道"战略加速实施的重要项目之一，工程建成后将会极大改善右江的航运条件，将航道等级提升至 Ⅲ 级标准，即能够通航 1000 吨级船舶。同时，郁江老口航运枢纽工程也是南宁市防洪体系的重要组成部分。通过与百色水库联合调度，南宁市的防洪标准将由"50 年一遇"提升至"200 年一遇"，达到《珠江流域防洪规划报告》中郁江中下游的防洪标准。老口枢纽的正常蓄水位为 75.5m，可安装发电机组 15 万 kW。工程竣工后，可通过引水系统补给市区主要湖泊和内河，促进城市的可持续发展。

2.1.2 顺道建成坝顶桥，惠民功能待加强

郁江老口航运枢纽工程占地涉及 N 市 X 区 L 村和 J 区 J 镇 T 村，两岸群众约三万八千人，目前两岸主要通行方式为老口渡口渡轮过江。除渡轮过江外，两岸客货运输只能经由沙井过新明大桥或清川大桥实现，南岸江南区江西镇群众往来市区主要通过南宁至扶绥二级公路、南站大道实现，两岸群众和客货运输较为不便。

为方便枢纽内部管理，老口航运枢纽计划设置坝顶交通桥将枢纽左右两岸内部道路和对外交通道路连接起来，坝顶交通桥桥面高程为 92m，桥面宽 10m，其中车道总宽为 7.5m，人行道分隔设置，宽 2.5m，桥梁下部结构采用钢筋混凝土预制结构，桥梁上部路面铺设沥青混凝土，汽车载荷等级为公路 Ⅱ 级，等级较低，将各种车辆折合成中型载重汽车计算，坝顶交通桥的年限年平均昼夜交通量仅为 3000~7500 辆。考虑到电站运行的特殊性，郁江老口航运枢纽坝顶交通桥原设计为内部使用，不对外开放，这就意味着，两岸群众并不能直接从老口枢纽

工程中受益。

2.2 为促征地许承诺，日后人车皆可行

2.2.1 为保征地无阻碍，许诺人车可通行

郁江老口航运枢纽项目开工后，因工程建设需要，需征用 T 村部分房屋、耕地、荒地、果树等共 3000 多亩。在征地移民工作中，N 市政府采取前期补偿、补助与后期扶持相结合的办法，使移民生活达到或者超过原有水平。老口枢纽工程如何让两岸百姓超过原有生活水平？项目业主和两岸村民都认可一个深入人心的答案——要致富、先修路。于是，项目业主为尽快推进征地拆迁工作，向群众口头承诺了老口枢纽建成后可以从坝顶交通桥通行，这一说法一传十、十传百，从项目业主的口头承诺变为大家心照不宣的共识。

2.2.2 电视报纸齐赞颂，顺利征地三千亩

老口枢纽工程是"十二五"期间重点建设的项目之一，自立项以来备受媒体关注。该工程不仅提高了南宁市的防洪标准，还改善了城市的水环境，同时连接了广西内河与珠三角经济圈、北部湾经济区的水上运输大动脉，具有重要意义。这推动了北部湾、西江流域各市的对外开放，促进了产业布局优化和沿江经济带建设，并推动广西各地市的优势互补、互利共赢和协调发展，对促进区域经济的协调发展至关重要。电视、报纸等各类媒体均在大力宣传此项工程的重要意义，同时呼吁工程占地和淹没区的人民群众要顾全大局，积极支持国家重点工程建设，配合做好老口航运工程征地、移民安置和项目建设工作。

政府也抽调精兵强将组成工作组投入征地工作一线，着力做通村队干部的思想工作，让村队干部吃下"通心粉"和"定心丸"。在双方的共同努力下，征地人员克服时间紧、任务重、要求高以及多雨天气和烈日暴晒等困难，顺利完成了征地工作。

2.3　坝顶连接南北岸，人车随意往来穿

2.3.1　坝顶枢纽已通车，行人汽车皆可行

2015 年，郁江老口航运枢纽坝顶交通桥初步具备了通车条件，但因当时该项目还未全部建成投入使用，项目建设现场缺乏政府部门监管，两岸村民都可以通过坝顶交通桥往返。行人、电动车、摩托车、三轮车、小汽车、货车等各类交通工具均可以从桥上正常通行。据不完全统计，老口航运枢纽坝顶交通桥小型轿车车流量约为 1800 辆/天，极大地方便了广大村民的交通出行。

两岸村民十分欣喜，赞扬 N 市人民政府为民办实事落到了实处，实现了当初的承诺。自从党的十九大召开后，习近平总书记提出要全面建成小康社会，N 市人民政府就十分重视精准扶贫工作，J 区党委、政府及 J 镇党委政府开始狠抓振兴乡村的实施工作，希望让全体村民与全国同步在 2020 年实现脱贫致富，达到小康生活水平。T 村村支书看着畅通的坝顶交通桥欣喜地说："这可真是个天大的好事，这工程确实是个为民惠民的好工程，以后我们也可以不用渡轮就能过江了，老百姓们到城里近了不少，我们村终于也可以慢慢过上发达致富的好日子咯！"

2.3.2　大坝缩短进城路，脱贫致富有盼头

坝顶交通桥通车后，两岸村民无需再排队等着渡轮过江，也不用额外绕行 40 公里才能进城，极大地提升了两岸村民的出行效率。T 村村民虎子也抓住了这个千载难逢的机会，很快就在江对面找了一个工程施工队，天天跟着工程施工队出门修路挖桥，解决了自己的工作问题。他还发动家人大力发展自家的特色农业，种植蔬菜、水果，养殖生猪、鱼虾，闲暇之余再把土特产品拉到江对面的菜市去售卖，一年下来也攒了不少钱。"两年之后，我应该也能买上小汽车了，到时候也要耍耍城里人的威风！"2016 年的春节，他数着存款高兴地做着发财致富的梦。

3. 进退两难——世间安得双全法，不负安全不负民

3.1 通途竟变断头路，百姓又苦又难疏

3.1.1 坝顶道路要封闭，村民呼吁心着急

2016 年底，郁江老口航运枢纽就要建成投入使用了，但村民也逐渐听到一些小道消息，有消息称"工程投入使用之后坝顶交通桥就要封闭"，也有消息称"工程建成后利用交通桥过江就得像之前轮渡一样收通行费"。各种"噩耗"不断，春节走亲访友的交谈中，村民们纷纷表达出自己的担忧，在 T 村村支书看来，这些担忧不无道理。

这两年修路挖桥的工作经验让虎子长了不少见识，他也和队里有经验的老师傅打听，老师傅笃定地说："这郁江老口航运枢纽坝顶交通桥原本就是设计为内部使用，不会对外开放的，在设计和施工方面都很难达到一般市政通行交通桥的标准。"

听到这个消息，虎子心里很着急，"路建成了，要是不通，不就成了'断头路'了吗？"他带着这一担忧，和村里不少青年一起交流，建成的路就在眼前，大家都不愿再绕行 40 公里到市中心城区过江。他们一合计，决定去村委找村支书。村支书安抚了几个年轻人："这件事情我知道了，我先去上级部门了解一下，你们放心，我会为村里争取最大权益的。"

3.1.2 政协委员提建议，各方汇聚迎转机

村支书经过多方打听，了解到如果坝顶交通桥对外开放通行，可能在通行时会出现垮坝事故风险，这将会威胁下游流域各大城市人民群众的人身财产安全。但他也打听到，H 县的西津电厂允许当地村民通行大坝，"同为电力水利枢纽，

H县的西津电厂大坝可以通行，那郁江老口航运枢纽开放坝顶通行也应有机会。"

抱着试一试的心态，村支书开始在各种座谈、调研场合，不断提起开通郁江老口航运枢纽坝顶交通桥的建议，呼吁真正地实现便民利民，这一问题引起了N市政协委员庞晓民的高度重视。

2016年2月，N市政协委员庞晓民在N市政协十届六次会议中提出《关于开通老口水利枢纽坝顶道路的建议》，建议郁江老口航运枢纽建成后，开通老口水利枢纽坝顶道路，为不影响航运主体功能，可有效控制车流，采取有偿通过的方式，以造福两岸群众。

2016年8月，N市交通运输局规划科的Z科长和L青年正埋头对分办的人大政协提案进行研究，这一提案引起了两人的注意。两人对两岸群众的通行情况做了进一步了解后，认为这一提案对老百姓的生活影响十分重大，必须深入研究。Z科长开始布置工作："小L，你先和政协委员对接联系一下，了解下提案的背景，再拟个会议通知召集相关部门对这个提议的安全性开展进一步研究，我先去找C副局长汇报一下这项工作。"

很快，两人根据分工开始有条不紊地工作。2016年8月15日，N市交通运输局牵头组织召开了郁江老口航运枢纽坝顶道路通行安全论证会议。市政协委员庞晓民，专家封少恒、周昱瑛，市发展改革委、水利局、安监局、海绵水城办、公路处、港航处、X区交通运输局、J区交通运输局、J镇政府、X区S街道办事处、N市交通投资集团、水电设计院等单位代表对开通郁江老口航运枢纽坝顶道路的可行性进行了研究讨论。

会议研究决定，由N市交通投资集团按安全优先、有限通行的原则制定《老口航运枢纽坝顶道路通行方案》，且在老口航运枢纽坝顶道路开放交通前，研究采取行人安全通行的临时措施，尽量满足行人通行需要，并建议J镇政府和S街道办事处加强对村民的宣传教育，在老口航运枢纽坝顶道路未确定开通前，引导群众选择渡船往返两岸，避免安全生产事故。

这一决定，让庞晓民委员和J镇政府、S街道办事处的工作人员很是欣慰，"希望市交通部门能尽快推动老口航运枢纽坝顶道路开放交通，让我们两岸老百姓能从此结束渡船过江的历史！"

3.1.3 论证观点难统一，方案难分谁利弊

历经近 3 个月的安全论证，《老口航运枢纽坝顶道路通行方案》的征求意见与安全论证终于完成，各单位对开放郁江老口坝顶通行意见不一，但出于对郁江老口航运枢纽运行安全问题的考虑，与会单位更多的是持反对意见。

市公安局对《老口航运枢纽坝顶道路通行方案》持反对意见：郁江老口航运枢纽开放通行存在风险等级较高，容易发生交通事故，而且开放通行需设置通行管理机构，涉及用警量大，公安交警支队人员无法满足需求。

市水利局持中立意见：在确保枢纽安全和运行安全的前提下，按相关程序开展通行方案论证，上报上级单位同意后方可开展建设工作，并完善相关应急预案，明确主汛期和非汛期通行方案及相关预案。

市海绵水城办持反对意见：鉴于老口航运枢纽防洪的重要作用，为确保防洪保护区的重要城市及主要市（县）防洪安全，避免因人为原因造成大坝主体工程损坏，影响防洪度汛能力，应对老口航运枢纽实施封闭管理。

专家罗珂持反对意见：建议两岸仍以船渡为主要通行方式，交通桥通行车辆不易改造，需专人管理，应实施定时、专人、验证身份等方式限制通行，专人管理费用列入市或城区财政，并完善相关应急预案。

还有专家唐琦峰、市发展改革委等都认为：因大坝设计阶段未考虑通行，现阶段考虑通行需提供正式文件作为通行的依据。且由于大坝为特种区域，不建议对社会车辆开放，建议只考虑两岸村民的人行、电动车、自行车及摩托车等简便交通工具的通行，采取身份证或通行证通行，同时做好日常的交通组织及秩序维护措施以及突发情况的紧急预案等。

L 青年看着各单位反馈回来的关于《老口航运枢纽坝顶道路通行方案》的修改意见，很是苦恼地问道："Z 科，各单位的意见和村民的需求不相一致，涉及安全问题，作为政府部门肯定得优先保障，但这后续村民的安抚工作、村民的通行问题该怎么解决啊？"

"领导建议暂按市发展改革委意见为准，仅开放行人、非机动车和摩托车通行，小汽车、货车等其他机动车辆选择轮渡过江或绕行。我们先拟请示报市政府

吧，让市领导定。"Z 科长无奈地说道。

N 市交通局将《老口航运枢纽坝顶道路通行方案》上报市政府后，又经过了半年的论证，直至 2016 年 7 月，《老口航运枢纽坝顶道路通行方案》由 1 个优化成了 3 个方案，分别是：方案一是不对外开放通行方案；方案二是部分开放通行方案，仅对枢纽两岸周边行人、非机动车和摩托车开放通行；方案三是全面开放通行方案，对行人、非机动车及 7 座以下机动车开放通行。

表 10-1   三种坝顶道路通行方案利弊对比一览图

	方案一	方案二	方案三
风险预测	1. 人员或车辆尾随过坝发生意外事件的风险； 2. 聚众闹事、威胁安保人员的风险。	存在触电、机械伤害、延误泄洪、枢纽设施设备损坏等风险，威胁枢纽安全运行、影响枢纽抗洪抢险、消防救火等工作，存在社会治安和稳定问题。	存在垮坝事故风险，存在触电、机械伤害、延误泄洪、枢纽设施设备损坏等风险，威胁枢纽安全运行、影响枢纽抗洪抢险、消防救火等工作，存在社会治安和稳定问题。
所需改造资金（万元）	0	为确保大坝安全运行，采取安全防范与保护措施需投入费用约 242 万元，其中安防控制系统约 178 万元、安全防护与标识约 64 万元。	为确保大坝安全运行，采取安全防范与保护措施需投入费用约 249 万元，其中安防控制系统约 178 万元、安全防护与标识约 71 万元
优点	有利于更好地保护国家和人民群众生命财产安全、管理单位及有关单位的管理和监管、极大地降低意外事件发生的概率。	有利于解决部分枢纽周边群众的通行问题。	有利于解决枢纽周边群众的通行问题。

续表

	方案一	方案二	方案三
缺点	没有解决枢纽周边群众的通行。	增加了有关风险因素和意外事件发生的概率，间接威胁枢纽大坝的生产运行安全，加大了管理单位及有关单位的管理和监管难度。	进一步增加了有关风险因素和意外事件发生的概率，间接或直接威胁枢纽大坝的生产运行安全，也进一步加大了管理单位及有关单位的管理和监管难度。

"方案的选择是变多了，但选择哪一个才是最优方案呢？"一道难题又摆在了 Z 科长和 L 青年的面前。

两岸的城区政府建议对七座及以下机动车、非机动车和行人开放通行外，其余各单位的意见仍倾向于严格限制通行。

专家罗珂以及市公安局都坚持反对开放郁江老口航运枢纽通行：综合维稳安全和实际情况，鉴于对外开放通行对大坝安全运行造成极大的安全隐患，建议采取不对外开放通行方案。

专家唐琦峰、市水利局以及海绵水城办均建议：采取对枢纽两岸周边行人、非机动车和摩托车开放通行的方案，还需做好相关的安全设施，利用身份证或通行证通行。

市安监局建议：通行方案需报有管辖权的水行政主管部门批准，如该坝顶交通桥具备作为道路通行条件，应设立公安保卫机构，依法维护水利工程设施的安全，并确保大坝运行安全。

从 N 市人民政府和村民各自的立场出发，结合调研现状和论证情况来看，三个方案各有利弊。选择方案一，保证了郁江老口航运枢纽的运行安全，有效防范化解各类风险隐患；但村民们无法理解，会认为政府没有把群众的诉求放在心上，导致基层群众对政府的公信力产生怀疑，进而导致群众与政府之间产生信任鸿沟，形成一种不健康的社会氛围，影响后续的政策推行；选择方案二，开放小部分通行既解决了部分村民的出行问题，又可以最大限度地减少通行对郁江老口航运枢纽运行安全产生的影响。但是机动车车主心里会难以接受，若不满情绪进一步滋生，可能会演化为群众上访、聚众闹事等群体性事件，导致社会不稳定；选择方案三，解决了村民的出行问题，但对大坝运行会带来一系列的安全隐患，如垮坝、行人坠河、车辆坠河等事故，以及存在影响枢纽抗洪抢险等工作的风险，同样面临危及社会治安和稳定的局面。

在经过多角度的综合分析后，N市人民政府还是选择执行"对枢纽两岸周边行人、非机动车和摩托车开放通行"的方案。理由是该大坝在设计阶段并未考虑通行，且又负担着防洪保护区的重要城市及主要市（县）防洪安全，对社会车辆开放会存在垮坝等重大安全隐患。

3.2 官民诉求各一边，群众不解难翻篇

3.2.1 一纸公告纷争起，部分开放难欢喜

2017年12月，一则坝顶交通桥执行交通管制的公告出现在T村村委会前："为保证老口枢纽工程安全运行，需对坝顶交通桥执行交通管制，现将有关事宜公告如下：自即日起坝顶交通桥禁止一切机动车通行；自2018年1月3日起坝顶交通桥执行交通管制，仅允许持有X区S街道办X村、L村以及J区J镇T村、N村、Y村、Z村身份证或其他有效证件的行人、非机动车辆及摩托车通行……"

这则公告就像晴空霹雳一般，立即在两岸村民中"炸开了锅"。这一规定一旦执行，坝区两岸村民的机动车就只能重新选择车渡或是绕行四十五公里后通过罗文大桥过江。这将给村民的出行造成极大的不便，坝顶交通桥明明就近在眼前，却只能"望桥兴叹"。很快，T村村委会门口便围满了人。

在N市市区工作了两年的张存，每天都需要通过坝顶交通桥往返市区和T村之间，他生气地质问道："有路为什么不给机动车通行啊？绕路费时又费力的，这不是在为难老百姓吗？"

T村养殖户陈秀芬担心地问道："坝顶禁止通行之后我们过江还是要继续走

车渡？这多不安全哪！而且车渡还得 8 块钱一次，来回就要 16 块钱！走二级路绕行又得多绕四五十公里呢！"

T 村退休老校长石庆直接问道："坝顶禁止通行之后我们过江怎么走啊？机动车不通行可以，但总要把事情交代清楚吧，什么时候才能让机动车通行，没有让大家满意的保障可不行。"

"这路就在眼前，居然还要我们绕行？路是修通了，但现在卖个东西还要多走几十里路，我这农货运量大的机动车走不上去，这致富之路怕是也走不上去了哦！"虎子也阴阳怪气地抱怨了一句。

面对村民的各种质问，T 村村支书也有口难言，他也想不明白部门会议纪要已经原则同意制定《老口航运枢纽坝顶道路通行方案》，却为何是部分开放通行的结果。村支书也心疼村民们积极配合这大工程，期盼能够结束两岸没有道路连接的历史，但最终等来的却是这样的消息。

3.2.2 安全需求受质疑，村民上书求再议

T 村退休老校长石庆希望能依靠群众的呼声，引起 N 市人民政府的重视。"当初说好的能让大家借道通行，政府得说话算话才行，我们得想想法子，让政府看到大家的需求。技术上的难题么，办法都是人想出来的，群策群力总能解决的嘛！"

不少村民对政府心生怨气，想聚众到政府门口闹事，被村支书和退休老校长石庆拦下了。村支书制止了想要聚众闹事的村民说："我们得采用合法的途径来表达诉求，千万不要采取极端的方式聚众闹事，这样一来我们就有理也说不清了，还会给政府带来麻烦。"

2018 年 1 月，当地村民在村支书的组织下，自发地联名签字，上书到 N 市人民政府、省政府等上级部门表达诉求，恳请政府给予坝顶交通桥机动车辆通行的权限。在强烈要求开放坝顶交通桥的呼声面前，N 市人民政府面临着巨大的维护社会稳定和非法上访的压力。

4. 兼顾民生——保障坝顶通途，搭建致富之路

4.1 深感贫困艰辛在，怅望江面坝顶路

4.1.1 政府沟通推进慢，坝顶通车协调难

N市人民政府要求市交通局本着"实事求是、与民便利、安全稳妥"的原则对《老口航运枢纽坝顶道路通行方案》再次进行论证。

随后，N市交通局就召集了有关部门对老口航运枢纽坝顶道路机动车的安全通行问题进行论证。经过研究认为，本着方便群众、实事求是的原则，坝顶道路开放通行具有必要性。但是，坝顶需要在加强综合管理及完善安全设施之后，方能对小汽车开放通行。N市交通投资集团按照程序，委托具备相应资质的设计单位编制《老口航运枢纽坝顶道路7座及以下机动车（客车）通行方案及硬件设施改造方案》。2018年7月，N市交通投资集团终于提交了《老口航运枢纽坝顶道路7座及以下机动车（客车）通行方案及硬件设施改造方案》。然而，由于方案需请示多个部门的意见，沟通的难度较大，推进的速度不甚理想。

4.1.2 多方论证通行法，"安全、收费"惹关切

N市交通局于2018年8月22日再次组织召开会议，审议该改造方案，进一步推动解决坝顶的机动车通行问题。最终同意将坝顶开放通行的群体范围扩大至两岸当地群众（行人、非机动车及摩托车、7座及以下机动车）及老口枢纽生产运营管理车辆及施工车辆，群众可以凭通行证通行。N市交通投资集团需在确保安全的前提下，对方案进一步修改完善。

市交通局C副局长对各项工作也提出要求："如果真的要开放给7座及以下

机动车通行，肯定会涉及通行安全、坝顶维保费用和通行费用标准如何制定等一系列问题。各部门要抓紧抓实，一是妥善处理好管理机构及岗亭的设置问题，切实做好宣传、维稳工作，加强坝顶通行的综合治理和日常管理；二是项目业主和设计单位要根据实际情况对改造方案进一步优化，维护保障费用估算要进一步明细，在确保必要安全设施齐全的前提下，改造费用及维保费用要尽可能节约；三是老口枢纽坝顶过往机动车的收费主体、名称、对象和标准还需进一步研究讨论；四是坝顶两旁护栏、防抛网、防撞墩等基础安全防护设计一定要做好。"

政府的初步回应传到了 T 村，村民们都为这个消息感到高兴，感觉日子又有了奔头。Z 科长却对交投集团论证通行方案的进度不满意。L 青年负责交投集团的对接，他汇报说："涉及大坝运行的安全问题，他们不敢马虎大意，这已经是很快的速度了。"

2018 年 12 月，N 市交通局组织有关部门和专家，对进一步修改后的《老口航运枢纽坝顶道路 7 座及以下机动车（客车）通行方案及硬件设施改造方案》进行第三次论证。各与会单位和专家一致同意该方案通过评审，但针对坝顶交通桥收费情况，还需要进一步细化各类机动车的通行费用。

大坝在设计阶段并未考虑通行，对社会车辆开放可能会存在垮坝等重大安全隐患，现阶段需兼顾大坝的运行安全和群众的通行安全，改造技术难度较大。并且，各单位对开放通行后的收费标准、收费主体、收费对象和收费方式等产生较大分歧。项目业主单位出于对项目改造、维护等资金使用情况的考虑，坚持要求收费通行。而政府各单位考虑到收费主体及收费去向等涉及审计风险的问题，对于是否收费迟疑不决。因此，坝顶开放机动车通行虽已经历多次论证，但受到安全和收费两个问题的影响，项目的推进速度并不乐观。

4.1.3　村民上书再诉苦，封坝禁行阻振兴

随着封坝的时间延长，村内的农货逐渐囤积，这让两岸的村民苦不堪言。2019 年 6 月，等不及了的村民再次致信自治区党委书记，要求开放老口枢纽坝顶

交通桥，给予机动车通行权限。村民在信里写道：

"心苦哇，瓜果不再鲜嫩……"

"心凉呀，乡愁顿再遥远……"

"不见了，说好来开发的老板……"

"多少乡亲不解：说好的改革开放成果，好端端的大坝，是让人民共享、还是激起百姓迁怒！几近 60 年前建成的电站大坝现如今仍在通车，花费 60 个亿的老口枢纽却承载不了一辆农用车……"

一封名为《60 个亿，为啥不能通行一辆农用车》的信件，承载的是两岸群众苦苦等待坝顶交通桥开放机动车通行的民心。周边村民等啊等，却始终等不到开坝的通知。坝顶交通桥禁行不仅阻碍了两岸的联系，更成为乡村振兴的梗阻。

4.2 官民互适显善治，人车瞬息过邕江

4.2.1 免费通行合民意，坝顶通途惠民生

群众的呼声一起再起，对开放通行的强烈呼唤给政府部门带来更大压力。"不少村民都打电话到政府热线投诉这个事情，我这今年都已经办了不下 5 个网友留言了。"L 青年忧心忡忡，只能反复地和交投集团进行沟通对接，及时解决业主单位论证过程中出现的问题，希望能加快坝顶交通桥开放通行项目推进的速度。

N 市交通局也将该项目列为部门重点工作，优先推动项目开展，多次组织大坝管理单位和有关部门对通行方案进行修改完善，对枢纽两岸周边车辆的收费事项作进一步细化研究。N 市各单位逐步形成了免费凭证通行的方案。最终《老口航运枢纽坝顶道路 7 座及以下机动车（客车）通行方案及硬件设施改造方案》于 2020 年 1 月呈报市政府审定。方案对老口航运枢纽坝顶交通桥面向小型汽车开放通行的时间、收费管理和坝顶安全防护设施改造等方面都作了明确规定。方案中提到："通行对象仅是两岸周边村民 7 座及以下机动车（客

车)、非机动车及摩托车、行人，成立专门的老口坝顶安全通行管理机构，制定《老口枢纽坝顶通行管理办法》，以确保车辆通行安全有序；在收费管理上，两岸周边村民7座及以下机动车（客车）、非机动车及摩托车、行人可以免费凭证通行。"

4.2.2 管理风险压力大，善治方略引深思

2020年3月，N市批示同意《老口航运枢纽坝顶道路7（客车）通行方案及硬件设施改造方案》后，老口枢纽坝顶立即按照设计方案的要求开始改造建设。2021年7月底，郁江老口航运枢纽坝顶交通桥正式开放给机动车辆通行。随着郁江老口航运枢纽坝顶交通桥的开通，T村抓住N市"菜篮子"工程的机遇，依托交通优势发展蔬菜、水果和家畜等特色农业。

值得深思的是，郁江老口枢纽坝顶机动车通行方案在提出改造建议的同时，也提及了潜在的风险：由于通行车辆车速过快、载重较大等不可控因素的存在，一旦发生撞击护栏等事故，很有可能造成对枢纽坝面设备的损坏，甚至会发生车辆坠江等严重事故，影响枢纽的安全运行。因此，对两岸群众开放后，应采取严格的限时、限重、限速措施。超过规定通行时间时，除非存在特殊情况，一律不准通行；车辆超过规定载重后，一律禁止通行；严格限制通行汽车的车速，对于超速车辆给予严重处罚，将来往车辆对枢纽的不利影响降到最低。由此可见，政府尽力满足两岸村民需求的同时，也不否认开放坝顶交通桥会存在一定的安全风险及隐患的事实。

老口枢纽坝顶交通桥本来应是两岸人民和小康生活衔接的桥梁。但在人民群众幸福生活和坝顶通道运行安全难以两全的情况下，政府部门应该如何权衡取舍并将自身权力与人民权利进行相互调适是政府面临的永恒课题。政府既要做好为人民服务的本职工作，又要保障民生安全不被威胁。如何有效管理老口航运枢纽的车辆通行，在造福群众的同时让枢纽的运行安全也得到保障？N市交通局如何结合城市高速公路建设，积极推进跨江桥梁的建设？在郁江老口航运枢纽开放通行的后续管理过程中，如何从根本上解决老口枢纽坝顶交通桥工程的通行问题，

让两岸群众的"致富之路"一通到底？N市人民政府的治理之路仍然任重而道远。

◎ 案例思考

公共政策的制定和执行是动态的过程，且极具张力，这使得政策议程、政策执行成为公共管理学科广受关注的研究议题。在金登的多源流框架中，议程的设置受到问题流、政策流、政治流等三源流的影响，而政策之窗的开启则需要政策企业家抓住机会之窗。在案例中，政策的制定过程缺乏广泛的调研和民众的参与，未能从兼顾功能性和惠民性的角度制定项目计划，对民众需求的忽视引发了群众上访、聚众闹事等群体性社会事件。民生问题本身带有极大的社会关注度，且容易获得社会认同，公意酝酿汇聚成问题流，这将对政策议程设置及其后续发展产生不可忽视的影响。另外，在政策执行的过程中，执行具体政策的部门面对着复杂和多样的现实情况。尤其是对涉及多个部门的政策方案而言，由于各部门在科层体系和结构中的地位以及职能上的差异，会展现出不同的政策执行偏好，从而对政策执行的效果产生差异化的影响。具体而言，政府部门间在职能、资源、利益等方面无法进行充分沟通、协同和整合，便会产生政策执行中的合作困境。这也是本案例中项目方案推进困难的原因之一。

一方面，本案例进一步印证了金登的多源流理论框架，揭示了政策议程设置中影响政策走向的具体要素，生动展示了政策之窗开启背后的"黑箱"；另一方面，本案例从实践出发，展现了涉及多部门协同合作的政策领域，政府部门间如何通过协作实现与民众需求的互适，最终实现政策目标。那么，在今后的政策实践中，如何充分地将政策问题纳入决策机构的行动计划？对于涉及多部门协作的政策议题，应如何实现协调和统筹，以减少或避免政策执行偏差，实现政策执行有效性？这都是值得进一步研究和探讨的议题。

问题：

1. 政府项目落实过程中如何避免项目建设方造成的政府公信力危机？

2. 政府怎样提高公众对公共政策制定的参与？如何增加政府决策的科学性？

3. 郁江老口航运枢纽事件沟通过程中，政府的公关能力有哪些不足？怎样提升官民沟通的效果？

（张元园、黄炜、黄程秋、江茜烨、卓可然、潭燕丽）